SPANIEN
SÜD

Erste Ausgabe
1991

INHALTSVERZEICHNIS

Impressum 242
Kartenverzeichnis 7

GESCHICHTE UND KULTUR

Geschichte und Kultur 15
- von Gabriel Calvo

REISEN IN SÜDSPANIEN

KATALONIEN 57
- von Borja Folch
Costa Brava 57
Gerona 61
Costa Dorada 64
Tarragona 68

BARCELONA – STOLZ DER KATALANEN 73
- von Borja Folch

DIE LEVANTE 93
- von Maria Reyes Agudo
Castellón 93
Valencia 97
Costa Blanca 101

OSTANDALUSIEN 105
- von Eliseo Fernández Cuesta / Francisca Barrionuevo
Murcia 105
Granada 113
Jaén 116
Almería 119
Die Alpujarras 125
Málaga 128

ATLANTISCHES ANDALUSIEN 139
- von Gabriel Calvo
Cádiz 139
Sevilla 149
Huelva 158

DIE EXTREMADURA **167**
- von Sabine Tzschaschel
Badajoz **168**
Cáceres **174**
Sierra de Gredos **177**

DIE SÜDMESETA **181**
- von Gabriel Calvo
Córdoba **181**
La Mancha **186**

MADRID – IM HERZEN SPANIENS **191**
- von Sabine Tzschaschel

DIE BALEAREN **203**
- von Carlos Garrido
Mallorca **203**
Menorca **212**
Ibiza **213**
Formentera **215**

FEATURES

Burgen und Festungen **222**
- von Sabine Tzschaschel
Sprache und Minderheiten **225**
- von Pio Moa
Kultur der Katalanen **228**
- von Carlos Garrido
Sherry **230**
- von Sabine Tzschaschel
Flamenco **232**
- von Mercedes de la Cruz
Fiestas **235**
- von Gabriel Calvo

REISE-INFORMATIONEN

Reisevorbereitungen **244**
Reisewege nach Spanien/Reisen in Spanien **244**
Praktische Tips **246**
Adressen **249**
Mini-Stilkunde **249**
Die Sprachen der Spanier **249**
Autoren / Fotografen **251**
Register **252**

KARTENVERZEICHNIS

KARTENVERZEICHNIS

Spanien	6/7
Die Reconquista	27
Der Bürgerkrieg 1936-39	47
Katalonien	59
Barcelona	75
Barrio Gótico	77
Großraum Barcelona	85
Levante	92
Valencia	99
Andalusien-Ost	107
Granada	112
Malaga	129
Costa de la Luz	141
Sevilla	150
Expo-Gelände	157
Großraum Sevilla	158/159
Extremadura	166
Cáceres	174
Cordoba	183
La Mancha	185
Madrid	192/193
Die Balearen	204/205
Bahn- und Flugverbindungen	245

GESCHICHTE UND KULTUR

GESCHICHTE UND KULTUR

Die mythologischen Ursprünge

Im 6. Jh. v. Chr. umsegelte ein Seemann der phönizischen Siedlung Massalia, des heutigen Marseille, die spanische Küste. Er hinterließ einen Bericht, der Jahrhunderte später dem lateinischen Dichter Avieno als Quelle für sein *Ora Marítima* diente. Und so wissen wir heute, daß es an der spanischen Atlantikküste, etwa da, wo nun Huelva liegt, das mythologische Tartessos gegeben haben muß. Es war ein hoch entwickelter Stadtstaat, der mit unermeßlichem Reichtum an Gold, Silber und Kupfer gesegnet war.

Geryon, sein erster König, besaß die roten Ochsen, die Herkules im Zusammenhang mit seinen zwölf legendären Arbeiten raubte. Dafür mußte er den König töten. Auf beide Seiten des Tores zum Meer setzte er zwei riesige Säulen. Was davon geblieben ist, sind die Felsen von Gibraltar und von Ceuta, die daran erinnern sollen, daß jenseits von ihnen das Meer aufhört und die Wasser in einen bodenlosen Abgrund fallen.

Die Vorfahren der Bewohner von Tartessos stammten aus Kleinasien und Ägypten, und von dort aus unternahmen sie auf der Suche nach neuen Märkten Erkundungsfahrten über das Meer. An der Küste von Almería ließen sie sich nieder. In Los Millares, in der Nähe des heutigen Sta. Fé de Mondújar (Almería), hatten sie eine Siedlung, die mit einer Verteidi-

gungsanlage umgeben war, mit Häusern aus Stein und Lehm, einem Aquädukt und einer Nekropolis.

Von hier aus verbreiteten sich diese Völker über Andalusien und die Levante. Auf halbem Weg zwischen Almería und dem Bergbauzentrum von Tartessos hat man die megalithischen Dolmen von Antequera gefunden. Aus dieser Zeit stammen auch die geheimnisvollen *taulas* und *talayots* der Balearen.

Phönizier, Griechen und Karthager

Die Handelsbeziehungen zwischen Tartessos und den phönizischen Städten Tyros und Sidon an der kleinasiatischen Küste müssen um 1000 v. Chr. begonnen haben. Die Phönizier gründeten in der Nähe ihrer Handelspartner eine eigene Siedlung: Gadir, das heutige Cádiz, das als älteste Stadt Europas gilt. Später erbauten sie noch weitere Städte an der Mittelmeerküste, wo die Rohstoffe dieser Region verarbeitet wurden: Malaka (Málaga), Sexi (Almuñecar), Abdera (Adra).

Vorherige Seiten: „Früh übt sich ...", auch beim Flamenco. Gasse im Judenviertel von Córdoba. Ölbäume – so weit das Auge reicht. Das Fest der „Mauren und Christen" in Alcoy. Beim Stierkampf vor dem letzten Angriff. Links: Die „Dame von Elche". Oben: Megalithischer Dolmen in Antequera.

GESCHICHTE UND KULTUR

Tartessos blieb unter dem Einfluß von Tyros, bis 575 v. Chr. Nebukadnezar von Babylon Tyros zerstörte. Damals nutzten Griechen aus Phokis die Krisensituation und übernahmen die phönizischen Handelsniederlassungen in Spanien. Zur Erweiterung ihrer Handelsbeziehungen gründeten sie Mainaké (Velez-Málaga), Hemeroscopeion (Denia), Akra Leuca (Alicante), Sagunto, Rhode (Rosas) und Emporion (Ampurias).

Gleichzeitig wurde das Innere der iberischen Halbinsel von den Kelten, einem indogermanischen Nomadenvolk, besiedelt. Aus Afrika kamen die Iberer und ließen sich im Süden und Osten nieder. Im Landesinneren vermischten sie sich mit den Kelten zu der keltiberischen Urbevölkerung. Nur an der Küste gelangten sie unter den Einfluß der Griechen. Die iberische Kultur basierte auf Landwirtschaft und Viehzucht. Die Städte waren ummauerte Festungen, wie Iponuma (Córdoba) oder Ilduro (Mataró). Funde dokumentieren, daß die Skulpturen der Iberer von außergewöhnlicher Vollkommenheit der Form waren: die Damen von Elche (3. Jh. v. Chr.) und Baza und das Fabelwesen von Bazalote mit Stierkörper und Menschenkopf.

Karthago, das von den Phöniziern 800 v. Chr. an der Küste von Tunis gegründet worden war, übernahm nach Tyros die Vormachtstellung im Mittelmeerraum. Es zerstörte Tartessos, besetzte die Straße von Gibraltar, gründete die Stadt Ibiza, nahm Sizilien und Korsika ein und etablierte sich auf Sardinien. Ein Konflikt zwischen den Handelsmächten Rom und Karthago ließ nicht lange auf sich warten.

Die Punischen Kriege waren die größte bewaffnete Auseinandersetzung im Mittelmeer der Antike. Im ersten Krieg verlor Karthago seine Niederlassungen auf Sizilien, Korsika und Sardinien. Die Karthager flüchteten sich an die Küste Andalusiens und gründeten 238 v.Chr. unter Hamilkar Barkas Neu-Karthago, heute Cartagena. Von dort breiteten sie sich entlang der Küste nach Norden aus. Die Griechen, die sich dort angesiedelt hatten, verbündeten sich mit Rom. Der zweite Punische Krieg begann 219 v. Chr., als der Sohn Hamilkars, Hannibal, Sagunt angriff. Die Stadt blieb ihren Verbündeten treu und hielt der Belagerung bis zum kollektiven Selbstmord stand. Danach machte sich Hannibal auf seinen legendären Weg nach Rom.

Die Römer

Während Hannibal in Italien kämpfte, griffen die Römer seine Truppen in Spanien an. 210 v.Chr. machte Scipio Emporion zu seinem Hauptquartier, eroberte Sagunt zurück und nahm ganz Südspanien ein. Die alte phönizische Siedlung Gadir war die letzte Bastion Karthagos auf der Halbinsel und fiel 205 v.Chr. an Rom. Die Römer beschlossen, die bereits erschlossenen Minen und die Landwirtschaft weiter als Rohstoffquelle zu nutzen: In den Minen von Cartago Nova, das völlig zerstört worden war, arbeiteten 40.000 Sklaven. Aus Rom wurden Siedler geschickt, die das Land kultivieren sollten, und römische Händler siedelten sich an, besonders im Tal des Guadalquivir und in den Bergbaugebieten.

Die Römer gründeten einen Großteil der heutigen Städte Spaniens, nicht nur als Militärstützpunkte, sondern auch als Marktorte an Kreuzungen von Handelsstraßen. Auch die schon existierenden Siedlungen wurden römisch und nahmen den zum Statussymbol gewordenen Lebensstil Roms an.

Zur Zeit von Augustus gab es drei spanische Provinzen: die Provincia Betica mit Córdoba als Hauptstadt, die Provincia Tarraconensis mit Tarragona und Lusitania mit der Hauptstadt Mérida, die als Senioren-Kurort für verdiente Legionäre gegründet worden war. Mit Lucius Cor-

Rechts: Ein römisches Bodenmosaik in Itálica (bei Sevilla).

nelius Balbo wurde erstmals ein Konsul eingesetzt, der nicht aus Italien stammte. Auch die Kaiser Trajan, Hadrian und Theodosius waren gebürtige Spanier; beide Senecas, Vater und Sohn, stammten aus Córdoba, und in den ersten Jahrhunderten n.Chr. kam jeweils etwa ein Viertel des römischen Senats aus Hispania.

Die Römer hinterließen zahlreiche Baudenkmäler. Sie bauten Straßen und mächtige Brücken, enorme Steinkonstruktionen mit Bögen und Stützstreben, in der Mitte erhöht und mit einem kleinen Tempelchen geschmückt. Ähnlich kunstvoll waren auch die Aquädukte gebaut: Mérida, Puente del Diablo in Tarragona, Los Caños de Carmona bei Sevilla. Überall wurden Theater und Arenen errichtet; in Tarragona, Mérida, Itálica, Ronda und Sagunto sind noch Teile davon erhalten. In den Museen dieser Orte kann man Mosaiken aus dieser Zeit besichtigen.

Im 3. Jh. kam das Christentum nach Spanien. Der hl. Jakobus, später der nationale Schutzpatron Santiago, und der hl. Paulus, der in Lusitanien missioniert haben soll, sind seit dem 7. Jh. in Texten erwähnt. Seit dem 6. Jh. wird auch von den sieben apostolischen *Varones* (Männern) berichtet, die im Süden gepredigt haben. Logischer erscheint, daß das Christentum mit den Händlern und Soldaten ins Land gekommen ist. Die neue Religion breitete sich so erfolgreich aus, daß die Westgoten bereits ein vollständig christianisiertes Land vorfanden.

Die Westgoten

Im 4. Jh. fielen die Hunnen, aus Zentralasien kommend, in Mitteleuropa ein und vertrieben germanische Stämme, die bis nach Frankreich und Spanien weiterzogen. Während die Sueben sich im heutigen Galizien niederließen, zogen die Alanen bis Lusitanien (Portugal) und die Vandalen bis Andalusien und Nordafrika. Die Westgoten hielten als Verbündete Roms Südfrankreich besetzt. Ihre Hauptstadt war Toulouse. Als sie 507 von den Franken vertrieben wurden, zogen sie sich auf die iberische Halbinsel zurück

GESCHICHTE UND KULTUR

und etablierten ihre Hauptstadt in Toledo. Ihre Gesamtzahl kann hier kaum mehr als 100.000 betragen haben. Sie ließen sich in einigen Gebieten der zentralen Meseta nieder und festigten von Toledo aus ihre Vormachtstellung. Die drei bis vier Millionen römischen Spanier, die an der Mittelmeerküste lebten, widersetzten sich der Bedrohung durch die „Barbaren" mit Unterstützung von Ostrom, denn der byzantinische Kaiser Justinian wollte von der spanischen Levanteküste aus das Römische Reich neu erstehen lassen.

Dem Westgotenkönig Leovigildo gelang es, die verbliebenen Germanen zu integrieren und sich als Herrscher eines großen Reiches zu behaupten. Auch die Vereinheitlichung des Glaubens trug zur Festigung der Macht der Westgoten bei. Sie hatten das arianische Christentum nach Spanien mitgebracht. Die Lehre des alexandrinischen Predigers Arius sah Christus nicht als Sohn Gottes an, sondern proklamierte dessen Wesensgleichheit mit Gott. Die daraus resultierenden Streitigkeiten hatten besonders das römische Christentum zu entschiedenen Gegnern des Arianismus gemacht. Leovigildo versuchte, den Glauben in Spanien zugunsten des Arianismus zu beeinflussen, aber sein Sohn Hermengildo konvertierte in Sevilla zur römisch-katholischen Kirche. Als Leovigildo Sevilla einnahm, ließ er seinen Sohn töten. Dessen ebenfalls konvertierter Bruder Recaredo kam ein Jahr später, nach dem Tod des Vaters, auf den Thron und erklärte 587 im III. Konzil von Toledo den römisch-katholischen Glauben zur Staatsreligion.

Das Westgotenreich zeichnete sich dennoch nicht durch eine allzu große Stabilität aus. Die jeweils von Generälen und Bischöfen in einem Konzil bestimmten Könige regierten oft nur kurz, und Intrigen und Machtkämpfe waren an der Tagesordnung. Der letzte Gotenkönig, Don Rodrigo, war trotz erbitterten Widerstands im Adel gewählt worden. Seine Gegner erbaten daraufhin Hilfe von den Arabern, und damit war das Ende des Westgotenreiches heraufbeschworen.

Die Araber

711 landete der Maure Tarik im Auftrag des nordafrikanischen Statthalters von Damaskus, Muza Ben Musayr, in Gibraltar (= Berg des Tarik). Nachdem er den Westgotenkönig Rodrigo in Guadalete besiegt hatte, stieß er in wenigen Monaten bis Toledo vor. Ihm folgte Muza mit weiteren Streitkräften und nahm Sevilla und Mérida ein. In einem Feldzug ohnegleichen eroberten sie in den folgenden Jahren ganz Spanien, nur kleine Flecken in den Pyrenäen und den asturianischen Bergen blieben verschont. Von dort sollte wenig später die christliche Rückeroberung, die *Reconquista*, ihren Ausgang nehmen. Vierzig Jahre lang blieb ganz Spanien unter dem Namen Al-Andalus eine Provinz von Damaskus.

Die Syrer, Araber und Berber, aus denen die ersten Besatzungstruppen bestanden, waren nur daran interessiert, das Land militärisch zu kontrollieren und die Reichtümer des westgotischen Adels zu konfiszieren. Deshalb kam es unter ihnen zu heftigen Machtkämpfen, was 755 ein Abkömmling der Omaijaden aus Bagdad für sich zu nutzen wußte. Abdarrahmán I. (756-788) übernahm mit seinen Gefolgsleuten die arabische Herrschaft in Al-Andalus und gründete ein unabhängiges Emirat in Córdoba. Obwohl der Islam damit zur offiziellen Religion geworden war, konnten Juden und Christen solange ungestört ihren Glauben ausüben, wie sie dafür Steuern auf den Grundbesitz zahlten. Deshalb konvertierten viele christliche Bauern zum Islam und wurden daraufhin *muladíes* genannt. Die christlichen Handwerker, die in den Städten lebten, behielten dagegen ihren Glauben bei; sie hießen *mozárabes*.

Rechts: Die maurischen Bäder waren Ausdruck einer entwickelten Kultur (Ronda).

GESCHICHTE UND KULTUR

Um die Mitte des 9. Jh. entbrannte bei den Mozarabern in Córdoba eine Art mystische Revolution. Obwohl ihre Religion von den Arabern geduldet wurde, entwickelte sich eine Haltung, die man fast als politisches Dissidententum bezeichnen kann. Viele entschieden sich dafür, als christliche Märtyrer für ihren Glauben einzustehen. Omar Ben Hafsum, ein *muladí* westgotischer Abstammung, führte sie zu einer Rebellion in die Berge von Ronda. Daraufhin mußten große Gruppen von Mozarabern Ende des 9. Jh. nach Norden auswandern. Die Front der christlichen Rückeroberung war zu diesem Zeitpunkt von Norden her bis an den Duero vorgerückt. Die Mozaraber ließen sich im zurückeroberten christlichen Teil Spaniens nieder und verbreiteten dort die hochentwickelte arabische Kultur.

Das Kalifat von Córdoba

Zu Beginn des 10. Jh. erreichte Al-Andalus seinen politischen und kulturellen Zenith. Die Einführung neuer landwirtschaftlicher Techniken und die Verbesserung des römischen Bewässerungssystems hatten das Tal des Guadalquivir, die *vega* (Flußaue) des Genil und die *huertas* (Flußniederungen) an der Mittelmeerküste in grüne, fruchtbare Obstgärten und Felder verwandelt. Zitrusfrüchte, Obstbäume, Reis, Zuckerrohr und Baumwolle wurden eingeführt.

In den Städten, allen voran Córdoba, Sevilla und Málaga, blühte das Handwerk auf. Spanische Seide, Metall- und Keramikwaren fanden in ganz Europa großen Anklang. Almería war einer der reichsten Häfen der westlichen Welt, der Brückenkopf zwischen dem Emirat von Córdoba und dem Kalifat von Bagdad, und Córdoba, die Hauptstadt, erblühte in Wohlstand, Bildung und Wissenschaft sowie in Eleganz des Lebensstils.

Dieser Reichtum bildete die Basis dafür, daß Abdarrahmán III., der Sohn einer Sklavin aus Navarra und des Emirs, seine Rechte als Omaijadenerbe geltend machte. Er erklärte sich zum Kalifen, dem geistigen Führer der Hispano-Muselmanen.

GESCHICHTE UND KULTUR

In der Zeit des Kalifats von Córdoba (912-1031) hatte das maurische Reich seine größte Ausdehnung. Es umfaßte dreiviertel der iberischen Halbinsel, Tanger und Nordmarokko.

Der junge Kalif Abdarrahmán III. befriedete sein Reich, sicherte die von den Christen bedrohten Grenzen und vergrößerte seine Hauptstadt. Innerhalb des ummauerten Bezirkes befand sich die Moschee, die er erweitern ließ. Sie war unter Abdarrahmán I. für 5000 Gläubige erbaut worden und faßte nach ihrer letzten Erweiterung unter Almansor 25.000 Menschen. In der Medina befanden sich das Alcázar des Gouverneurs und der Basar. Ende des 10. Jh. hatte Córdoba eine Million Einwohner und 80.000 Geschäfte und Werkstätten. Zu derselben Zeit hatte León, die wichtigste Hauptstadt der christlichen Reiche im Norden, 7000 Einwohner und kaum mehr als ein Dutzend Geschäfte. An der Universität von Córdoba waren Astronomie, Botanik, Mathematik und Medizin hoch entwickelt, und die Bibliothek von Alhaquén II. umfaßte 400.000 Bände.

Zu den christlichen Nachbarn bestanden gute Kontakte. So kam eine Königin von Navarra, Doña Toda, an den Hof Abdarrahmáns, um ihren Sohn, Sancho den Dicken, von seiner krankhaften Fettleibigkeit heilen zu lassen. Auch Ordoño IV. von León und die Grafen von Barcelona suchten die Freundschaft der Kalifen. Man kann sich den Eindruck kaum vorstellen, den der kalifale Hof auf diese vergleichsweise primitiven Herrscher gemacht haben muß, die an trutzige Burgen und Feldlager gewöhnt waren. Sie wurden in dem legendären Prachtpalast Medina Azahara empfangen, den Abdarrahmán III. außerhalb der Stadt hatte bauen lassen. Nachdem der Besucher, vorbei an zahlreichen Wachen, durch unzählige Türen gekommen war, gelangte er in den Thronsaal, wo er von einer Art Gott emp-

*Oben: Kuppel der Moschee von Córdoba.
Rechts: Maimonides war im 12. Jahrhundert ein berühmter Arzt und Gelehrter an der Universität von Córdoba.*

GESCHICHTE UND KULTUR

fangen wurde. Dieser Salon hatte Wände aus Marmor und Gold und in der Mitte einen Brunnen, gefüllt mit Quecksilber, das das Sonnenlicht wie Blitze an den Wänden reflektierte. So entstand der Eindruck, der gesamte Raum wäre in Bewegung geraten. Von diesem Palast stehen heute nur noch Ruinen, da ihn die Almoraviden zerstörten. Aber überlieferte Berichte lassen die Pracht und die Perfektion dieser Anlage wieder auferstehen, die mit keinem bis dahin bekannten Bau vergleichbar war.

Am Ende des Kalifats von Córdoba herrschte Almansor (Al-Mansur), der eigentlich nur Militärgouverneur war. Er schickte dem jungen Kalifen Hishem II. Sklaven und Gespielinnen, so daß dieser Medina Azahara kaum noch verließ. Er selber errichtete praktisch eine Militärdiktatur und unternahm Eroberungszüge in die christlichen Reiche. Im Jahre 987 gelangte er bis Barcelona, ein Jahrzehnt später bis Santiago de Compostela, wo er die Glocken der Kathedrale erbeutete. Er ließ sie in der Moschee von Córdoba aufhängen, wo sie blieben, bis sie Fernando III. 200 Jahre später zurückeroberte. Nach seinem Tod sollte, so hatte es Almansor bestimmt, sein Sohn das Kalifenamt übernehmen, aber das arabische Reich zerfiel in eine Vielzahl von kleinen Königreichen, Taifas genannt: Sevilla, Huelva, Granada, Niebla, Valencia, Badajoz, Málaga, um nur die wichtigsten zu nennen.

Almoraviden und Almohaden

Nachdem im Norden Alfons VI. 1085 die *Reconquista* bis an den Tajo vorangetrieben und Toledo eingenommen hatte, sahen sich die Taifas genötigt, die Almoraviden zu Hilfe zu rufen, eine Berber-Dynastie, die den Norden Afrikas und die Goldstraße in den Sudan beherrschte. Unter Yusuf Ben Tasfin setzten die Almoraviden bei Gibraltar über und schlugen Alfons VI. Sie eroberten Granada, Mála-

ga und Sevilla. Ihr orthodoxer islamischer Glaube schuf ein rigides politisches und kulturelles Klima. Hohe Militärchefs bekleideten die wichtigsten Verwaltungsposten, die Zentralmacht blieb in Marrakesch.

Die Bevölkerung begann bald, sich gegen diese ungewohnte Herrschaftsform aufzulehnen. Auch von anderer Seite wurden die Almoraviden bedrängt. Im Süden waren sie von den Almohaden angegriffen worden, die 1147 die Goldstraße im Sudan und das gesamte Territorium von Marokko eroberten.

Die einzigen Taifas, die in dieser Zeit unabhängig blieben, waren Badajoz und Zaragoza. Valencia wurde von *El Cid Campeador* eingenommen. Dieser mozarabische Adelige war von seinem König Alfons VI. verbannt worden. Er ist der große Held des Epos *El Cantar de Mío Cid* und vieler mittelalterlicher Legenden und Romanzen. Nach seinem Tod fiel Valencia wieder in die Hände der Araber, bis es von Jaime I. dem Eroberer 100 Jahre später endgültig befreit wurde.

Die Almohaden beherrschten Al-Andalus und Nordafrika fast ein Jahrhundert lang. Von Marokko aus nahmen sie schnell Tarifa und Algeciras ein, etablierten ihre Hauptstadt in Marrakesch und ihr kulturelles und administratives Zentrum in Sevilla. Sie stellten sich erfolgreich dem Vormarsch der christlichen Heere nach Süden entgegen und griffen selber Kastilien und Navarra an.

Die Almohaden machten aus Sevilla eine strahlende Hauptstadt. Sie erbauten die Moschee und die Giralda, das Minarett, das mit der Koutubía von Marrakesch eine verblüffende Ähnlichkeit aufweist. Außer dem Turm ist nur noch der Orangenhof erhalten. Der Torre del Oro und der Alcázar bildeten einen Teil der Verteidigungsanlage der Stadt. Mit diesen Bauten versuchten sie dem Prunk des Kalifats von Córdoba nachzueifern, ohne ihn jedoch zu erreichen.

Die Anfänge Kataloniens

Nach der arabischen Invasion im 8. Jh. war der westgotische Staat aufgelöst worden, aber in den Bergen des Nordens waren kleine Enklaven ohne islamischen Einfluß geblieben. Ab 722 drängten die Asturier expansiv nach Süden und ernannten 910 León zu ihrer Hauptstadt. Kastilien war eine Grafschaft dieses Königreiches, die sich 961 abspaltete.

Die christlichen Pyrenäenvölker erhielten Unterstützung durch die Truppen Karls des Großen, die auch an einem Versuch, Zaragoza zu befreien, teilhatten. Wie das Rolandslied berichtet, wurde die Nachhut der Truppen Karls des Großen bei seinem Rückzug in den Pyrenäen vernichtend geschlagen. Er gliederte jedoch die katalanischen Grafschaften seinem Reich ein und schloß sie mit dem Roussillon zur spanischen Mark zusammen. 100 Jahre lang blieb Katalonien französisch, bis Wilfred der Behaarte 874 zum ersten unabhängigen Grafen von Barcelona wurde. Aus dem Königreich Navarra spaltete sich Aragón ab. Im Süden dehnte es seine Grenzen bis Zaragoza und zum Río Jalón aus, im Osten vereinte es sich 1137 durch Heirat mit Katalonien.

In Katalonien begann im 11. Jh. eine rege Bautätigkeit. Die Romanik orientierte sich hier an französischen und lombardischen Vorbildern. Es war eine schlichte Architektur: flache Steine, die Ziegel imitieren; die Apsiden der Kirchen dekoriert mit Blendbögen; Glockentürme, getrennt vom Kirchenbau, mit mehreren Fensterreihen. Die Überfälle der Mauren hatten gezeigt, wie nötig Verteidigungsanlagen waren. San Pere de Roda (1022) wurde als Kloster-Festung gebaut, und auch der romanische Teil von Sant Cugat del Vallés ist strategisch günstig auf einem römischen *castrum* errichtet. Die Klöster boten so den auf ihren Ländereien arbeitenden Bauern Schutz. Sie wurden von den Königen zur Kolonisierung und Verbreitung der Kultur eingerichtet. Die Skulpturen und Gemälde in den Kirchen dienten in erster Linie der Verbreitung der biblischen Geschichte in anschaulichen Anekdoten, drastisch und leicht verständlich für einfache Leute.

Ende des Jahrhunderts nahm die Bautätigkeit mit der Enwicklung Kataloniens rapide zu. Der Kreuzgang der Kathedrale von Gerona und des Klosters von Poblet, die Kathedrale von Tarragona und Sant Cúgat entstanden in dieser Zeit.

Die Reconquista

Angesichts der Übergriffe der Almohaden auf ihr Territorium vereinten Kastilien, Navarra und Aragón ihre Kräfte gegen den gemeinsamen Feind. 1212 kam es zu einer großen, entscheidenden Schlacht bei Las Navas de Tolosa (Provinz Jaén), die die Christen gewannen und in der die Almohaden bis hinter die Sierra Morena zurückgedrängt wurden.

Rechts: Der Alcázar von Sevilla wurde von maurischen Baumeistern geschaffen.

GESCHICHTE UND KULTUR

Nach diesem Sieg wurde das Ideal der Reconquista als religiöse Aufgabe geboren; was vorher expansive Eroberungsfeldzüge waren, bekam nun eine höhere Legitimation. Das verbliebene Araberreich zerfiel erneut in Taifas, von denen sich nur Granada bis zum Ende des 15. Jh. halten konnte.

Fernando III. von Kastilien eroberte Córdoba, Jaén und Sevilla und stellte Murcia 1244 unter kastilisches Protektorat. Aber entlang der Grenze – dort, wo noch heute die Dörfer den Beinamen *de la Frontera* tragen – dauerten die Scharmützel an, und die Orte wechselten häufig von der einen zur anderen Partei. Fernando III. teilte das eroberte Land Andalusiens unter den Edelleuten auf, die ihn bei den Feldzügen unterstützt hatten. Der Aufstand der gebliebenen maurischen Bauern 1263 endete mit deren Ausweisung und brachte noch mehr Land zur Verteilung, was sich für die Zukunft als folgenschwer erweisen sollte. Ländereien von ungeheueren Ausmaßen gingen an die Aristokratie des Nordens. Diese wurde dadurch zu einem mächtigen Element im Staat, ohne daß es ein Gegengewicht der Bourgeoisie gegeben hätte.

Die Mittelmeerregion im Mittelalter

Das vereinte Aragón und Katalonien entwickelte sich im 13. Jh. zu einer Großmacht. Die bedeutenden Häfen, der Handel und eine stabile Politik von acht Königen in den 200 Jahren zwischen 1213 und 1410 brachten der Region einen enormen Aufschwung.

Jaime I. eroberte 1236 die Region von Valencia und Játiva. Während die an Aragón angrenzenden Bergregionen, durch die der Handelsweg der Wolle von den Pyrenäen zum Mittelmeer führte, an aragonesische Adelige verteilt wurden, wurde die Küste mit Noblen aus Katalonien besiedelt. Diese ließen sich in den Städten nieder, von wo aus sie Landwirtschaft betrieben. Sie übernahmen das arabische Bewirtschaftungssystem, und hier wurden die arabischen Landarbeiter, die *moriscos*, auch nicht ausgewiesen. Darüber

GESCHICHTE UND KULTUR

hinaus verfügten die Katalanen über eine starke Handelsflotte, so daß in Valencia alle Bedingungen für eine vorteilhafte wirtschaftliche Entwicklung sprachen. Auf ähnliche Weise wurden die balearischen Inseln kolonisiert, die 1229 erobert worden waren. Landarbeiter aus der Region Empurdá wurden angesiedelt, die Stadt Palma de Mallorca wurde zu einem bedeutenden Handelshafen.

Mit einem Heer von Legionären attackierte das Reich Tunis, mischte sich in Sizilien ein, gewann Macht über Korsika und Sardinien, kämpfte an der Seite Venedigs gegen Pisa und Genua und nahm einen Teil Griechenlands mit Byzanz ein. Diese Expansion war die Grundlage der spanischen Rechte an Neapel und Teilen Norditaliens bis ins 18. Jh.

Zahlreiche Zivilbauten zeugen von dieser enormen wirtschaftlichen Blütezeit. Der Versammlungssaal des „Rats der Hundert" und die Börse, die Werften, der Königspalast mit dem Tinell-Saal und das Santa Creu-Krankenhaus sind nur die wichtigsten Bauten im Barrio Gotico von Barcelona. Die sakrale Architektur der Gotik war schlichter und von einer feierlichen Schönheit und Eleganz. Die besten Beispiele dafür sind Sta. María del Mar und das Kloster von Pedralbes in Barcelona und die Kathedralen von Barcelona, Gerona und Palma de Mallorca.

Aber der Glanz war nicht von Dauer. Zwischen dem Landadel und der städtischen Handelsbourgeoisie kam es zu Spannungen, da immer mehr Landarbeiter in die Städte abwanderten. Dazu war das Land durch Kriege, Piraten und mehrere Pestseuchen ausgeblutet. Der Zorn richtete sich besonders gegen die Juden, und schon im 13. Jh. gab es erste Pogrome. Ende des 14. Jh. hatte Mallorca fast alle seine Handelsgesellschaften und einen Großteil seiner Flotte verloren. Barcelona zählte damals kaum mehr als 20.000 Einwohner.

Mit dieser Entwicklung ging der Verlust von politischem Einfluß einher. Als 1410 Martín der Humane ohne Erben starb, gab es fünf mögliche Nachfolger. Nach einem Interregnum versammelten sich neun Repräsentanten aus Aragón, Katalonien und Valencia in Caspe. Nach langwierigen Verhandlungen wurde ein Kastilier der Familie Trastamara zum neuen König bestimmt. 57 Jahre später heirateten in Valladolid heimlich zwei junge Thronanwärter aus dem Haus Trastamara: Isabel von Kastilien und Fernando von Aragón, die späteren Katholischen Könige.

Auf die Wahl des kastilischen Kandidaten hatten besonders der engagierte Prediger Vicente Ferrer und *Papa Luna* Einfluß genommen. Letzterer, der Aragonese Pedro de Luna, Papst Benedict XIII. aus Avignon, erhoffte sich die Hilfe des wohlhabenden Kastiliers bei der Kirchenspaltung.

Oben: Die Kathedrale von Barcelona ist typisch für die katalanische Gotik. Rechts: Portal des Palacio del Marqués de Dos Aguas in Valencia.

GESCHICHTE UND KULTUR

Obwohl die Bank von Katalonien zwischen 1420 und 1435 ihren größten Reichtum verzeichnete, war die Wirtschaft zu dieser Zeit bereits in der Krise und brach 1450 ganz zusammen. Von der Inquisition wurden 1484 die Juden vertrieben, worauf auch der Handel stagnierte. Nach der Entdeckung Amerikas wurden zudem die wichtigsten Handelshäfen an die Atlantikküste verlagert.

Großer Reichtum war in jenen Jahren nach Valencia geflossen. Mit 75.000 Einwohnern war es im 15. Jh. die größte Stadt Spaniens. Eine ihrer einflußreichsten Familien waren die Borjas aus Gandía, Aragonesen, die die *huerta* nach ihrer Eroberung besiedelt hatten. Zwei Päpste kamen aus dieser namhaften Familie. Alexander VI. italienisierte den Namen zu Borgia. Er unterhielt mit den Katholischen Königen beste Beziehungen. So erließ er für sie jene Bulle, die den Atlantik zwischen Spanien und Portugal aufteilte, und später verlieh er ihnen den Titel Katholische Könige.

Von den Borjas ist der gesamte Briefwechsel überliefert, in bestem *Catalán*, das damals die Blüte seiner Kultivierung erlebte. Raimundo Llull (1235-1315), ein mallorquiner Dichter und Philosoph, gilt als erster Vertreter der katalanischen Literatur; später folgten Ausias March und Jeanot Martorell. Mit dem Niedergang der Wirtschaft verfiel jedoch auch die literarische Kunst, und das *Catalán* fand vom 16. bis zur Mitte des 19. Jh. als Schriftsprache keine Verwendung mehr.

Das Ende der Reconquista

Seit dem 13. Jh. trieb nur noch Kastilien die Reconquista weiter voran, obwohl seine Schlagkraft durch Thronstreitigkeiten und Revolten der Adeligen geschwächt war. Wirtschaftlich begann jedoch eine Entwicklung, die Kastilien zwei Jahrhunderte lang Wohlstand garantierte: Alfons X. richtete 1273 die *Mesta* ein, um die weiten, unbesiedelten Landstriche zu fördern.

Es war eine Organisation, in der die Besitzer von Schafherden zusammengeschlossen waren und die die *transhumance* regelte. Dieses Wander-Weidesystem sah wechselnde Weidegründe für die Herden im Sommer und im Winter vor. Die Mesta kümmerte sich um die Viehtriebwege, *cañadas*, die Kontrolle der Steuern und den Verkauf der Wolle nach England und Flandern. Die meisten Mitglieder der Mesta gehörten dem Adel, den militärischen Orden oder dem Klerus an. Mit dem Überseehandel und der Einfuhr der Baumwolle verloren die Wolle und damit auch die Mesta an Bedeutung. Kastilien erlebte einen wirtschaftlichen Niedergang. Im 19. Jh. wurde die Mesta von den *Cortes* von Cádiz sogar verboten.

Die Heirat von Isabel von Kastilien und Fernando von Aragón war nicht von Diplomaten geplant. Zunächst war nicht einmal Isabels Herrschaftsanspruch geklärt. Die Tochter ihres Bruders versuchte ihr den Thron streitig zu machen. Der Rivalin wurde jedoch nachgesagt, daß sie

GESCHICHTE UND KULTUR

die uneheliche Tochter des Don Beltrán de la Cueva sei. In der Schlacht von Toro (1474) standen sich die Anhänger Isabels und der *Beltraneja* gegenüber, und Isabel gewann. Die Vereinigung der Königreiche von Kastilien und Aragón war der Ausgangspunkt für die nationale Einheit und das spanische Weltreich.

Der Granadakrieg

Seit ihrer Vertreibung aus Jaén im 13. Jh. herrschte in Granada die Nasriden-Dynastie. Ihr Reich umfaßte das Gebiet, das heute von den Provinzen Almería, Granada und Málaga gebildet wird, und zählte etwa 300.000 Einwohner. Sie zahlten, ebenso wie vormals die Taifas, einen Schutztribut an den König von Kastilien.

Im 14. Jh. bauten sie in Granada die Alhambra – ein Wunderwerk aus Palästen, Befestigungsanlagen und Bädern. Die Architektur bildete in Einklang mit der Umgebung eine Mischung aus Freiräumen, Innenhöfen, Licht und Wasser, wobei die Gärten genauso wichtig sind wie die Bauten. Der Berg, auf dem sich die Anlage befindet, ist von Wasserleitungen durchzogen, und ein kompliziertes hydraulisches System versorgt die zahllosen Brunnen. Die Anmut und Zerbrechlichkeit der Architektur täuscht über die Mühen hinweg, die der Bau gekostet haben muß. Seinen tieferen Sinn drückt ein Spruch aus, der an einer Wand zu lesen ist: „daß der Betrachter stumm vor Staunen werde und der Verstand still stehe". Wie durch ein Wunder ist dieses Bauwerk erhalten geblieben.

Als die Katholischen Könige versuchten, Granada einzunehmen, befand sich das Maurenreich mitten in einem Bürgerkrieg. Die Herrscherdynastie der Nasriden war in zwei Lager gespalten. Aus den Romanzen, den zeitgenössischen Gesängen, geht hervor, daß sich der Herrscher Muley Hassan in die *muladí* Zoraya verliebte und diese statt seiner Frau Aixa auf den Thron setzte. Aixa floh nach Guadix und schaffte es, ihren noch minderjährigen Sohn Boabdil, der Knabe genannt, zum König zu machen. Er wurde von Granada auch anerkannt, und Muley Hassan und sein Bruder El Zagal flohen nach Málaga.

Fernando der Katholische nutzte die Situation und bot Boabdil seine Unterstützung an, nicht ohne einen Tribut dafür zu fordern. Damit begann der Granadakrieg, der zehn Jahre dauern sollte. Zuerst gingen die Katholischen Könige gegen das Gebiet von El Zagal vor und nahmen nach langen Belagerungen Ronda, Loja, Baza und Málaga ein. In Málaga entgingen sie auf wundersame Weise einem Attentat: Der Maure, der sie während ihrer Siesta ermorden sollte, erstach aus Versehen einen Grafen.

Als die Katholischen Könige 1490 Granada schon erobert zu haben glaubten, widersetzte sich Boabdil. Die Könige bauten in Sta. Fé ihr Feldlager auf und begannen eine Belagerung, die erst nach zwei Jahren endete, als sich die Stadt ergab. Boabdil blieb Herr der Alpujarras, einer Region, die ihre Eigenständigkeit weitgehend behielt. Nach dem Krieg hielten sich im granadiner Land etwa 150.000 Morisken, und weiteren 40.000 Siedlern aus Andalusien und Murcia wurde Land zugeteilt. Aber der Friede war nicht von Dauer. Die Morisken erhoben sich gegen die Unterdrückung durch die Christen. 1499 besuchte Kardinal Cisneros Granada und präsentierte einen neuen Plan der gewaltsamen Konversion, der jedoch nicht akzeptiert wurde. In den Alpujarras gab es einen weiteren Aufstand, und schließlich wies Fernando der Katholische die Morisken aus, wodurch in der Landwirtschaft eine deutliche Lücke entstand. Viele konvertierten jedoch und blieben im Land.

Christoph Kolumbus

Während des 15. Jh. wurde das Mittelmeer von den Genuesen und Türken be-

GESCHICHTE UND KULTUR

DIE RECONQUISTA

Legende:
- 1212 Jahr der Wiedereroberung
- Nicht unter maurischer Herrschaft
- Zurückeroberung 10. Jh.
- Zurückeroberung 11. Jh.: I.
- Zurückeroberung 11. Jh.: II.
- Zurückeroberung 13. Jh.
- Zurückeroberung 15. Jh.

herrscht. Spanien und Portugal mußten sich auf den Atlantik wagen, um Elfenbein, Sklaven, Zucker und Gold zu beschaffen. Beide Länder wetteiferten darin, einen neuen Weg nach Afrika und in den Orient zu finden. Portugal besetzte die Azoren, Madeira, die Sahara und Guinea; Kastilien, mit der Reconquista beschäftigt, lediglich die Kanarischen Inseln. Beide Länder, politisch wegen der Frage der *Beltraneja* zerstritten, hatten einen durch eine päpstliche Bulle besiegelten Vertrag geschlossen, nach dem nur die Portugiesen das Recht hatten, südlich der Kanaren vorzustoßen.

Kolumbus (1451-1506) war ein erfahrener Genueser Seemann. Nach einem Schiffbruch hielt er sich einige Zeit in Lissabon auf, und dort muß wohl die Idee entstanden sein, einen Weg nach Indien über den Atlantik zu suchen. Er legte König Juan II. von Portugal seinen Plan vor, der aber war mit der Erforschung der afrikanischen Küste beschäftigt und zeigte kein Interesse. Er wollte jedoch unbedingt verhindern, daß die Pläne in die Hände seiner Erzfeinde, der Katholischen Könige, gelangten.

1485 verwitwete Kolumbus und reiste mit seinem siebenjährigen Sohn heimlich zu Verwandten nach Huelva. Im Kloster La Rábida, wo er wohnte, sprach er mit einem Mönch, der Beichtvater von Isabel der Katholischen gewesen war. Dieser gab ihm ein Empfehlungsschreiben. Die Könige besaßen keine feste Residenz, sondern hatten sich in den Kriegsjahren daran gewöhnt, zwischen Valladolid, Salamanca, Segovia und der Front ständig mit einem mobilen Hof unterwegs zu sein. Kolumbus schloß sich diesem Reisezug an.

Sein Projekt interessierte die Könige, aber da die Staatskassen leer waren, wurde er immer wieder vertröstet. Es waren sieben lange Jahre Wartezeit. Durch seinen Bruder ließ er seine Pläne inzwischen den Königen von England und Frankreich präsentieren, die sie jedoch kaum eines Blickes würdigten. Die in der Region Huelva ansässigen Herzöge von Medina Sidonia konnte er allerdings für

GESCHICHTE UND KULTUR

sein Vorhaben gewinnen. Sie legten bei den Königen ein gutes Wort für ihn ein, worauf er so viel Geld erhielt, daß er weiterhin gewillt war, abzuwarten.

Endlich ergab sich Granada am 2. Januar 1492, und das Projekt von Kolumbus konnte nun im Kronrat diskutiert werden. Zwei Fragen blieben offen: Kolumbus forderte den Titel des Vizekönigs der von ihm entdeckten Länder und den Titel eines Seeadmirals *ad perpetuum*, d.h. als Erbtitel; außerdem ein Zehntel des erbeuteten Reichtums und ein Achtel der Einnahmen aus dem Handel. Diese Forderungen erschienen den Katholischen Königen zu hoch. Kolumbus verließ unverrichteter Dinge den Hof und war bereits bis Santa Fé gekommen, als ihn ein Bote der Könige einholte. In den „Kapitulationen von Santa Fé" garantierten ihm die Katholischen Könige seine

Oben: Die Mauren übergeben den katholischen Königen den Stadtschlüssel (Chorgestühl Toledo). Rechts: Isabel die Katholische macht ihr Testament (Rosales).

Forderungen. Mit viel Mühe gelang es schließlich auch noch, die zwei Millionen Maravedis zur Finanzierung der Expedition zu beschaffen.

Am 3. August 1492 stach Kolumbus mit drei Karavellen in See, begleitet von den Brüdern Pinzón und dem Kartographen Juan de la Cosa. Auf der ersten Reise entdeckten sie die Inseln Guanahaní, Cuba und Haiti, auf der zweiten die kleinen Antillen; erst auf der dritten Reise gelangte Kolumbus bis zum südamerikanischen Kontinent, den er für Indien hielt, und fuhr die Küste entlang. Auf der letzten Reise entdeckte er Honduras, Nicaragua, Costa Rica und Panama. Er kehrte 1504 zurück, gerade als Isabel die Katholische starb. König Fernando erfüllte die „Kapitulationen von Santa Fé" nicht. Kolumbus starb 1506 in Valladolid, ohne sich der Tragweite seiner Entdeckungen bewußt geworden zu sein.

In den folgenden Jahrzehnten war es das Ziel eines jeden Abenteurers und Seeoffiziers, eine Expedition zu führen und neue Länder zu erobern. 1519-21 führte

GESCHICHTE UND KULTUR

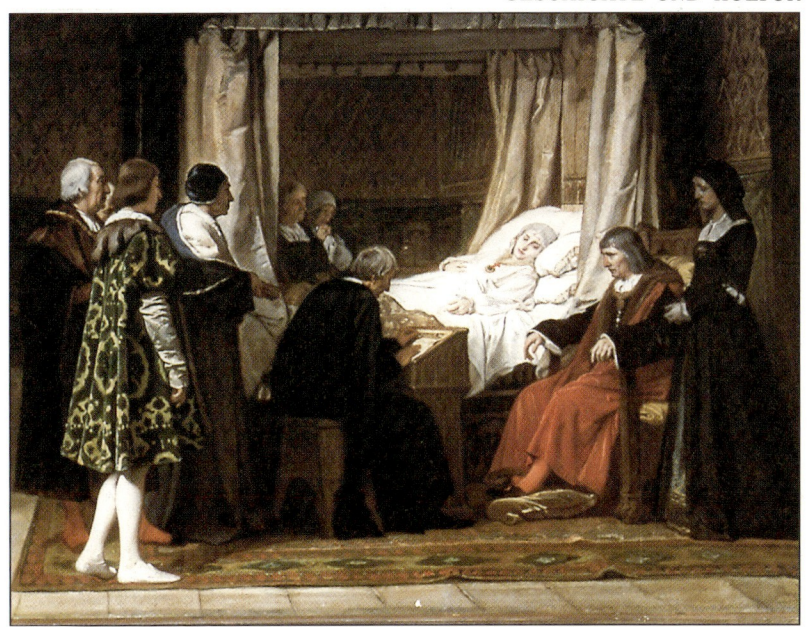

Hernán Cortés seinen legendären Feldzug gegen die Azteken, zwölf Jahre später eroberte Pizarro das Inkareich. Francisco de Orellana erforschte 1541 den Amazonas. Ende des 16. Jh. gehörten neben dem Mutterland und Portugal, Teilen von Italien und Flandern auch der gesamte Westen Südamerikas, weite Teile der Karibik, Mexiko und die Philippinen zum spanischen Weltreich.

Judenvertreibung und Inquisition

Schon mit den Römern waren erste semitische Bevökerungsgruppen nach Spanien eingewandert. Besonders in Katalonien und Aragón gab es große jüdische Gemeinden, die wesentlich zu den wirtschaftlichen Aktivitäten der Städte beitrugen. Doch bereits unter den Westgoten setzte eine Diskriminierung ein, die die Juden zeitweise als einzige Volksgruppe völlig ohne Rechte ließ. Es gilt deshalb als so gut wie sicher, daß die Etablierung der Araber von der jüdischen Bevölkerung stark gefördert wurde. Die Maurenherrschaft galt als das goldene Zeitalter der Juden in Spanien, und ein Teil der Glorie Córdobas war ihnen zuzuschreiben. Im 13. Jh. griffen die europäischen Judenpogrome auch auf Spanien über.

Die Katholischen Könige benötigten für den Krieg von Granada das Geld der jüdischen Finanziers. Kurz danach, im März 1492, erließen sie ein Edikt, das den Juden drei Monate Zeit ließ, ihren Besitz zu liquidieren und das Land zu verlassen. Von den über 400.000 Juden, die in Spanien gelebt hatten, wanderten 160.000 nach Portugal, in die Türkei, nach Nordafrika, Italien und Rumänien aus. Diese *Sefardim* waren sehr gebildet und gründeten Siedlungen im Ausland, in denen teils heute noch das Kastilisch des 15. Jh. gesprochen wird. 50.000 zogen die Taufe dem Exil vor und gesellten sich zu den 200.000 schon vorher konvertierten Juden. Für die spanische Wirtschaft fiel weniger das Kapital ins Gewicht, das die Auswanderer mitnahmen, als die große Zahl von verlassenen Handwerksbetrieben und Geschäften.

GESCHICHTE UND KULTUR

Seit 1231 gab es in Europa die Inquisition, einen von Rom eingerichteten kirchlichen Gerichtshof, der über die Ketzerei wachen sollte. 1478 wurde die Hoheit über dieses Gericht und das Recht auf die Bestimmung des Großinquisitors den spanischen Königen übertragen. Das erste Inquisitionsgericht in Sevilla verwandelte sich bald in eine brutale Polizeikraft im Dienste des Absolutismus. Nach der Ausweisung der Juden übernahm die Inquisition die Überwachung der Konvertiten, um eine eventuelle geheime Religionsausübung zu ahnden. Intellektuelle und Händler, traditionell überwiegend Juden, waren prinzipiell suspekt. Nur die Wirtschaftszweige Ackerbau und Viehzucht blieben verschont.

Das 500 Jahre später vom Nationalsozialismus wieder aufgegriffene Konzept der „Reinheit des Blutes" wurde geboren, die es nachzuweisen galt, wenn man eine öffentliche Stelle bekleiden wollte. Verrat und heimliches Denunziantentum blühten. Die Inquisition führte Prozesse hinter verschlossenen Türen und feierte grandiose öffentliche Hinrichtungen, die Autodafés. Die Konsequenzen ließen nicht lange auf sich warten: Die spanische Gesellschaft gefror bis zur Bewegungslosigkeit, und alle Energie suchte das einzig erlaubte Ventil der Religion, was zu einer enormen Ausdruckskraft der sakralen Kunst führte.

Im 16. und 17. Jh. wurden Tausende von Ketzern verbrannt und gefoltert. Ab dem 18. Jh. verlegte sich das Inquisitionsgericht mehr auf die Zensur von Büchern, die *Cortes* von Cádiz verboten es, und im Zuge der Säkularisierung wurde die Inquisition ganz abgeschafft.

Kulturelle Blüte

Während der Regentschaft der Katholischen Könige entwickelte sich in Italien eine intellektuelle Bewegung, Humanismus genannt, die auf den Studien der Klassiker basierte und ganz Europa beeinflussen sollte. Sowohl der kastilische als auch aragonesische Hof zeigten sich an den lateinischen Schriften interessiert. Die Buchdruckkunst gelangte von Italien 1474 nach Valencia.

Die Baukunst blühte in dieser Epoche neu auf. Die *Diputación* und die Seidenbörse von Valencia, das Rathaus und der Generalitätspalast in Barcelona sind Beweise einer vitalen Hochgotik, die noch bis ins 16. Jh. andauerte. In diesem Stil war auch noch die Kathedrale gehalten, die unter Karl V. in die Moschee von Córdoba gebaut wurde.

In den Gebäuden dieser Zeit vermischten sich das traditionelle *Mudéjar*, wie die Baukunst der arabischen Architekten genannt wurde, das Verspielte der Spätgotik und die Betonung der Architekturelemente der italienischen Renaissance, des neuen Modestils. Dieser fast alles bedeckende Dekorstil wird Isabellinik genannt, da er von der Katholischen Königin bevorzugt wurde. An den großen Bauten, wie der Kathedrale von Sevilla, arbeiteten Künstler aus allen Gegenden Europas: Kastilier, Flamen, Bretonen, Deutsche, die das Ihre zu dem Stilgemisch beitrugen. Einer der wichtigsten Künstler dieser Zeit war Enrique Egas. Er war in erster Linie Bildhauer, widmete sich aber auch der Architektur, die er immer gleichzeitig als Skulptur verstand. In die gotische Bauweise mischte er italienische Wulst-Steine. Nach dem Tod von Juan Guas vollendete er die Kirche San Juan de los Reyes (Toledo) und baute die Sta. Cruz-Krankenhäuser von Granada, Toledo und Santiago.

Die Habsburger

Die Katholischen Könige benutzten ihre Kinder für eine Heiratsstrategie, mit der sie alle Probleme in Europa ausräumen wollten – allerdings mit wenig Er-

Rechts: Diese Darstellung eines Tribunals der Inquisition stammt von F. Goya.

GESCHICHTE UND KULTUR

folg. In England, dem potentiellen Verbündeten gegen Frankreich, erwies sich die Verbindung zwischen Heinrich VIII. und Catalina von Aragón als problematisch. Die mit dem König von Portugal verheiratete Tochter María starb, worauf die Tochter Isabel mit dem Witwer verheiratet wurde. Auch der Thronfolger Juan starb frühzeitig, so daß Isabel die Katholische ihre Tochter Johanna als Thronfolgerin einsetzte. Johanna war mit Philipp dem Schönen, einem Sohn von Maximilian von Österreich, verheiratet. Nach Isabels Tod 1504 sollte zunächst Fernando der Katholische die Regentschaft übernehmen, die ihm Philipp jedoch streitig machte. Fernando zog sich auf seine Besitzungen in Aragón zurück. Philipp I. starb 1506, und seine Frau Johanna verlor darüber den Verstand – daher ihr Beiname „die Wahnsinnige".

Nachdem auch Fernando 1516 verstorben war, ging das Erbe an seinen Enkel, den in Flandern aufgewachsenen Karl V. Die Übergangsregentschaft übernahm Kardinal Cisneros. 1517 kam der neue Herrscher an, 17 jährig, umgeben von flämischen Beratern und ohne die Sprache seines Landes zu beherrschen.

Nach kurzem Aufenthalt mußte er bereits nach Deutschland zurückkehren, um dort das Erbe seines anderen Großvaters, Maximilians I., anzutreten und sich zum deutschen Kaiser krönen zu lassen. Die Regierungsgeschäfte in Spanien ließ er in Händen seines Vertrauten Adrian von Utrecht. Ein fremder Vorgesetzter und die flämischen Hofleute mißfielen dem kastilischen Adel der diese Ämter für sich beanspruchte. So kam es in Abwesenheit des jungen Kaisers zu den *Comuneros*-Aufständen der kastilischen Städte (1520/21), die jedoch niedergeschlagen wurden.

In Südspanien war zu jener Zeit Valencia die reichste Stadt, die aber unter sozialen Problemen und der ständigen Bedrohung durch Piraten litt. Deshalb wurden bewaffnete Zunft-Bruderschaften eingerichtet. Diese jedoch zettelten einen Aufstand gegen die herrschende Klasse an, bemächtigten sich der Stadt und schickten ihre Delegierten ins Stadtparlament. Der Widerstand des Vizekönigs von Valencia löste einen Volksaufstand aus, der sich auf die gesamte Levante und die Balearen ausdehnte. Nachdem die kaiserlichen Truppen im Norden die aufständischen Comuneros gebändigt hatten, schritten sie 1521 nun hier ein und besiegten die aufmüpfigen Handwerker.

Karl der V., Spaniens Carlos I, kehrte 1523 nach Spanien zurück. Während seiner gesamten Regentschaft kämpfte er an verschiedenen Fronten: Mit Franz I. von Frankreich gab es mehrere Zusammenstöße wegen kollidierender Interessen in Italien; 1530 wurde Karl auch zum König von Bologna gekrönt. Im Mittelmeer gab es dauernd Kämpfe mit türkischen Piraten, die die Küsten Italiens und Spaniens unsicher machten; 1535 eroberte Karl Tunis, aber die Piraten operierten weiter von Algier aus, das er nicht einnehmen konnte. In Deutschland war er über Jahre hinweg an Kämpfen gegen die Protestanten beteiligt.

Karl V. heiratete 1526 in Sevilla seine Kusine Isabel von Portugal. Die Hochzeit fand im sogenannten Pilatus-Palast statt. In Granada machten sie einige Monate Rast, und dort ließ er sich im Alhambra-Bezirk einen eigenen Palast bauen. Die Kaiserin starb nach 13 Jahren im Kindbett und wurde in Granada beigesetzt.

Während der Regierungszeit von Karl wurde Spanien zur größten Macht Europas. Nach der Entdeckung Amerikas verlagerte sich der Großteil des Handels an die Atlantikküste. Große Reichtümer wurden ins Land geschafft, landeten jedoch sogleich bei den Bankiers, bei denen der König wegen der vielen Kriege hoch verschuldet war. Nach dem Augsburger Religionsfrieden dankte Karl V. zugunsten seines Sohnes, Philipp II., ab und zog sich 1556 in das Kloster Yuste zurück, wo er nach zwei Jahren starb.

Rechts: Die Giralda, einst ein Minarett, überragte Sevilla bereits im 16. Jahrhundert.

Die Renaissance

Im 16. Jh. verstärkte sich der italienische Einfluß in der Baukunst. Die Struktur der Gebäude änderte sich, und der platereske Stil, ergänzt von Mudéjar-Elementen, lockerte die klaren Renaissanceformen auf. Das Zentrum dieser Stilrichtung, die ihren Namen von den ziselierten Formen der Silberschmiede hat, war Salamanca. Die Königskapelle der Kathedrale von Sevilla und die Kathedralen der Extremadura in Plasencia, Coria, Cáceres und Trujillo zeigen deutliche Einflüsse Salamancas. Das Rathaus von Sevilla weist jedoch an der Fassade bereits klassizistische Elemente auf: Sockel, Medaillons, Wulststeine und aufgesetzte Dekorelemente.

Auch die klassizistische Renaissanceströmung kam aus Italien. Die Raumaufteilung der Gebäude glich sich den klassischen Vorbildern an, auf Ornamentik wurde verzichtet, so daß die Schönheit eines Baus nicht im Detail, sondern in seiner Ausgewogenheit lag. Die Fassaden waren schlicht und nicht mehr dazu bestimmt zu verbergen, was dahinter war. Große Namen dieser Epoche sind Diego de Siloe, Pedro Machuca sowie Gil de Ontaño.

Der spätgotisch-platereske Künstler Gil de Siloe arbeitete in seiner Spätphase an der Kathedrale von Granada ebenfalls klassizistisch. Das Zentrum dieser Kathedrale, der Hauptaltar, ist rund, mit 22 m Durchmesser und 44 m Höhe. In der eindrucksvollen Kuppel fällt das Licht durch halbrunde Öffnungen. Die Apsis der Kathedrale von Málaga, die Kathedrale von Guadix und die Sakristei der Kathedrale von Sevilla stammen aus derselben Phase des Künstlers.

Einer seiner Schüler war Andrés de Vandelvira, der die Kunst von Siloe nach Andalusien brachte. Von ihm stammen Kuppeln, in denen sich die gotischen Netzrippen so fein wie möglich verästeln. Vandelvira war der Architekt der Provinz

GESCHICHTE UND KULTUR

Jaén mit bedeutenden Bauten in Ubeda, Baeza und Jaén.

Auch die Bildhauerei war italienisch beeinflußt. Domenico Fancelli schuf das Grabmal von Hurtado de Mendoza in der Kathedrale von Sevilla, Jacobo Florentino das Heilige Begräbnis in San Jerónimo in Granada und der Burgunder Felipe Bigarny die Grabskulpturen der Katholischen Könige in Granada. Bartolomé Ordoñez, stark von Michelangelo geprägt, schuf den Chor der Kathedrale von Barcelona und die Grabstatuen von Philipp dem Schönen und seiner Frau Johanna in Granada.

Philipp II.

Karl V. hinterließ den deutsch-österreichischen Teil seines Reiches seinem Bruder Ferdinand und Spanien, die Kolonien, die italienischen Besitzungen, Burgund und die Niederlande seinem Sohn Philipp. Letzterer erbte dazu jedoch auch 15 Millionen Maravedis Schulden und die Aufgabe, die katholische Religion auf dem Kontinent zu verteidigen. Als Philipp II. im zweiten Regierungsjahr die Franzosen bei San Quentin vernichtend schlug, hatte er noch nicht einmal Geld, um seinen Truppen den Sold auszuzahlen. Dies sollte die einzige Schlacht bleiben, an der er persönlich teilnahm. Von seinem Schreibtisch aus regierte er sein enormes Reich, was oft seine Kraft überstieg. Abgeschieden von der Außenwelt und mit asketischer Selbstdisziplin widmete er sich seinen Staatsgeschäften. 1581 erbte er über den mütterlichen Zweig Portugal und dessen überseeische Besitzungen. Es hieß, in seinem Reich gehe die Sonne nie unter.

Zwei europäische Krisenherde veranlaßten Philipp zum Eingreifen: Um die Rebellion der Niederlande zu unterdrücken, kämpften dort spanische Truppen unter dem Herzog von Alba, bis sich schließlich der protestantische Nordteil für unabhängig erklärte. Die Holländer eroberten die portugiesischen Kolonien und verlagerten Teile des Überseehandels von Sevilla und Lissabon nach Antwer-

GESCHICHTE UND KULTUR

pen. Zum zweiten schickte Philipp die Armada gegen das protestantische England, um sich für die Überfälle von Francis Drake zu rächen. 1558 verließen 130 Schiffe mit 20.000 Mann den Hafen von Lissabon, 30.000 Mann stießen aus Flandern dazu. Die geringe Erfahrung des kommandierenden Herzogs von Medina Sidonia und die rauhe See um England zerstörten jedoch die Hälfte der Flotte, bevor der Feind gesichtet war.

In der Innenpolitik sah Philipp seine Hauptaufgabe darin, den Katholizismus durchzusetzen. Die in den Alpujarras ansässigen Morisken erhoben sich unter dem Kapitän Valór gegen die Repression, übernahmen das Gebiet und riefen die Türken zu Hilfe. Philipp II. entsandte seinen Stiefbruder Juan de Austria, der 1570 den Aufstand beendete und die Morisken des Landes verwies. Juan de Austria war

Oben: Don Juan de Austria wird seinem Vater, Karl V., vorgestellt (Rosales). Rechts: Don Quijote – Karikatur des verarmten Landedelmanns im 16. Jahrhundert.

es auch, der 1571 im Auftrag der von Philipp II., Venedig und dem Papst gebildeten Heiligen Liga in der Seeschlacht von Lepanto die Türken endgültig schlug. Philipp II. selbst starb 1598 im Kloster El Escorial.

Der Manierismus

Philipp II. hatte in asketischer Starrheit seine moralischen Grundsätze durchgesetzt und sich dabei absolutistisch der Inquisition bedient. Die Architektur der Renaissance entwickelte sich unter ihm zur Perfektion. Er ließ von **Juan de Herrera** das gigantische, kalte und gradlinige Kloster El Escorial bauen. Nach ihm wurde der strenge Herrera-Stil benannt. Im Süden entstand die Börse von Sevilla nach seinen Plänen.

Wissenschaft und Philosophie stagnierten in dieser Zeit, die Kunst blieb die einzige Ausdrucksmöglichkeit. Die Strömung der Gegenreformation beeinflußte auch die Institutionen der Kirche. Theresa von Avila und Johannes vom Kreuz

GESCHICHTE UND KULTUR

wurden zu bedeutenden Reformern des Karmeliterordens und predigten gegen den moralischen Verfall des Klerus. Ihre Schriftstücke sind Meisterwerke der mystisch-erotischen Literatur über die Vereinigung der Seele mit Christus.

Miguel Cervantes Saavedra (1547 - 1616) ist der wichtigste Name in der spanischen Literatur. Sein Leben war so ereignisreich, daß ihm der Stoff für seine Werke nie ausging. Einer Konvertitenfamilie aus Alcalá entstammend, hatte er in der Schlacht von Lepanto mitgekämpft und dort einen Arm verloren; er war Gefangener der Piraten von Algier und wurde von Mönchen der barmherzigen Brüder befreit; später war er Steuerbeamter und wurde wegen Unterschlagung festgenommen.

Die Person seines *Don Quijote* hat viele Wesenszüge von Philipp II. Dieser König mit seinen imperialen Herrschaftsvorstellungen mittelalterlicher Prägung schien genauso wenig in seine Zeit zu passen wie Don Quijote. Der verarmte Landadelige beschäftigt sich, anstatt zu arbeiten – was er für Sache der Juden hält–, mit Ritterromanen. Er verfällt in den Glauben, wie seine Vorfahren ein mittelalterlicher Ordensritter zu sein. Im Don Quijote reflektiert Cervantes seine Zeit mit den Waffen des Manierismus: Don Quijote ist der personifizierte Idealismus, bis zur Verrücktheit übertrieben, daneben Sancho Panza, bodenständig und den leiblichen Genüssen verhaftet. Die beiden irren durch die öde Landschaft der Mancha und suchen Abenteuer, als wären sie auf einem mittelalterlichen Kreuzzug. Der Charme der Sprache, die Situationskomik, die Ironie und die verborgene Kritik der Verhältnisse, die allgemeingültigen Charakter hat, all das macht aus dem Roman ein philosophisches Werk.

Auch in der Malerei setzt sich der Manierismus durch: El Greco in Toledo und Morales in Südspanien sind die wichtigsten Repräsentanten. Den strengen For-

men der Renaissance wurden subjektive Akzente entgegengesetzt, die klare Gliederung begann sich aufzulösen und verlor sich in Formenvielfalt, überschäumendem Reichtum der Natur und warmen Farben.

Luis Morales, der Göttliche genannt (1520-86), verdiente sich seinen Beinamen sowohl wegen der Themen, die er malte, als auch wegen seines vollendeten Pinselstrichs. In Badajóz geboren, lernte er in Italien und lebte in Sevilla. In den Kirchen der Extremadura (Badajóz, Alcántara oder Arroyo de la Luz) findet man von ihm geschaffene Altarretabel. Seine Popularität war ungewöhnlich groß, vielleicht wegen des anekdotischen Inhalts vieler seiner Bilder, aber auch wegen der mystischen Ausstrahlung der Gemälde. Beide Elemente sind charakteristisch für das religiöse Spanien der Gegenreformation: zum einen die großen Predigten, meist anekdotisch, sentimental und volksnah; zum anderen ein abstrakter Mystizismus, dem die Bourgeoisie anhing. Morales zeichnete die Personen sti-

GESCHICHTE UND KULTUR

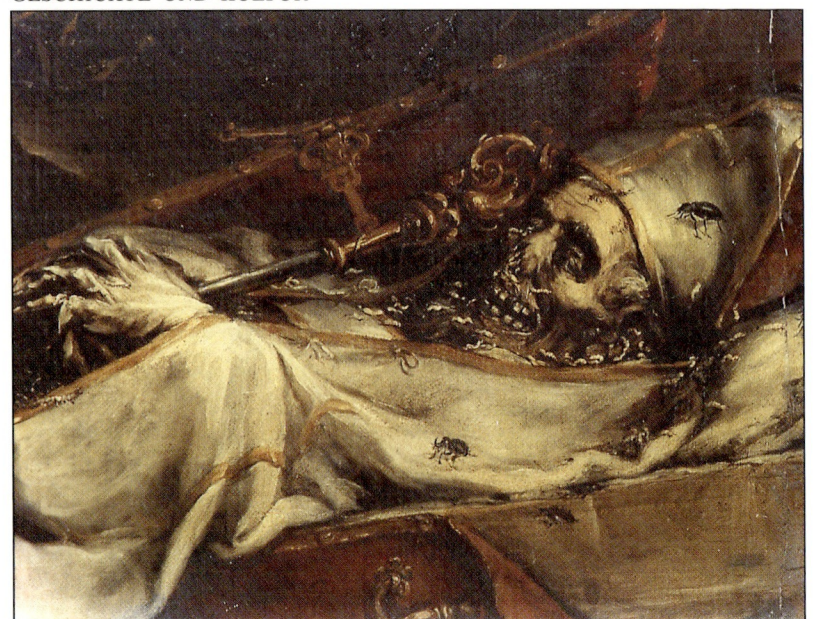

lisiert, mit expressiver Gestik, starkem Lichteinfall, Vergrößerung der Person, Verzicht auf Räumlichkeit, aber realistisch im Detail. Besondere Kennzeichen waren wie bei El Greco die Überlängung, durch das Martyrium hervorgerufene Magerkeit, Trauer, Tränen – alles Elemente, die dem einfachen Betrachter vertraut waren.

Das Barock

Das 17. Jh. wurde von drei Habsburgern geprägt. Es waren politisch unfähige Herrscher, die die Macht in die Hände von Günstlingen aus dem Adel legten, die das Land in den Ruin führten. Eine der fatalsten Entscheidungen war die Ausweisung der Morisken 1610 durch Philipp III. und den Herzog von Lerma. Die Landwirtschaft von Aragón und Valencia – durch Seuchen schon entvölkert – erlitt

Oben: Valdés Leal stellte mit „Finis gloriae mundi" die Vergänglichkeit alles Irdischen dar.

dadurch einen weiteren Rückschlag. Insgesamt verließen mehr als 500.000 Arbeiter das Land.

Unter Philipp IV. und dem Conde Duque de Olivares spaltete sich Portugal wieder von Spanien ab, und Frankreich unterstützte separatistische Bewegungen in Katalonien. Die Bauern erhoben sich dort in einem bewaffneten Aufstand und ermordeten am Fronleichnamstag, dem *corpus de sangre*, in Barcelona Repräsentanten der Zentralmacht. Dies war der Anfang des Kriegs der Schnitter, *dels segadors*, der 12 Jahre dauern sollte und mit der Ablösung des Roussillon endete.

Der letzte Habsburger schließlich, Karl II., der Verhexte genannt, war degeneriert und krank. Er starb im Jahr 1700 ohne Erben. In seinem Testament betraute er Philipp d'Anjou mit der Thronfolge, den Enkel seiner Schwester und des Sonnenkönigs Ludwig XIV.

Doch gerade dieses chaotische Jahrhundert war das goldene Zeitalter der spanischen Kunst. Das formenreiche Barock brachte Künstler hervor, die Un-

GESCHICHTE UND KULTUR

sterblichkeit erlangten. In der Literatur gab Cervantes die Feder weiter an die großen Dramatiker Lope de Vega, Calderón und Tirso de Molina und die Dichter Quevedo und Góngora. In der Architektur lösten sich die klaren Formen der Renaissance auf, indem einzelne Bauteile besonders hervorgehoben oder betont wurden. Alonso Cano entwarf die Fassade der Kathedrale von Granada, Francisco Hurtado das Tabernakulum sowie das Tabernakulum der Cartuja von Granada. In Sevilla schuf Leonardo de Figueroa das Presbyterium der Kathedrale und Rovira die Fassade des Palacio del Marqués de Dos Aguas in Valencia.

Die Malerei dieser Zeit wird vom Tenebrismus beherrscht, der Darstellung von religiöser Entrücktheit und Inbrunst in naturalistischer Nacktheit. Heilige wurden als einfache Leute von der Straße dargestellt. Ribalta (1564-1628) und Ribera (1591-1652) drückten die Angst des Alltags aus und reproduzierten mit düsterer Beleuchtung dieselbe Stimmung, wie sie in den Kirchen herrschte.

José Ribera, von den Italienern liebevoll Spagnoletto genannt, war Schüler Francisco Ribaltas und stand in Verbindung mit Caravaggio. In seiner ersten Phase malte er nur Bilder von Heiligen und Märtyrern. *Der Hl. Andreas*, *Die Kreuzigung* und das *Martyrium des Hl. Bartholomäus* stammen aus dieser Zeit. Daneben begann Ribera mit mythologischen und klassischen Themen. Beim *Traum des Jakob* geht es ihm um die Atmosphäre des Bildes, die er durch Tiefe und Farbschattierungen erzeugte.

Die andalusische Malerei, die ebenfalls von tenebristischen Elementen geprägt ist, wird durch vier Namen repräsentiert: Zurbarán, Alonso Cano, Murillo und Valdés Leal. Sie arbeiteten im wesentlichen an dramatischen Altarbildern, weit entfernt von der Wirklichkeit des Alltags. Velázquez, ebenfalls ein Andalusier, verbrachte dagegen fast die gesamte Zeit seines Schaffens am Hof in Madrid.

Francisco de Zurbarán (1598-1664) gilt als Maler der Mönche. Der besondere Reiz seiner Bilder liegt im Licht, das von den dargestellten Personen auszustrahlen scheint. Gesicht und Hände sind mit großer Genauigkeit gemalt. Gegenstände im Hintergrund sind abgeschnitten, so daß sie sich außerhalb des Bildes fortzusetzen scheinen – eine Form der Raumwirkung, die Caravaggio entdeckt hatte. Zurbarán studierte in Sevilla und fühlte sich früh vom Tenebrismus angezogen. Er war schnell erfolgreich und hatte schon mit 28 Jahren Aufträge von Klöstern. Er malte den Altaraufsatz für die San Pedro-Kapelle der Kathedrale in Sevilla und eine Serie für das Kloster von Guadalupe. Um 1640 setzte eine persönliche Krise seinem Schaffen ein Ende.

Alonso Cano (1601-67) war Maler, Bildhauer und Architekt. Sein Lebenslauf gleicht einem Roman: Er war Schüler von Velázquez in Sevilla und heiratete die Tochter des Sevillaner Malers Juan de Uceda. Seine Frau wurde ermordet aufgefunden, und da er verdächtigt wurde, ging er nach Valencia und Granada. Aus dieser Phase stammen seine bedeutendsten Werke. Einer seiner bekanntesten Schüler war Pedro de Mena (1628-88), der mystische, fast ekstatische Figuren schuf.

Bartolomé Esteban Murillo (1618-82) verbrachte sein ganzes Leben in Sevilla. Er war ein angesehener Maler und konnte als Vater von neun Kindern ein angenehmes Leben führen. Die frühen und interessantesten Werke Murillos sind vom Tenebrismus geprägt. Er gestaltete überwiegend religiöse Themen und ließ sich dabei vom Leben in seiner Nachbarschaft inspirieren, wie die *Heilige Familie mit dem Vögelchen* zeigt. Ab 1640 übernahm Murillo die Aufträge der Klöster, die Zurbarán nicht mehr zu Ende führen konnte. In dieser Zeit perfektionierte er die Jungfrauen-Darstellungen, für die er so berühmt geworden ist. Seine künstlerischen Fähigkeiten, die er mit realistischeren

37

GESCHICHTE UND KULTUR

Bildern gezeigt hatte, traten dabei jedoch in den Hintergrund.

Juan de Valdés Leal (1622-90) gilt als der beste Maler theatralischer Szenen. Seine Gemälde, die Stilleben mit Totenköpfen, Skelette und verweste Körper in Särgen zeigen, haben etwas mit den spirituellen Exerzitien des hl. Ignatius von Loyola zu tun. In der Kirche des Hospital de la Caridad von Sevilla hängen seine beiden Meisterwerke *In ictu oculi* und *Finis gloriae mundi*. Sein Freund Murillo soll, als er ihre realistische Perfektion gesehen hat, ausgerufen haben: „Diese Bilder riechen sogar!"

Sevilla war, neben Valladolid, das zweite Zentrum der spanischen Barockbildhauerei. Die Schule von Sevilla folgte der Malerei, indem sie für die in Auftrag gegebenen Heiligen- und Altarfiguren Personen des alltäglichen Lebens zum Vorbild nahm. Der Gründer der Schule war Martínez Montañés (1568-1649), der vor der Unnatürlichkeit der kastilischen Schule geflohen war. Er gab seinen Figuren eine solidere körperliche Basis gegenüber dem schmerzverzerrten Ausdruck, den sie oft tragen mußten. Seine Werke finden sich in der Kathedrale von Sevilla und den Kirchen Santa Clara und El Salvador. Zu seinen Schülern gehören Juan de Arce, Pedro Roldán und dessen Tochter Luisa, *La Roldana*.

Die Bourbonen

Nachdem der letzte Habsburger gestorben war, begann in Spanien 1701 ein Krieg um die Erbfolge, an dem ganz Europa beteiligt war. Die Gegner waren Philipp d'Anjou als Repräsentant der gefürchteten Interessen Ludwigs XIV., auf dessen Seite Kastilien stand, und Erzherzog Karl von Österreich, der von Aragón und der großen Allianz unterstützt wurde. Der österreichische Thronanwärter zog schließlich 1713 seinen Anspruch zurück, als er nach dem Tod seines Bruders Kaiser wurde. Europa fürchtete eine neue spanisch-österreichische Großmacht und willigte in den Vertrag von Utrecht ein, der Philipp V. als König von Spanien einsetzte. Es wurde festgelegt, daß er sich mit Frankreich nicht verbünden durfte; Neapel, Mailand und Flandern fielen an Österreich, England erhielt Menorca, Gibraltar und das Sklavenhandelsmonopol.

Die Bourbonen brachten das zentralistische Herrscherprinzip des Sonnenkönigs und den Rokokostil des französischen Hofes mit. Das 18. Jh. stand im Zeichen dreier Könige, die auf unterschiedliche Weise einen grundlegenden gesellschaftlichen Wandel in Gang setzten: Philipp V. unterjochte gewaltsam die Levante und Katalonien, die seinen Gegner unterstützt hatten. Er verstärkte die militärischen Befestigungsanlagen und erbaute in Barcelona eine Zitadelle. In Dekreten schaffte er regionale Sonderrechte ab.

Mit Karl III. gelangte die Aufklärung nach Spanien. Seine Minister waren progressive Intellektuelle, die die erste öffentliche Bank einrichteten, Infrastruktur und Verkehrswege ausbauten, die Häfen und die Landwirtschaft erneuerten. Baumwoll- und Seidenmanufakturen waren der Auftakt zur Industrialisierung des Landes. Minister Olavide schränkte die Macht der Inquisition und der Organisation der Schafherdenbesitzer, der Mesta, ein und verwies die Jesuiten des Landes, während er die Freimaurerei zuließ.

Karl IV. schließlich war so von seiner Frau Maria Luisa de Parma beherrscht, wie es Goya auf seinen Porträts darstellte. Sein Günstling war Manuel Godoy, ein hübscher junger Mann aus der Extremadura, der als Stallbursche an den Hof gekommen war und dessen Aufstieg wohl etwas mit seinen Beziehungen zur Königin zu tun hatte. Der König legte das Schicksal des Landes unglücklicherweise in seine Hände.

Rechts: Goyas Sicht von Godoy, dem ersten Politiker „moderner" Machart.

GESCHICHTE UND KULTUR

Godoy versuchte vergeblich, die Köpfe von Ludwig XVI. und Marie Antoinette zu retten. Danach engagierte er sich in einem Religionskrieg in Frankreich, der mit dem Frieden von Basel endete, Spanien die Insel Menorca einbrachte und Godoy den Titel eines Friedensfürsten. Mit allen Mitteln der Zensur und Isolierung versuchte er, ein Übergreifen der revolutionären Ideen auf Spanien zu verhindern. Er unterzeichnete einen Pakt mit Napoleon, in dem er sich verpflichtete, diesem in Portugal gegen die Engländer beizustehen. Godoy marschierte selber in Portugal ein und eroberte das Gebiet um Olivenza. Als Schlachttrophäe schickte er seiner Königin einen Orangenzweig, weshalb dieser Feldzug als „Orangenkrieg" in die Geschichte einging.

Der Beistandspakt war für Napoleon ein willkommener Vorwand, 1808 in Spanien einzumarschieren. Aber seine Verbündeten, Godoy und Karl IV., waren inzwischen vom aufständischen Volk abgesetzt worden; Fernando VII. hatte den Thron bestiegen.

Der Unabhängigkeitskrieg

Für die Blockade Englands wollte Napoleon alle Häfen unter seine Kontrolle bringen, besonders die Portugals. Deshalb besetzte er die iberische Halbinsel. Das spanische Königshaus hatte seine Pläne unterstützt und fügte sich widerstandslos in die unerwartete Machtübernahme durch die Franzosen. Der König begab sich ins Exil nach Frankreich, Joseph Bonaparte, der Bruder Napoleons, wurde in Madrid zum König José I. gekrönt. Die Madrider nannten ihn wegen seines häufigen Griffs zur Flasche *Pepe Botellas*.

Mit dem Volksaufstand gegen die französische Besatzungsmacht am 2. Mai 1808 in Madrid begann der Unabhängigkeitskrieg. Die sozialen Probleme des Landes und der Gegensatz zwischen den liberalen Anhängern der Französischen Revolution und den Monarchisten wurde überlagert von einer romantischen Idee: Ein Volk lehnt sich gegen die Fremdherrschaft auf. Ein französischer General soll

GESCHICHTE UND KULTUR

gesagt haben, Spanien einzunehmen sei für sein Heer ein Frühstück, aber als er Sevilla verspeisen wollte, wurden seine Truppen bei Bailén (Jaén) von einer spanisch-englischen Allianz geschlagen. Napoleon kam persönlich mit 120.000 Mann und verfolgte das englische Heer, wobei das halbe Land zerstört wurde. Schließlich riefen ihn Schwierigkeiten in Mitteleuropa zurück, und ein Teil seiner Truppen blieb unter dem Kommando seiner Generäle. Diese waren jedoch nicht in der Lage, die Guerilla des Volkswiderstandes abzuwehren.

Cádiz, von Sümpfen umgeben, in denen die Kanonen versanken, und vom Meer aus uneinnehmbar, blieb frei. Hier installierte sich eine liberale Exil-Regierung, die sich 1812 nach dem Vorbild der Französischen Revolution eine Verfassung gab. 1814 wurden die Franzosen endgültig aus dem Land vertrieben, und Fernando VII. kehrte umjubelt auf den Thron zurück.

Das 19. Jahrhundert

Fernando VII. führte ein Regime der Unterdrückung und leitete eine politische Entwicklung ein, die mit dem Verlust der Kolonien und der nationalen Krise von 1898 enden sollte. Die Gesellschaft war in Bewegung gekommen, und in manchen Landesteilen nahm das Volk sein Schicksal selbst in die Hand. Die Karlistenkriege im Norden, die katalanische *Renaixença*, die Säkularisierung, das kurze Intermezzo der ersten Republik und die beginnende Arbeiterbewegung sorgten für ein bewegtes Jahrhundert unter Fernando VII., Isabel II. und Alfonso XII.

Das salische Gesetz, das Frauen von der Thronfolge ausschließt, war von Philipp V. eingeführt und von Karl IV. wieder abgeschafft worden. Als Fernando VII. starb, rekurrierte sein Bruder Carlos María Isidro auf einen Formfehler bei der

Oben: Aufständische Madrilenen werden von den französischen Besetzern erschossen. Rechts: Die Landarbeiter bildeten einst wie heute die unterste Schicht in Spanien.

GESCHICHTE UND KULTUR

Abschaffung, um der legitimen Erbin Isabel II. den Thron streitig zu machen. Daraus entstand die Bewegung der Karlisten, die im Laufe des 19. Jh. mehrere Bürgerkriege anzettelten. 1936 schlugen sie sich auf die Seite Francos. Später kam es am Montejurra (Navarra) zu blutigen Auseinandersetzungen, und der damalige Innenminister Fraga setzte ihrem politischen Einfluß ein Ende.

Gleichzeitig konsolidierte sich in Katalonien eine nationale Bewegung, die mit einer Erneuerung der Sprache begann. Als erstes Werk in *Catalán*, das seit dem 15. Jh. wenig gepflegt worden war, erschien die *Ode an die Heimat* von Carlos Aribau. Sie wurde als Glückwunsch für einen katalanischen Industriellen in der Zeitung *El Vapor* veröffentlicht. Dichterwettbewerbe waren Ausdruck einer neu erstarkten städtischen Bourgeoisie, die es so im restlichen Spanien nicht gab und die ihre Identität in der verflossenen Größe Kataloniens zur Zeit der Gotik suchte. Die literarischen Arbeiten und historischen Recherchen von Milá i Fontanals um 1850 machten die katalanische Vergangenheit zu einem beliebten Thema. Große Dichter, wie Verdaguer und Maragall, schrieben auf *Catalán* und fanden offene Türen bei Theatern, der Presse und den kulturellen Vereinigungen.

Die Arbeiterbewegung

Das ganz auf Landwirtschaft ausgerichtete Spanien hatte ein Proletariat von Landarbeitern hervorgebracht, das ohne Land und Pachtverträge von Saisonarbeit lebte. Das Heer von Arbeitslosen in den Städten, wo der freie Konkurrenzkampf der Frühindustrialisierung tobte, senkte die Löhne, so daß eine gewerkschaftliche Organisierung unumgänglich wurde. Im Jahr 1879 konstituierte sich die Sozialistische Arbeiterpartei (PSOE), ein Jahr später ihre Gewerkschaft UGT. Zehn Jahre später hatte die Partei bei den Kommunalwahlen bereits hohe Stimmenanteile. Ab 1910 war sie im Kongreß vertreten und machte Front gegen die gemäßigten Republikaner.

GESCHICHTE UND KULTUR

Auf ältere Wurzeln kann der Anarchismus zurückblicken, den der Italiener Fanelli, ein Freund von Bakunin, nach Spanien brachte. Er entwickelte sich im Untergrund und fand besonders in Katalonien, der Levante, Andalusien und Aragón viele Anhänger.

Als er 1881 an die Öffentlichkeit trat, schälten sich zwei Richtungen heraus: Die Anarcho-Kommunisten, die von Kropotkin und Malatesta beeinflußt waren, hielten die Gewerkschaften für zu bürokratisch. Sie hatten ihre Anhängerschaft hauptsächlich auf dem Land in Andalusien, wo der Mythos der „Schwarzen Hand" entstand, einer Geheimorganisation, der viele Verbrechen angelastet wurden und die scharf unterdrückt wurde. Das Gericht von Jerez verurteilte 1883 wegen eines Mordes 15 Mitglieder der Organisation zum Tode.

Die Anarcho-Kollektivisten, die den Weg über die Syndikate zu einem klassenlosen Gemeinwesen ohne Privateigentum einschlagen wollten, setzten sich mehrheitlich durch. 1910 gründeten sie ihre Gewerkschaft CNT, die besonders nach dem Ersten Weltkrieg durch Streiks in Katalonien von sich reden machte.

Die 98er Generation

Seit Mitte des Jahrhunderts hatte es wachsende Unabhängigkeits-Bewegungen in den spanischen Kolonien gegeben. Cuba, unterstützt von den USA, trat in einen Krieg mit dem Mutterland ein, der 1898 mit dem Verlust der letzten spanischen Kolonien endete (Cuba, Puerto Rico, Philippinen). Spanien, erstmals seit 400 Jahren auf seine eigenen Rohstoffe angewiesen, verfiel in eine nationale Krise. Diese wurde von einer ganzen Schriftstellergeneration aufgegriffen: In den Werken von Azorín, Valle Inclan, Machado, Pérez Galdós, Unamuno, Pío Baroja, Ortega y Gasset, Jiménez und Blasco Ibáñez sind zwei Themen ständig präsent: die Dekadenz und die natürlichen Res-

Oben: Pensionierte Landarbeiter in Andalusien. Rechts: Pablo Picasso als 52jähriger.

GESCHICHTE UND KULTUR

sourcen des Landes. Joaquín Costa setzte sich für grundlegende Reformen ein, die die wirtschaftliche Unterentwicklung beseitigen sollten. Seine Schriften galten der Abschaffung des Analphabetentums und des *Cacique*-Systems, der in den Latifundien üblichen Praxis der Arbeitgeber, bei Wahlen die Stimmen der von ihnen abhängigen Landarbeiter für sich zu benutzen.

Das 20. Jahrhundert

Das neue Jahrhundert begann in Spanien mit großen sozialen Problemen. Die Landwirtschaft ruhte auf den wackeligen Säulen der zu starken Parzellierung im Norden und der Latifundien im Süden. Abgesehen vom Bergbaugebiet in den kantabrischen Bergen und Katalonien mit seinen Textilmanufakturen gab es kaum eine entwickelte Industrie.

Zur Jahrhundertwende stand Spanien noch im Schatten der Krise von 1898, war aber in Marokko schon in einen neuen Krieg verwickelt, in dem es versuchte, letzte koloniale Ansprüche zu retten. Unzumutbare Bedingungen für die Soldaten und hohe Verluste riefen zunehmend Proteste hervor. 1909 gab es in Katalonien einen Generalstreik. In der „tragischen Woche" von Barcelona forderte das staatliche Eingreifen über 100 Todesopfer.

Die Neutralität Spaniens im Ersten Weltkrieg erschloß neue Märkte, was besonders den Städten zugute kam. Der vorübergehende Reichtum manifestierte sich in einer großen Zahl von Neubauten in Barcelona und Madrid.

Der Modernismus

Ab dem letzten Drittel des 19. Jh. förderte die katalanische Bourgeoisie in Anlehnung an den mitteleuropäischen Jugendstil und die *Art Nouveau* in ihren Bauaufträgen einen Stil, der *modernismo* genannt wurde. Er beeinflußte neben den traditionellen schönen Künsten auch die

Baukunst, Dekoration und Ausstattung, Werbung, Grafik und Literatur.

Der Architekt Antoní Gaudí (1852-1926) gilt als der Gründer des Modernismus. Sein erstes Werk, die Casa Vicens (1880), zeigte deutliche Mudéjar-Einflüsse. Der Stil Gaudís entwickelte sich im Laufe der Jahre dahingehend, daß dekorative Teile zu wesentlichen Strukturelementen der Gebäude wurden. Der Palacio Güell (1889), die Casa Batlló (1906), die Casa Milá oder Pedrera (1910) und der Güell-Park (1915) sind vollendete Kunstwerke. Mit dem Bau der heute noch unvollendeten Kathedrale Sagrada Familia begann er 1883 ein nicht zu bewältigendes Lebenswerk. Er starb verarmt und unerkannt bei einem Verkehrsunfall.

Domènech i Montaner war ein Zeitgenosse Gaudís und baute die ersten modernistischen Gebäude für die Weltausstellung 1888 in Barcelona. Einige davon wurden wieder abgerissen, aber das Restaurant steht noch und ist heute ein zoologisches Museum. Als sein Meisterwerk gilt der Musikpalast in Barcelona.

GESCHICHTE UND KULTUR

Josep Puig i Cadafalch kultivierte die Neogotik. In seiner Casa Martí befindet sich das Café Els Cuatre Gats, Stammkneipe der modernistischen Bohème, wo sich Picasso, Pablo Gargallo, Ramón Casas, Santiago Russiñol u. a. trafen.

Pablo Picasso (1881-1973) kam 1895 nach Barcelona, wo sein Vater als Professor an die Kunsthochschule berufen worden war. 1897 malte er das Bild *Wissenschaft und Barmherzigkeit*, das dann zur Kunstausstellung nach Madrid geschickt wurde. In der Zeit in Barcelona entwikkelte er seine blaue Phase; 1904 ging er nach Paris, und viele Jahre später, während der Republik, wurde er zum Direktor des Prado-Museums ernannt.

Den Kern des valencianischen Modernismus bildeten Vicente Ferrer und Demetrio Ribes, beide beeinflußt von der Wiener Sezession. Wichtige Bauten sind von ersterem das Haus Nr. 31 in der Cirilo Amorós-Straße in Valencia, von letzterem der Nordbahnhof.

Die 27er Generation

In den zwanziger Jahren kam es zu weiteren Aufständen der Industrie- und Landarbeiter, die Regierungen wechselten, und schließlich übernahm mit Einverständnis des Königs General Primo de Rivera die Macht. In den sieben Jahren seiner Diktatur wurden Intellektuelle ausgewiesen und staatsmonopolistische Industriekonzerne eingerichtet.

1927 traf sich eine Gruppe junger Dichter, die meisten von ihnen aus Andalusien, in der Studentenresidenz in Madrid, um den 300. Todestag des Cordobeser Barockdichters Góngora zu feiern. Unter ihnen befanden sich García Lorca, Alberti, Salinas, Cernuda, Alonso, Aleixandre (Nobelpreis 1977) und Guillén (Nobelpreis 1986). Aus der Feier, einem rein symbolischen Akt, entwickelte sich eine der bedeutendsten Dichterbewegungen Europas. Die Bewunderung der reinen Poesie, höchst stilisiert und isoliert, entsprach der modernistischen Epoche. Später fühlten sich die Dichter vom Surrealismus angezogen, der die tieferen Schichten der menschlichen Seele anspricht. Mit der Errichtung der Republik begannen sie, sich für politische Themen zu interessieren. Alle litten unter dem Bürgerkrieg und gingen in der Francozeit ins Exil, wo viele von ihnen auch starben.

Federico García Lorca (1899-1936) war wohl der berühmteste Vertreter der 27er Generation. Er liebte die klassische und die Volksmusik. 1929 reiste er nach New York, und aus dieser Reise und den Eindrücken von der Stadt in der Weltwirtschaftskrise entstand das surrealistische Werk *Ein Dichter in New York*. Große Popularität erlangte er durch die *Zigeunerromanzen*, die bald überall mündlich weitergegeben wurden (die untreue Ehefrau, der Tod des Antoñito Camborio, die Schlafwandlerromanze); und besonders durch den *Trauergesang über den Tod des Ignacio Sánchez Mejías*, der ein gebildeter Torero und Freund des Dichters war – eine der bedeutendsten Elegien der spanischen Literatur. Von seinen Theaterstücken sind die Tragödien am bekanntesten: *Yerma*, *Bluthochzeit* und *Das Haus der Bernarda Alba*. In ihnen werden die Leiden der andalusischen *campesinos* beschrieben. Zu Beginn des Bürgerkriegs wurde García Lorca 38jährig von der Guardia Civil in Víznar ermordet.

Salvador Dalí (1904-86) wendete sich früh dem Surrealismus zu. Von der Psychoanalyse Freuds beeinflußt, fand er einen neuen Zugang zur Darstellung des Menschen. Die von Luis Buñuel gedrehten surrealistischen Filme lösten Skandale aus. Dalís rechte politische Gesinnung bewahrte ihn vor dem Exil, und schließlich schuf er sogar Porträts von der Familie Francos. Auf eine religiöse Phase

Rechts: Durch Landreformen sollte den Landarbeitern in der Zweiten Republik aus ihrer Armut geholfen werden.

GESCHICHTE UND KULTUR

folgten zunehmend Kunstwerke mit ausgefallenen Effekten, die sein Museum in Figueras präsentiert.

Die Zweite Republik

Primo de Rivera dankte 1930 angesichts der wachsenden wirtschaftlichen Schwierigkeiten ab. Die republikanische Bewegung hatte so an Gewicht gewonnen, daß 1931 auch Alfons XIII. auf seine Macht verzichtete und ins Exil ging. Die ökonomische Situation des Landes, durch die Wirtschaftskrise von 1929 bereits angeschlagen, komplizierte sich rasch: Aus Angst vor der Agrarreform, der Verstaatlichung von Industrien und einer Finanzreform setzte eine Kapitalflucht ein. Das Klima politischer Unsicherheit, die geringen Investitionen und die Arbeitskonflikte hatten ein deutliches Absinken der Produktivität zur Folge und brachten weitere Arbeitslosigkeit mit sich.

Nachdem die Monarchie abgeschafft worden war, bildete eine Koalition aus Republikanern und Sozialisten eine provisorische Regierung, die zwei Monate später auch die Wahlen gewann. In der Konstitution, die noch am Ende desselben Jahres verabschiedet wurde, wurden die Trennung zwischen Kirche und Staat und das allgemeine Wahlrecht auch für Frauen verankert. Regierungschef war Azaña, ein intellektueller Jurist und überzeugter Demokrat. Er wollte Kirche und Militär entmachten, die Bildung des Volkes fördern und eine ausgewogenere soziale Entwicklung herbeiführen. Ein Dekret befreite die Militärs von ihrem Treueschwur auf die Monarchie und legte denen, die nicht gewillt waren, der Republik zu dienen, nahe, den Dienst zu quittieren. Zu diesem Zeitpunkt bestand die Armee aus 105.000 Soldaten und 195 Generälen. Etwa 10.000 gingen, aber die meisten der Befehlshaber blieben. Daß Azañas Bemühungen, ein unpolitisches Heer zu schaffen, nicht gefruchtet hatten, zeigte der Militärputsch von 1932, der jedoch niedergeschlagen werden konnte. In den politischen Gruppierungen, die nun

GESCHICHTE UND KULTUR

an der Macht waren, dominierten antiklerikale Tendenzen. Die Regierung hatte es ohne Eingreifen hingenommen, daß im Mai 1931 in Madrid Kirchen und Klöster angezündet worden waren. Die Verfassung sah eine Säkularisierung der Orden vor, die Macht Roms galt als verfassungsfeindlich. Die Güter der Kirche wurden vergesellschaftet. Angesichts des großen Mangels an Schulen – 10.000 waren geschaffen worden, aber 350.000 Kinder waren noch nicht eingeschult – schlossen sich daraufhin religiöse Gemeinschaften unter dem Deckmantel von Bildungsvereinen zusammen.

Im Bereich der Landwirtschaft war dringend eine Landreform notwendig. Die Minifundien des Nordens hatten eine Durchschnittsgröße von 0,42 ha. In Andalusien, der Mancha und der Extremadura dagegen gab es 12.500 Besitzungen mit mehr als 250 ha; viele waren im Besitz von Adelsfamilien und hatten bis zu 80.000 ha. Auf diesen Latifundien blieb ein Großteil der Fläche unbewirtschaftet oder diente nur als Jagdgrund für den Besitzer. In krassem Gegensatz dazu gab es 10 Millionen *fincas* mit weniger als 10 ha und ein Heer von *campesinos*, die von der Saisonarbeit lebten. Die Landreform wurde 1932 eingeleitet und sollte 6 Millionen Besitzungen und 930.000 Landarbeiterfamilien betreffen. Ein Jahr später waren jedoch erst 12.500 Familien in ihren Genuß gekommen und 111.000 ha Land verteilt.

Die Anarchisten waren von Anfang an mit der neuen Regierung nicht einverstanden. Nach zahlreichen Protesten in ganz Spanien organisierten die Dörfer der Bergbauzone Kataloniens ihre Verwaltung auf der Basis des Anarcho-Kommunismus. Sie wurden schnell und hart unterdrückt. 1933 griffen die Aufstände auf die Levante und Andalusien über, wurden jedoch jedesmal schnell wieder erstickt. Nur in Casas Viejas (Cádiz) kam es zu größerem Widerstand, woraufhin die Regierungstruppen die Aufständischen niedermetzelten und das Dorf von der Landkarte löschten. Man fand zwar einen Schuldigen, der diese Aktion angeordnet hatte, aber die Kritik an der Regierung wuchs dennoch.

1933 verließen die Sozialisten die Koalition, und Azaña mußte abtreten. Die Neuwahlen gewann bei geringer Wahlbeteiligung die radikale Zentrumspartei, deren Regierungschef Lerroux von der Konföderation spanischer Rechtsparteien CEDA unterstützt wurde. Während diese Regierung in zwei Jahren das rückgängig machte, was die vorherige im gleichen Zeitraum aufgebaut hatte, radikalisierten sich Rechts- und Linksparteien.

1933 gründete der Sohn des ehemaligen Diktators Primo de Rivera die *Falange Española*. José Antonio proklamierte Ideen des vereinigten Vaterlands, inspiriert vom deutschen und italienischen Faschismus, und rief zur Gewalt gegen Separatisten, Marxisten und Parteien auf. Die Ideologie der Fäuste und Pistolen trug der hauptsächlich aus Studenten bestehenden Gruppe später einen zweifelhaften Ruhm ein.

Am 5. Oktober 1934 riefen Sozialisten, gefolgt von Kommunisten und Anarchisten, zu einem revolutionären Streik auf, bei dem in Madrid, Barcelona und den Bergbaugebieten über 40.000 Verhaftungen vorgenommen wurden. Die Arbeiter verwandelten Oviedo zehn Tage lang in eine Räterepublik. General Franco kommandierte von Madrid aus das Militär, das sie niederschlug und dabei 1300 Menschen tötete. Danach wurde Franco zum obersten Militärchef ernannt. In der Armee bildete sich eine antirepublikanische Gewerkschaft (UME), und auch die Monarchisten konsolidierten sich im Ausland und bewaffneten sich für den Kampf gegen die Republik.

Als Lerroux nach einem Skandal 1935 abtreten mußte, gab es erneut Wahlen. Die Arbeiterparteien und die Republikaner bildeten gemeinsam eine Volksfront, die eine Generalamnestie, Wiederein-

GESCHICHTE UND KULTUR

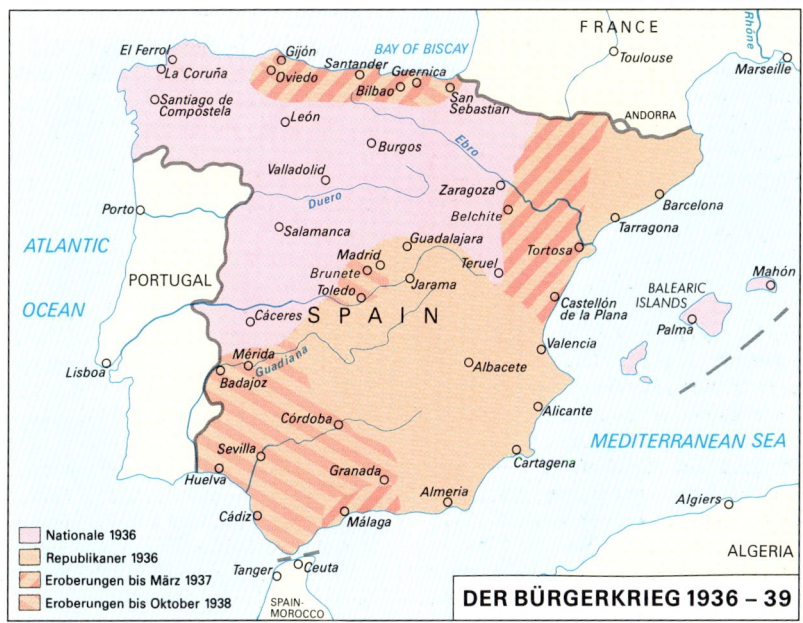

DER BÜRGERKRIEG 1936–39

- Nationale 1936
- Republikaner 1936
- Eroberungen bis März 1937
- Eroberungen bis Oktober 1938

lung der nach den Oktoberaufständen Entlassenen, Anerkennung der Katalanen als eigenständiges Volk und einen Neubeginn der Agrarreform zum Programm hatte. Die Anarchisten unterstützten sie. Auch die Rechten schlossen sich zusammen, nur die Falange blieb unabhängig. Die Wahlen 1936 brachten einen klaren Sieg der Volksfront. Azaña bildete eine Regierung und begann, seine Wahlversprechen einzulösen. Aber überall im Land gab es weiterhin gewalttätige Auseinandersetzungen.

Bei den Wahlen 1936 wurde in Asturien die kommunistische Abgeordnete Dolores Ibarruri gewählt. Ihr aufopferndes Eintreten für die Rechte der Arbeiter trug ihr den Namen *La Pasionaria* ein. Sie wurde 1895 in Vizcaya geboren, und ihre Popularität überstieg bei weitem die Bedeutung, die ihr von den Geschichtsschreibern beigemessen wurde. Nach dem Bürgerkrieg ging sie nach Moskau ins Exil, wo sie bis 1978 Vorsitzende der spanischen kommunistischen Partei war. 1977 kehrte sie nach Spanien zurück und wurde bei den ersten demokratischen Wahlen wieder als asturische Abgeordnete gewählt. Mit ihrem Tod 1989 endete auch ein Kapitel der Geschichte der kommunistischen Partei. Ihr Begräbnis spiegelte ihre große Popularität wider.

Der Bürgerkrieg

Am 17.7.1936 erhob sich das in Marokko stationierte Militär, am nächsten Tag schlossen sich die Inselgarnisonen der Balearen und Kanaren an. Der Militärputsch unter General Mola wurde von der Kirche unterstützt, die ihn als eine Art Kreuzzug betrachtete. Auch die Karlisten in Navarra und die Falange solidarisierten sich mit dem Aufstand. Die Linke reagierte schnell und vereitelte die sofortige Machtübernahme durch die Putschisten. Während das Militär in kurzer Zeit Zaragoza, Sevilla, Granada und Cádiz eingenommen hatte, blieben große Teile Andalusiens und der Extremadura, Katalonien und die Levante der Republik treu. Die Aufständischen schlossen sich als Natio-

47

GESCHICHTE UND KULTUR

nale Kräfte zu einer einheitlichen Front zusammen. Sie wurden in den einzelnen Regionen von Generälen angeführt, von denen sich General Franco in Marokko besonders hervortat.

Hitler und Mussolini unterstützten die Aufständischen von Anfang an und stellten Flugzeuge für den Transport der marokkanischen Truppen auf das Festland zur Verfügung. Die Haltung Frankreichs und Englands war weniger eindeutig: In Paris wurden die Anträge der republikanischen Regierung für den Waffenkauf vom Botschaftspersonal unterschlagen, das mit den Putschisten sympathisierte. Die rechte Presse und die englische Regierung sahen die britischen Interessen, besonders in den Bergbaugebieten Andalusiens, von einer Rechtsregierung besser gewahrt. Aus Angst vor Hitler unterzeichneten die Westmächte noch im August einen Nichteinmischungspakt. Die totalitären Staaten dagegen nutzten, angesichts des sich schon abzeichnenden Weltkrieges, den spanischen Bürgerkrieg zur Erprobung ihrer Waffen. Rußland schickte den Republikanern Waffen und Ausrüstung, die Italiener lieferten den Nationalisten U-Boote und Flugzeuge und entsandten eine große Freiwilligen-Legion. Die Deutschen testeten ihre Flugzeuge und Panzer und schickten eine Elitetruppe, die Legion Condor.

In den demokratischen Ländern rief der Krieg besonders unter den Intellektuellen Proteste hervor. Die kommunistische Internationale rief zur Unterstützung der Republik auf und bildete internationale Brigaden. 40.000 kamen mit gutem Willen und romantischen Idealen und verstärkten die republikanischen Truppen mit der Kampferfahrung aus dem Ersten Weltkrieg, besonders an den Fronten um Madrid und in Katalonien.

Das strategische Gleichgewicht, das zu Beginn der Kämpfe geherrscht hatte, zerbrach mit der Einnahme von Málaga

Oben: Bald nach dem Militärputsch von General Franco (links) wurde der Dichter Federico Lorca (rechts) erschossen. Rechts: Auf dem Weg zur Kirche oder zur Kneipe?

GESCHICHTE UND KULTUR

1937, wo die Nationalisten mit extremer Härte gegen die Bevölkerung vorgingen. Im selben Jahr fiel das Baskenland. Die Bombardierung von Guernika durch die deutsche Legion Condor erregte weltweit die Gemüter. Nach einer Reihe weiterer Schlachten in Asturien, Madrid und Zaragoza fiel bis auf die Stadt Madrid der ganze Norden in die Hände der nationalen Kräfte. Ende 1937 starteten sie eine große Offensive gegen Südaragon, Katalonien und die Levante. Ein Jahr später waren sie in Castellón bis ans Mittelmeer vorgestoßen und setzten so einen Keil in das republikanische Terrain zwischen Katalonien und Valencia. Um Valencia zu halten, wohin die Regierung geflohen war, setzten die Republikaner ihre letzten Kräfte in der Ebro-Offensive ein. Ein Friedensplan und die ostentative Verabschiedung der internationalen Brigaden 1938 fruchteten nichts mehr. Franco war sich seines Sieges bereits sicher und marschierte auf Barcelona zu. Anfang 1939 floh die Regierung und suchte mit 300.000 Flüchtlingen Asyl in Frankreich.

Am 1.April 1939 war der Bürgerkrieg beendet.

Die Franco-Ära

Noch während des Krieges hatte Franco die Nationale Bewegung gegründet, in der verschiedene rechte Gruppierungen, die Falange und die Karlisten zu einer Einheitspartei zusammmengeschlossen waren. In der ersten Nachkriegszeit forderte eine Säuberungsaktion in der Opposition um die 200.000 Opfer. Regionale Sonderrechte wurden abgeschafft, und der öffentliche Gebrauch des *Catalán*, des Baskischen und des Galizischen verboten. Die Kirche erhielt ihre alten Privilegien zurück, der Katholizismus wurde wieder Staatsreligion, und der Staat erhielt Mitspracherecht bei der Ernennung von Bischöfen. Die Ehescheidung wurde abgeschafft. Die Diktatur des Franco-Regimes stützte sich auf einzelne grundlegende Gesetze, wie das *fuero* der Arbeit, das die Arbeitsverhältnisse regelte und Gewerkschaften installierte, in denen Arbeiter und Arbeitgeber gemeinsam organisiert waren. 1942 wurden die *cortes*, das spanische Parlament, wieder eingesetzt, aber nur 103 der 564 Abgeordneten waren gewählt.

Im Zweiten Weltkrieg blieb Spanien offiziell neutral, schickte jedoch 47.000 Freiwillige als „Blaue Division" zur Unterstützung der Achsenmächte nach Rußland. Nach dem Krieg wurde ihm deshalb der UNO-Beitritt verwehrt, wodurch eine Phase starker wirtschaftlicher und politischer Isolierung begann. Doch mit dem Kalten Krieg änderten die USA ihre Taktik und suchten Militärstützpunkte im westlichen Mittelmeer. Spanien unterzeichnete ein Konkordat mit dem Vatikan und Verträge mit den USA, die ihm Kredite und 1953 die UNO-Mitgliedschaft einbrachten. In den 40 Jahren seiner Regierung machte Franco jedoch keine Staatsbesuche und empfing keine ausländischen Regierungschefs, außer Eisenhower (1959) und Richard Nixon (1970).

Die Isolierung nötigte Spanien nach dem Bürgerkrieg zur wirtschaftlichen Autarkie. Zur Unterstützung der Schwerindustrie wurde 1941 das Nationale Industrie-Institut (INI) gegründet, das Kohle und Stahl subventionierte. Die brachliegende Landwirtschaft brauchte Jahre, um wieder voll zu produzieren, und Lebensmittel mußten rationiert werden; die Hungerjahre dauerten bis 1951. Ab 1953 half der Marshall-Plan.

In den sechziger Jahren begann ein Wirtschaftsboom, der allerdings die Landwirtschaft nicht einschloß. Unter den Ministern der mächtigen katholischen Laienbruderschaft *Opus Dei* entwickelten sich zwei neue Devisenquellen: der Tourismus und die Arbeits-Emigration. Ab 1966 bewirkte der Druck durch das Ausland, daß sich das Regime etwas öffnete. Innenminister Fraga erließ ein neues Pressegesetz, das die Zensur von Publikationen erst nach deren Veröffentlichung vorsah. In diesen Jahren wuchs die Opposition gegen das Regime, sogar innerhalb der Kirche.

In den von nationalen Minderheiten bewohnten Regionen gewannen gewalttätige Organisationen an Bedeutung; besonders die ETA (*Euskadi ta askatasuna*, freies Baskenland) machte von sich reden. Ein Prozeß in Burgos gegen 16 Angeklagte der ETA 1970 wurde zu einer antifranquistischen Demonstration. Als 1973 ein Prozeß gegen die im Untergrund operierende Arbeitergewerkschaft begann, sprengte die ETA den potentiellen Nachfolger Francos, Carrero Blanco, mit seinem Auto in die Luft. Sein Nachfolger war Arias Navarro, der sich das Schlagwort Öffnung auf die Fahne geschrieben hatte. Als Franco 1975 schon nur noch künstlich am Leben erhalten wurde, verurteilte man noch fünf politische Gefangene zum Tode. Franco starb am 20.11.1975 und wurde in der *Basilica des Valle de los Caídos*, die er sich und den Opfern des Bürgerkriegs hatte erbauen lassen, beigesetzt.

Übergang und Demokratie

Am 22. November bestieg – wie es Franco vorgesehen hatte – Juan Carlos I., Enkel von Alfons XIII., den Thron. Arias Navarro wurde als Premierminister eingesetzt. Die Opposition setzte sich am runden Tisch zusammen und forderte die Demokratisierung des Landes. Juan Carlos bewirkte den Rücktritt von Arias Navarro und wählte aus drei vorgeschlagenen Kandidaten Suarez als dessen Nachfolger. Im April 1977 wurde die kommunistische Partei legalisiert, und zwei Monate später gab es die ersten demokratischen Wahlen.

Der Versuch eines Staatsstreiches durch die Guardia Civil, die 1981 einen Tag lang die Abgeordneten des Parlaments als Geisel hielt, wurde vereitelt,

Rechts: Im modernen Spanien treten die Frauen zunehmend selbstbewußter in der Öffentlichkeit auf.

GESCHICHTE UND KULTUR

obwohl nach wenigen Stunden bereits eine schriftliche Zustimmung der Bischöfe vorlag. Suarez trat ab, und sein Nachfolger, Calvo Sotelo, unterzeichnete den NATO-Beitritt Spaniens. Bei den Wahlen 1982 gewannen die Sozialdemokraten (PSOE) mit dem Wahlversprechen Felipe Gonzalez', die NATO wieder zu verlassen. Unter dem Druck der europäischen Nachbarn nahm er dieses Versprechen 1985 wieder zurück und ließ sich diese Entscheidung danach per Volksentscheid bestätigen.

Das moderne Spanien beginnt mit der Verfassung von 1978 und dem Autonomiestatut von 1983, das die 50 Provinzen des Landes in 17 autonome Regionen einteilte. In Volksabstimmungen fand diese föderative Verwaltungsform überall Zustimmung, weil sie den Sprachregionen Galizien, Baskenland und Katalonien Sonderrechte als eigene Volksgruppen einräumte.

Seit auch die EG-Mitgliedschaft abzusehen war, faßte die internationale Wirtschaft Vertrauen in die Stabilität der Demokratie und begann zu investieren. In den achtziger Jahren verzeichneten die großen Ballungsräume Barcelona, Madrid und Valencia ein enormes Wachstum von Industrie, Dienstleistungsbetrieben, internationalem Kapital und Bevölkerung. Die ländlichen Regionen dagegen, in den sechziger und siebziger Jahren bereits durch Abwanderung ausgeblutet, litten zunehmend unter der Teuerung, weiterer Abwanderung und Arbeitslosigkeit. Hinzu kam die Krise der traditionellen Wirtschaftszweige Bergbau und Textil. Diesen Schwierigkeiten hat auch der allgemeine Aufschwung nichts engegensetzen können.

Während die Großstädte, die Küstenregionen mit landwirtschaftlichen Exportgütern und die grenznahen Gebiete in ihrer wirtschaftlichen Entwicklung den Anschluß an Europa gefunden zu haben scheinen, steht auf der anderen Seite ein riesiges Proletariat von arbeitslosen Industriearbeitern und Jugendlichen in den Kleinstädten und in den Satellitenstädten um die großen Metropolen.

COSTA BRAVA

KATALONIEN

COSTA BRAVA
GERONA
COSTA DORADA
TARRAGONA

Katalonien bildet den Nordostteil Spaniens mit einer abwechslungsreichen Landschaft, die sich von der felsigen Costa Brava über den dicht besiedelten Großraum Barcelona bis hinunter in die feuchte, fruchtbare Ebene des Ebro-Deltas erstreckt und im Westen bis zu den höchsten Pyrenäengipfeln reicht.

COSTA BRAVA

Dieser Küstenabschnitt von der Grenze bis Blanes verdankt seinen Namen dem Tramontana-Wind, der vom Norden her das Meer aufpeitscht. Die Felsen der Steilküste bilden romantische Buchten mit Pinienwäldern, die oft bis ans Meer reichen. Der Tourismus hat die Costa Brava schon vor langer Zeit entdeckt, doch sie ist so unzugänglich, daß meist nur kleine Urlaubersiedlungen entstehen konnten.

Figueras ist das Zentrum der Region Alt Empordà. Die Altstadt liegt auf einem Hügel. In der Rambla steht die gotische Pfarrkirche Sant Pere, am arkadenumrahmten Rathausplatz die Casa de la Vila und ein Turm der alten Stadtmauer. Das Teatro Principal von 1826 wurde 1974 in

Vorherige Seiten: In der Sierra Morena. Für die Alten ist den ganzen Tag lang Feierabend. Links: Ein Fischerboot am Strand.

ein Dalí-Museum verwandelt, in dessen Mitte die Grabplatte des Künstlers eingelassen ist. Das Museo del Empordà ist der Kunst und Kultur dieser Region gewidmet. Man hat im Ortsteil Aigueta iberische und römische Reste gefunden, aber der heutige Ort entstand als Ansiedlung des Klosters **Sant Pere de Rodes**, das in den Bergen von Port de la Selva an der Küste über Llançà liegt. Der Bau dieses Klosters aus dem 10. Jh. wurde im Jahr 1022 geweiht und erlebte im 11. und 12. Jh. eine Blütezeit, in der verschiedene Um- und Anbauten vorgenommen wurden. Damals entstand die dreischiffige Basilika, deren hohes Mittelschiff mit einem Tonnengewölbe gedeckt ist. Von Kreuzgang und Hauptportal ist nicht mehr viel erhalten, aber man sieht noch, daß es sich hier um einen der eindrucksvollsten Bauten der katalanischen Romanik handelt.

Nördlich von Figueras erstreckt sich die Halbinsel **Cabo de Creus**, die mit dem Festland durch die Sierra de Rodes, einem Ausläufer der Pyrenäen, verbunden ist und den östlichsten Punkt der iberischen Halbinsel bildet. Drei Fischerorte liegen an der schwer zugänglichen Küste: **Port de la Selva**, Cadaqués und Rosas. Ersteres hat einen schönen Fischerei- und Sporthafen, der schon immer vor der unruhigen See geschützt hat.

Cadaqués hat dank seiner unzugänglichen Lage lange Zeit die Rolle eines Intellektuellen- und Künstler-Refugiums gespielt. In einer unvergleichlich schönen Landschaft liegt dieser kleine Ort mit seinen Buchläden und Kunstgalerien. Der Geist von Dalí, dem Genie der Empordà, weht noch durch die Gassen, und sein eigenwilliges Haus im benachbarten Naturhafen von Portlligat, erkennbar an den gigantischen Eiern am Gartenzaun, zieht Scharen von Besuchern an.

Schließlich **Rosas**, dessen Namen auch die großartige Bucht trägt, die sich bis nach La Escala hinzieht. La Escala ist berühmt für seine Anchoviskonserven. Jenseits der Feriensiedlungen von Rosas, hinter weiten Stränden, liegt der Naturschutzpark Aigüamolls de l'Empordà.

Castelló de Empuries hat eine gut erhaltene mittelalterliche Altstadt, wo die gotische Kirche Sta. María (14. Jh.) sehenswert ist. Der Hafen des Ortes ist **Ampuriabrava** mit einem großen Kanalnetz und einem Sport-Flughafen.

Kurz vor L'Escala schließlich liegen die Ausgrabungen von **Empúries**, wo ab 1908 sowohl Reste der ersten griechischen Siedlung **Emporion** als auch des römischen **Emporiae** gefunden wurden. Ein Museum an der Grabungsstätte zeigt Mosaiken und andere Kunstschätze.

Etwas nordöstlich von Figueras liegt **Perelada**, dessen alter Ortskern von dem großen Castillo de Rocabertí beherrscht wird, einem eindrucksvollen Bau mit interessanter Renaissancefassade, der von einem großen Park umgeben ist. Derzeit beherbergt er ein Spielkasino, und im Sommer wird hier ein Musikfestival abgehalten.

Der Hauptort der unteren (baix) Empordà ist **Bisbal d'Empordà**, östlich von Gerona. Sein Bischofspalast erklärt seinen Namen: Hier residierten die Bischöfe von Gerona. Die Stadt ist ein Verwaltungszentrum und kann auf eine lange Tradition in der Keramik-Herstellung zurückblicken.

In der Umgebung liegen hübsche kleine Orte wie **Vulpellac**, mit einem gotischen und einem Renaissance-Palast, oder **Cruïlles**, mit Resten einer alten Burg und dem Miquelkloster. **Peratallada** ist auf einen Felsen gebaut, in den sich tiefe Täler eingeschnitten haben. Drei Bezirke sind noch um Burg und Palast zu erkennen. Letzterer ist um einen Innenhof angeordnet und hat gotische und romanische Elemente. Die engen Gassen münden auf die Plaza Mayor; die Pfarrkirche und die Canapost-Kirche sind romanisch, St. Julià de Boada hingegen ist präromanisch.

In **Ullastret** gibt es Ausgrabungen einer befestigten iberischen Siedlung aus dem 4. und 3. Jh. v. Chr. Diese muß auf einer Insel in einem heute ausgetrockneten See gelegen haben und enge Kontakte mit den griechischen Kolonien gepflegt haben.

Schon fast am Ufer des Río Ter liegen schließlich die Orte **Foixà**, mit einer großen mittelalterlichen Burg, und **Verges**, das durch seinen uralten „Totentanz" bei der Gründonnerstagsprozession bekannt geworden ist.

Torroella de Montgrí ist der erste Flußhafen des Ter. Seine Burg (14. Jh.) wurde im 19. Jh. umgebaut. Stadtmauern, der alte Hauptplatz mit den Laubengängen und einige Adelspaläste sind gut erhalten. Über dem Ort, auf einem kahlen Berg, thronen die Reste der nie fertiggestellten gotischen Burg Montgrí.

Von hier ist es nicht weit nach **Estartit** mit seinem Fischerei- und Sporthafen. Die traumhaft schöne Küste und die vorgelagerten Medes-Inseln sind ein bevorzugtes Gebiet für Taucher und Unterwasserfischer.

Nach Süden erstreckt sich auf beiden Seiten der Ter-Mündung der **Strand von Pals**. Der Golf-Club von Pals zählt zu den besten des Landes. Dahinter erheben sich die Berge von Begur. Ihre schroff zum Meer abfallenden Hänge bilden hübsche Buchten, die nur wenig frequentiert

COSTA BRAVA

sind. Der Ort **Begur** hat mit den Resten seiner Burg, den fünf mächtigen Türmen der Stadtmauer und den Villen der *indianos* (zurückgekehrte reiche Auswanderer) seinen ursprünglichen Charme bewahrt, obwohl die alten Fischerviertel inzwischen auch hier von Touristen beherrscht werden: Aiguablava mit dem Parador, Fornells de Mar, Sa Tuna, Aiguafreda, Capsasal und Sa Riera.

Im Städtchen **Palafrugell**, in Küstennähe, hat die Korkverarbeitung Tradition. Die Epochen seines Wohlstands spiegeln sich in schönen Bauten des 18. Jh. und des *modernismo* der Jahrhundertwende wider. Zum Meer hin präsentiert es sich mit den attraktiven Urlaubsorten Aiguaxelida, Tamariu, Llafranc und **Calella de Palafrugell**, bekannt für seine **Habaneras**, jene wehmütigen Gesänge der Soldaten, die in den Kubakrieg zogen. Hier trinkt man den *cremat*, Kaffee mit Rum flambiert. Am Cap San Sebastián weist ein Leuchtturm den Weg zu einem Aussichtspunkt unweit von **Cap Roig** mit seinem botanischen Garten.

Palamós, am Anfang der gleichnamigen großen Bucht, hat einen Fischerei- und Sporthafen, wo wichtige Segel-Wettbewerbe ausgetragen werden. Der Ort wurde 1279 von Pere II dem Großen gegründet, und die gut erhaltene Altstadt auf dem vorgelagerten Felsen versetzt den Besucher in diese Zeit. Auch das alte Zentrum von **Calonge de Mar, la Vila** genannt, ist ein mittelalterliches Ensemble, dessen trutzige Burg zum Großteil aus der Gotik stammt.

Die Strände der Bucht und der Ort **Playa de Aros** gehören zu den beliebtesten Badeorten der Costa Brava, mit einem breiten Freizeit-Angebot, einem Sporthafen und dem Golfclub von Mas Nou. **S'Agaró**, auf der felsigen Halbinsel südlich der Bucht, ist mit einem Luxus-Hotel, prächtigen Villen und repräsentativen Ferienhäusern eine der exklusivsten Siedlungen an der ganzen katalanischen Küste.

Oben: In Cadaqués, einem Refugium für Künstler, hat auch Salvadore Dali gelebt.

Der Hafen **Sant Feliu de Guíxols** hat eine lange Schiffsbau-Tradition. Von dem vorgelagerten Felsen San Telmo überblickt man die ganze Bucht, den Uferboulevard Paseo de Mar mit den modernistischen Häusern und die gotische Kirche des alten Benediktinerkonvents. Vom Kloster ist nur noch das präromanische Eingangsatrium, die berühmte Porta Ferrada, erhalten.

Die begehbaren mittelalterlichen Mauern von **Tossa de Mar** schmiegen sich an einen ins Meer ragenden Felsen; sieben Türme umschließen die Altstadt, die Vila Vella, mit Resten der gotischen Kirche und des Gouverneurspalastes (15. Jh.). Die Neustadt zieht sich am Strand entlang. Im städtischen Museum sind Bilder von Malern wie Marc Chagall und Joaquín Sunyer sowie archäologische Funde aus der römischen Siedlung Ametllers zu sehen.

Kurz vor dem Ort **Lloret de Mar** endet die Steilküste, und die gewundene Bergstraße führt in die breitere Küstenebene hinunter. Hier konnten große Hotels gebaut werden, womit die Stadt zum frequentiertesten Ort der Costa Brava geworden ist. Die Uferpromenade spiegelt noch die Pracht des 18. Jhs. Ein Monument ehrt die Frauen der Seeleute. Am 24. Juli wird hier eine Prozession auf dem Meer abgehalten, Sa Relíquia.

Blanes ist der letzte Ort an der Costa Brava. Es liegt am Fuße des Burgberges, auf dem Ruinen der Festung Sant Joan über Bucht und Hafen wachen. Gotische Bauten prägen den alten Ortskern: die Kirche, Reste des alten Herrensitzes, der Brunnen der Calle Ample. Pflanzenfreunde werden hier gleich mit zwei botanischen Gärten überrascht: Mar i Mutra in der Bucht Sa Forcanera und Pinya de Rosa mit seinen tropischen Gewächsen. Am Paseo del Mar, der bis zum Felsen San Roque führt, erinnert ein Denkmal an den Schriftsteller Joaquim Ruyra. Viele seiner Werke haben das Leben der Seeleute dieses Ortes zum Thema.

GERONA

Gerona liegt am Zusammenfluß von Ter, Güell, Galligants und Onyar. Es war römisches *municipium*, seit dem 5. Jh. Bischofssitz und Bastion gegen zahlreiche Belagerungen. Der legendäre Widerstand gegen die napoleonischen Truppen ist in die Geschichte eingegangen.

Das unbestrittene Schmuckstück der Stadt ist die Kathedrale mit romanischem Glockenturm und Kreuzgang, ein einschiffiger Kirchenbau, der das breiteste gotische Gewölbe Europas (23 m) und eine barocke Fassade hat. Das Museum zeigt einen Wandteppich aus dem 11. Jh., der die Schöpfungsgeschichte darstellt. Weitere Kunstwerke der Romanik und Gotik sind im Museum des Bischofspalastes zu sehen.

Die Kirche San Feliu vereint romanische, gotische und barocke Elemente; im Presbyterium sind darüber hinaus frühchristliche Grabstätten. Weitere sehenswerte Gebäude sind die arabischen Bäder aus dem 12. Jh., das gotische Sant Domènec-Kloster, der Renaissance-Palast der Aligues und das barocke Jesuitenseminar Sant Martí Sacosta.

Der Fluß Onyar bildet die Mittelachse der Stadt. Zu seiner Rechten liegt die Altstadt, zur Linken die neue Stadt, die sich bis zum Devesa-Park erstreckt. Enge Gassen führen durch das alte Judenviertel, wo im späten Mittelalter eine der größten jüdischen Gemeinden des Landes lebte; sie hatte eine berühmte Kabbalistik-Schule.

Der **See von Bañyoles** liegt in einer weiten Ebene, die im Westen von der Sierra de Rocacorba begrenzt wird. Er hat etwa die Form einer Acht, mit 2 km Länge und maximal 235 m Breite. Sein Wasser kommt aus der Erde, und er speist damit fünf Bäche, die den Ort Bañyoles durchqueren und gemeinsam den Terri bilden. Die Schönheit der Landschaft spiegelt sich in den ruhigen Wassern des Sees, der ein beliebtes Ausflugsziel zum

OLOT

Baden, Rudern, Kanu- und Wasserski-Fahren ist. Hier werden bei der Olympiade '92 Ruderwettbewerbe stattfinden.

Bañyoles ist um das Benediktinerkloster Sant Esteve entstanden, das nach seiner völligen Zerstörung im 19. Jh. im neoklassizistischen Stil wieder aufgebaut wurde. Seit dem 11. Jh. ist Bañyoles als Marktort registriert, wovon noch die alte Börse, Llotja del Tint, zeugt. Auch die gotische Kirche Sta. María dels Turers, das Museum Darder für Naturgeschichte und die arkadenumrahmte Plaza sind sehenswert. Im Gebäude der Pia Almoina (15. Jh.) befindet sich das archäologische Museum mit dem „Kiefer von Bañyoles", der von einem Menschen des Päläolithikum stammen soll.

An **Besalú** mit seinen romanischen Kirchen und der trutzigen Wehrbrücke vorbei, gelangt man in das vulkanische Hügelland vor den Pyrenäen. **Olot** ist Hauptstadt der Garrotxa und wurde 1427/28 von Erdbeben völlig zerstört. Der alte Kern wird von der neoklassischen San Esteban-Kirche dominiert. Im Museum in der Sakristei sind neben einem Gemälde von El Greco gotische Tafelmalereien zu sehen.

Im Wohnviertel Malagrida südöstlich des Clarà-Parks findet man stattliche Gebäude der Jahrhundertwende, wie die Torre Malagrida, Can Vayreda oder Can Masramon. Auf der anderen Seite des Flusses, im Stadtpark, ist im Torre Castany das Museum für Moderne Kunst untergebracht, mit Werken der „Schule von Olot", zu der Künstler wie Galwey, Masriera, Urgell, Casas und Rusiñol gehörten. Der ehemalige Konvent del Carmen (16. Jh.) mit einem Renaissance-Kreuzgang beherbergte nach 1783 die Schule der Schönen Künste, wo sich diese Maltradition entwickelte.

Die Landschaft mit ihren etwa 40 Vulkankegeln hat schon viele Künstler inspiriert und ist nach wie vor eine Attraktion. Die bekanntesten sind Croscat und Sta.

Oben: In Gerona säumen bunte Häuser das Flußufer. Rechts: Die Bauern verkaufen ihre Produkte auf den Märkten.

María, in dessen Krater eine Kapelle errichtet wurde.

In der Nähe des Sta. María liegt der Ort **Sant Pau** mit seiner alten Burg, der Stadtmauer und einer Kirche, in der ein kunstvolles Alabasterretabel mit Passionsszenen von 1340 zu sehen ist. Wenn man im Herbst in diese Gegend kommt, sollte man unbedingt den Buchenwald von Fageda d'en Jordà besuchen. Sein Zauber hat eine ganze Reihe katalanischer Dichter, wie Jacint Verdaguer, in ihren Bann gezogen.

Das Kloster **Ripoll** war eines der bedeutendsten religiösen Zentren des mittelalterlichen Kataloniens. Der Ort Ripoll verdankt seine Entwicklung jedoch der Metallindustrie. Das Benediktinerkloster Ripoll wurde 879 vom Grafen Guifré el Pelós im Zuge der christlichen Neubesiedlung der Pyrenäen gegründet. Seine beste Zeit erlebte es ab 1008 unter dem Abt Oliba, der die Kirche erweitern und zwei Glockentürme errichten ließ und das kulturelle Leben des Klosters belebte. Mitte des 12. Jh. wurde das außergewöhnlich schön gearbeitete romanische Portal gefertigt. Das Erdbeben von 1428 beschädigte das Gebäude, so daß man romanische durch gotische Gewölbe ersetzte und einen der Türme abtrug. Stärkere Schäden wurden jedoch im 19. Jh. durch Umbauten verursacht. Die fünf Schiffe der Kirche wurden auf drei reduziert, und die Innenwände, dem Zeitgeschmack entsprechend, mit Gips verkleidet. Ein Brand zerstörte zum Teil das unschätzbar wertvolle Archiv des Klosters.

Durch das malerische Tal des Río Ter gelangt man nach **Vic**, das – in einer Ebene zwischen den Montseny-Bergen und den Vorpyrenäen gelegen – schon ein rauhes Bergklima hat. Vic ist ein lebhafter Handels- und Umschlagplatz mit einem Dienstags- und einem Samstagsmarkt. An Allerheiligen, Weihnachten, zu Beginn der Fastenzeit und besonders in der Karwoche werden große überregionale Märkte abgehalten, die zu kleinen

Handelsmessen geworden sind. Die Bewohner von Vic sind als Krämer und Händler weithin bekannt.

Der Ort nahm seinen Ursprung auf einem kleinen Hügel am Zusammenfluß von Méder und Gurri. Oben standen ein römischer Tempel und später die Burg, das Castillo de Montcada, ein dreigeschossiger Bau aus dem 9. Jh. Die Mauern des Tempels wurden als Innenhof in die Burg integriert. Ab dem 15. Jh. war sie Stadtgefängnis und Kornspeicher. Als man 1882 den römischen Tempel wiederentdeckte, wurden Teile der Burg abgerissen. Ein zweites historisches Zentrum bildete sich ab 878 um die Kathedrale, heute ein klassizistischer Bau, der noch einen romanischen Glockenturm hat. Das Innere ist mit Fresken von Sert ausgeschmückt, die er nach ihrer Zerstörung im Bürgerkrieg selbst erneuerte.

Beide Ortskerne treffen sich an der Plaza del Mercadal, auf der die Märkte abgehalten werden. Sowohl gotische als auch modernistische Gebäude umgeben ihn. Typische Straßen durchziehen die

COSTA DORADA

Altstadt und öffnen sich immer wieder zu schönen Plätzen; der Paseo und die Ramblas folgen dem Verlauf der alten Mauern, von denen kaum noch Reste erhalten sind. Die Fassaden zahlreicher Adelspalais schmücken die Straßen, doch die religiösen Bauten beeindrucken am stärksten: die Kirchen La Piedad, San Justo und El Carmen und die Klöster Sant Felipe Neri, Sta. Teresa und Sant Domènec sind nur die wichtigsten. Eine besondere Sehenswürdigkeit ist der Bischofspalast mit dem Museo Episcopal, das eine große Sammlung romanischer und gotischer Kunst der Region bietet.

Zwischen der Ebene von Vic und dem Becken des Vallés erhebt sich das imposante **Montseny-Massiv**. Es hat sich seit Ende des letzten Jahrhunderts zu einem beliebten Ausflugsziel entwickelt; besonders die Dörfer Viladrau und Arbúcies und die Hotels von Santa Fé und Sant Bernat sind immer gut besucht. Viele Wanderwege führen durch die Eichen-, Steineichen-, Pinien- und Kastanienwälder bis hinauf zu den höchsten Gipfeln El Turó de l'Home (1707 m) und El Matagalls (1695 m). Die Sierra war im Mittelalter dicht besiedelt. Beim Wandern stößt man immer wieder auf alte Gehöfte, viele von ihnen unbewohnt, und auf kleine Kirchen romanischen Ursprungs: el Brull, la Castanya, Cerdans, Montseny, la Móra, Sant Cristòfol de Monteugues, Sant Marçal und Tagamanent.

COSTA DORADA

Goldene Strände haben dem südlichen Teil der katalanischen Mittelmeerküste ihren Namen gegeben. Die fruchtbare Ebene reicht bis ans Meer, wo die inzwischen mit dem Badetourismus groß gewordenen Fischerorte liegen.

Arenys de Mar kann auf eine lange Schiffsbautradition zurückblicken. Im 16. Jh. hatte es nicht weniger als vier Werften, im 18. Jh. eine stattliche Übersee-Flotte von 45 Schiffen. Der Niedergang begann mit dem Verlust der Kolonien, der Erfindung des Dampfschiffs und der Dominanz des Hafens von Barcelona im 19. Jh. Nach wie vor hat jedoch der Fischereihafen eine große Bedeutung; dazu kommen immer mehr Segelschiffe und Yachten.

Ohne die guten Restaurants des Ortes geringzuschätzen, ist es ein absolutes Muß, die Kantine der Fischer-Zunft (*cofradía*) zu besuchen, wo die allerbesten *tapas* zubereitet werden. Auch gebrannte Riesenmandeln und der Orangenlikör Calisay sind typische Spezialitäten.

Wie alle Orte dieser Küste mußte sich Arenys immer gegen Piraten zur Wehr setzen. Zehn große Verteidigungstürme wurden im 16. Jh. gebaut, von denen heute noch zwei zu sehen sind. Die Pfarrkirche Sta. María schmückt ein schöner Barockaltar von Pau Costa (1704). Ein Museum bietet einen Ausflug in die Geschichte der Seefahrt.

Mataró ist das Zentrum der Zone Maresme, des Gemüsegartens von Barcelona. Es war zwar in der Vergangenheit auch ein Fischerort, hat jedoch sein Wachstum der Textilindustrie zu verdanken, die im 17. Jh. große Bedeutung erlangte. Den Mittelpunkt der Stadt bildet die Plaza de Santa Ana; die Rambla und die Riera sind die Treffpunkt für Jung und Alt. Pfingsten wird hier die regionale Messe abgehalten und am 27. Juli das Patronatsfest gefeiert. Die Basilika Sta. María aus dem 17. Jh. ist ganz vom Barock geprägt. Der Rosario-Altar und die Dolores-Kapelle mit Gemälden von Viladomat gehören zu ihren schönsten Schätzen. Auch die anderen Kirchen und einige sehenswerte Profanbauten, wie das Rathaus, das städtische Museum oder das Hospital de San Jaime, stammen aus der Barockzeit.

Südlich von Barcelona, in der fruchtbaren Ebene der Llobregat-Mündung, be-

Rechts: Netzeflicken – eine mühselige, aber notwendige Beschäftigung.

ginnen die Strände von **Castelldefels**, die auch die Städter gerne besuchen.

Zu Beginn des Jahrhunderts hat hier die Regierung Kataloniens, die *mancomunitat*, das Marschland trockengelegt, Pinien gepflanzt, um die Dünen zu fixieren, und eine Feriensiedlung begonnen, die vom Bürgerkrieg wieder zerstört wurde. Im Süden wird die Strandzone vom Bergzug von Garraf begrenzt, der die Küstenlandschaft abrupt verändert.

Die Straße windet sich durch ein trockenes, bergiges Gelände mit Steilküsten bis nach **Sitges**, einem Fremdenverkehrsort mit kosmopolitischer Atmosphäre. Die Altstadt liegt auf einem vorgelagerten Felsen, la Punta, auf dem auch die Kirche aus dem 18. Jh. mit ihren sieben Barockaltären thront. Das Rathaus ist ein modernistischer Bau, ebenso das Museum El Cau Ferrat, das Anfang des Jahrhunderts von Santiago Rusiñol gebaut wurde. Das daran anschließende Museo Maricel, das ein umgebautes altes Krankenhaus ist, wurde von Charles Deering eingerichtet. Die Museen zeigen spanische und katalanische Schmiedeeisen-Arbeiten, Gemälde von El Greco, Rusiñol, Utrillo, Casas, Sert und Picasso, Keramik und Skulpturen. Das Museo Romantico, in der barocken Casa Llopis, enthält u.a. eine Puppensammlung.

Der moderne Stadtteil erstreckt sich von der Punta den Paseo Marítimo entlang bis zu einem modernen Hotelkomplex mit Golfplatz. Zu Fronleichnam wird der gesamte Ort in ein Nelkenmeer verwandelt. Auch die Frühlingsrallye, von der Pl. Catalunya in Barcelona bis hierher, ist ein wichtiges Ereignis.

Fährt man ins Landesinnere, befindet man sich bald mitten im Weinanbaugebiet des Penedés, dessen Perle sicherlich die sogenannten Cava-Weine sind. Es waren die Weinbauern von **Sant Sadurní de Anoia**, die 1872 die Champagnermethode hier einführten.

Schon die ersten Schaumweine erlangten große Beliebtheit. Heute kann der *Cava del Penedés* auf dem internationalen Markt sogar mit dem französischen Champagner konkurrieren.

VILLAFRANCA DEL PENEDÉS

Mitten im Anbaugebiet liegt der Weinort **Villafranca del Penedés**, wo die typisch katalanische Fiesta San Félix gefeiert wird. Hier pflegt man die Tradition der *castellers*, bei denen artistische Türme aus jungen Männern gebildet werden. Der Ort hat romanische und gotische Kirchenbauten, worunter besonders Sta. María hervorzuheben ist, die zwar eine neugotische Fassade hat, aber ein romanisches Portal mit interessanten Fresken.

Die Tradition der *castellers* wird auch in **Valls** gepflegt, das ebenfalls eine gut erhaltene mittelalterliche Altstadt hat. Die gotische Kirche San Juan mit Renaissance-Fassade und neugotischem Glockenturm beherrscht das Stadtbild. In einer Seitenkapelle wird auf Kacheln des 17. Jh. an die Seeschlacht von Lepanto erinnert. Valls ist Zentrum der Gemarkung Alt Camp, die für ein exquisites, einfaches Gericht bekannt ist, die *calço-tades*, das mit geschmorten Zwiebeln zubereitet wird.

Die großen Klöster

Im Nordosten und Nordwesten von Valls liegen zwei der bedeutendsten Klosteranlagen Kataloniens. Unweit von **Montblanc**, dessen Stadtmauer und Türme weithin sichtbar sind, liegt am Nordhang der Sierra de Prades in einer üppigen, grünen Landschaft das Zisterzienserkloster **Santa María de Poblet**. Der Name ist vom Lateinischen abgeleitet und bedeutet Pappelaue. Poblet besteht nicht nur aus Kirche und Kloster. Nachdem Pedro IV., der *ceremonioso*, das Kloster als königliche Grablege bestimmt hatte, wurden noch zahlreiche weitere Bauten angefügt.

Die Anlage wurde im 12. Jh. erbaut und bis ins 18. Jh. erweitert. Nach der Säkularisierung im 19. Jh. folgten 100 Jahre Verfall. Erst in den 40er Jahren wurde das Kloster wieder restauriert und belebt. Den Mittelpunkt der Anlage bildet das

Oben: An heißen Sommertagen tummelt sich alles an Kataloniens Küste. Rechts: Das Zisterzienserkloster von Poblet.

SANTA MARIA DE POBLET

Kloster mit seinem großen Kreuzgang. Der äußere Bereich gliedert sich in drei Bezirke. Man betritt ihn durch die Puerta de Prades, das Wiesentor. Hier befinden sich die Wirtschaftsgebäude sowie die gotische Sant Jordi-Kapelle. Daneben führt die befestigte Puerta Dorada (15. Jh.) in den zweiten Bezirk mit der großen, freien Plaza Mayor, wo noch die Ruinen des alten Armenhospitals und der romanischen Kapelle Santa Catalina zu sehen sind. In der Mitte erhebt sich ein schlichtes gotisches Kreuz. Das Königstor, Puerta Real, von zwei großen Wehrtürmen eingerahmt, bildet den Eingang in den dritten Bereich, den Pere III. ab 1366 von dicken Mauern umgeben ließ.

Die Kirche, die zur Zeit von Alfons I. im 12. Jh. gebaut wurde, hat drei Schiffe, wovon das Haupt- und das eine Seitenschiff noch romanische Tonnengewölbe tragen. Die Apsis ist von fünf Seitenkapellen umgeben, eine Abweichung von den schlichten Bauprinzipien der Zisterzienser. Die sieben Kapellen des Langschiffes stammen aus dem 14. Jh. Der Hauptaltar wird von einem Alabasterretabel von Damià Forment (1527-29) beherrscht. Auf beiden Seiten der Vierung befinden sich die königlichen Gräber. Diese wurden nach 1940 von Frederic Marés sorgsam restauriert. Insgesamt liegen hier acht Könige der Krone von Katalonien und Aragón mit ihren Gemahlinnen begraben.

In der Mitte des großen Kreuzgangs, im Übergangsstil von der Romanik zur Gotik erbaut, findet man unter einem romanischen Tempelchen den Waschbrunnen. Der Schlafsaal der Mönche aus dem 13. Jh. ist völlig renoviert. Der prächtige Königspalast über dem Westflügel des Kreuzgangs ist im Flamboyant-Stil gehalten. Den ältesten Kern der Anlage bildet der romanische Kreuzgang mit der St. Esteban-Kapelle. Heute leben an diesem würdigen Ort noch etwa dreißig Mönche und bewahren hier die Traditionen der Zisterzienser.

Vor einem herrlichen Bergpanorama liegt in einem kleinen, von Pappeln und Haselsträuchern bewachsenen Tal das

SANTES CREUS

Kloster **Santes Creus**. Weinberge, Mandel- und Ölbäume verleihen der Landschaft eine mediterrane Note. Viele der einst zum Kloster gehörigen Gebäude sind heute von Bauern bewohnt. Bauweise und Geschichte des Klosters zeigen Ähnlichkeit mit Poblet. Der Baubeginn liegt ebenfalls im 12. Jh., und auch hier gibt es drei ummauerte Bezirke, die Befestigungen sind jedoch weniger trutzig.

Im ersten Bezirk mit einem schlichten Zugangstor befindet sich die Barockkapelle Santa Lucía. Das Königsportal, ebenfalls barock, führt in den zweiten Bezirk, auf den San Bernardo-Platz mit einem Brunnen, der San Bernat Calbó gewidmet ist. Hier steht der Palast des Abtes, der im 12. Jh. das Armenkrankenhaus ersetzt hat. Von letzterem ist lediglich der Kreuzgang erhalten. Heute befindet sich hier das Rathaus der kleinen Ortschaft.

Die Kirche, die 1211 geweiht wurde, hat ein schlichtes lateinisches Kreuz als Grundriß. Die Apsiskapelle wird von je zwei Seitenapsiden flankiert. Die Westfassade vereint ein romanisches Portal und eine gotische Fensterrosette, die noch original aus dem 13. Jh. erhalten ist. Im Inneren stechen die gotischen Königsmausoleen aus dem 14. Jh. hervor. Der gotische Kreuzgang wurde ab 1313 errichtet. An ihm arbeitete der englische Künstler Reinard Fonoll, ein wahrer Steinmetz-Meister, zusammen mit Guillem Seguer, der die Fensterdekorationen im Flamboyant-Stil schuf. Im Kapitelsaal, der durch ein romanisches Portal mit dem Kreuzgang verbunden ist, sind verschiedene Abtsgräber des 16. Jh. zu sehen. Der ehemalige Schlafsaal wird heute für Konzerte genutzt.

Die Gründung des Klosters wird auf das Jahr 1150 datiert, als katalanische Adelige der französischen Abtei Grand Selva in der Languedoc Land in der Nähe von Barcelona schenkten. Bereits 1158 suchten die Mönche einen ruhigeren Ort und zogen nach Santes Creus. Im 13. Jh. nahm das Kloster einen enormen Aufschwung unter dem Abt San Bernat Calbó, der Berater des Königs Jaume I. und dessen Begleiter bei der Eroberung von Valencia und Mallorca war, und unter dem Abt Gener, der eine Schule für Geschichtsschreiber einrichtete.

Santes Creus spielte eine wichtige Rolle bei der Gründung des Montesa-Ritterordens 1319, und trotz der größeren Bedeutung des nahen Poblet hatten die Äbte von Santes Creus immer entscheidenen politischen Einfluß. Humanistische Studien und eine umfangreiche Bibliothek gaben dem Kloster auch kulturelle Bedeutung. Der Niedergang begann mit dem Krieg gegen die Franzosen. Das Kloster wurde geschlossen und seine Besitzungen versteigert. Die Renovierungsarbeiten der letzten Jahrzehnte veranlaßte die Regionalregierung, die hier ein bibliographisches Archiv einrichtete und klassische Konzerte und Kurse für gregorianischen Gesang veranstaltet.

TARRAGONA

An der Mündung des Río Francolí ins Meer liegt **Tarragona**. Die alte Stadt ist, abgesehen von der Seite, wo die Rambla verläuft, noch ganz von der römischen Stadtmauer umgeben. Das römische *Tarraco* hat ihr Äußeres stark geprägt.

Die große Kathedrale wurde an der höchsten Stelle der Stadt errichtet, und man vermutet, daß es hier schon eine frühchristliche Basilika und später eine westgotische Kirche gab, die von den Arabern zur Moschee umgewandelt wurde. Mit dem heutigen Bau begann man erst Mitte des 12. Jh. Der ursprüngliche Plan sah fünf romanische Schiffe vor, die mit der Veränderung des Baustils durch die Gotik auf drei reduziert wurden. Die Hauptfassade mit dem einen gotischen Haupt- und den zwei romanischen Seitenportalen ist nie fertiggestellt worden.

Rechts: Ein gemütlicher Männerplausch in der Abendsonne.

Das Hauptaltar-Retabel von Pere Johan (15. Jh.) ist eines der bedeutendsten Kunstwerke in der Kathedrale. Die gotische Seitenkapelle der Santa María de los Sastres gilt als Meisterwerk ihrer Zeit. In der Hauptapsis ist die Grabskulptur des Erzbischofs Juan de Aragón (14. Jh.) zu sehen.

Im Umkreis der Kathedrale, zwischen zahlreichen Resten römischer und mittelalterlicher Bauten, befinden sich einige neuere Kirchen und die Plaza de la Font, wo einst die Sandbahn des römischen Zirkus war. Die Rambla ist die Achse des modernen Stadtteils und endet am sogenannten Balkon des Mittelmeers, einem Aussichtspunkt über dem Meer. Von hier aus überblickt man die Terrassen der Küste mit dem römischne Amphitheater, den Strand und den Hafen.

Im Palast des Prätors ist das archäologische Museum mit den Schätzen der römischen Ausgrabungen untergebracht; das Diözesansmuseum zeigt eine einzigartige Sammlung von Wandteppichen des 15. bis 17. Jh. Am Ortsrand befinden sich das gut erhaltene Aquädukt, Teufelsbrücke genannt, und die römische Nekropolis (3./4. Jh.).

In der Umgebung von Tarragona hat sich neuerdings petrochemische Industrie angesiedelt, aber dennoch gibt es zahlreiche saubere Sandstrände. Beliebte Badeorte sind Altafulla, Torredembarra und besonders Salou.

Tortosa wurde gegründet, um den Übergang über den Ebro zu bewachen, und lebte auch davon. Die Altstadt wird von der ehemals arabischen Burg San Juan, der *Zuda*, beschützt. Nach ihrer Eroberung 1149 wurde sie zur Königsresidenz, heute beherbergt sie einen Parador. Über dem ehemaligen römischen Flußhafen liegt die Kathedrale mit dem Bischofspalast. Der elegante gotische Innenhof und die bemalte Fassade sind kürzlich renoviert worden. Im Renaissancekolleg San Luis ist heute die Fern-Universität untergebracht.

Das Ebro-Delta ist das größte Feuchtgebiet Kataloniens und mit 320 qkm neben der Camargue das wichtigste Wasser-

EBRO-DELTA

Habitat des westlichen Mittelmeers. Um die gegensätzlichen Interessen von Naturschutz und Landwirtschaft in Einklang zu bringen, wurden Teile des Gebiets 1983 zum Naturschutzgebiet erklärt. Seine Fläche von 7736 ha umfaßt einige Seen, wie die Laguna de las Olles, sowie mehrere Kanäle, die Inseln Buda, San Antonio und Sapinya und die Halbinseln Punta de la Banya und Punta del Fangar.

Das vollkommen flache Land des Deltas hat seinen ganz besonderen Reiz. Im Landesinneren liegen die Gemüsefelder und Obstbaumkulturen. Die ausgedehnten Reisfelder verändern ihr Aussehen mit der Jahreszeit: Sie werden im Winter gepflügt, im Frühling unter Wasser gesetzt und stehen im Sommer in saftigem Grün. An der Küste erstreckt sich eine der attraktivsten Sumpflandschaften der Mittelmeerküste: Teiche, umgeben von Weiden und Röhricht, wechseln ab mit einsamen Stränden und Dünen.

Oben: Die Industriestadt Tarragona hat eine reizvolle Altstadt.

PROVINZ GERONA
(Telefonvorwahl: 972-)
Unterkunft
FIGUERES: *LUXUS:* **Ampurdán**, Ctra. Madrid-Frankreich bei km 763, Tel: 500562. *MITTELKLASSE:* **Pirineos**, Ronda de Barcelona 1, Tel: 500312. **Durán**, C/ Lasauca 5, Tel: 501250. *EINFACH:* **Hostal España**, C/ La Junquera 26, Tel: 500869.
BEGUR: *LUXUS:* **Aiguablava**, Playa de Fornells, Tel: 622058. *MITTELKLASSE:* **Begur**, C/ Comas i Ros 8, Tel: 622207.
BANYOLES: *MITTELKLASSE:* **Hostal L'Ast**, Paseo Dalmau, Tel: 570414. *EINFACH:* **Victoria**, C/ Dr. Hysern 22, Tel: 571279.
OLOT: *MITTELKLASSE:* **Montsacopa**, C/ Mulleres, Tel: 260762. *EINFACH:* **La Perla**, Ctra. de la Deu, Tel: 262326.
SANTA PAU: **Hostal Bellavista**, Ctra. San Martí, Tel: 680103.
PALAFRUGELL: *LUXUS:* **Mas de Torrent** (5 km außerhalb), Tel: 303292 (sehr teuer!).
RIPOLL: *MITTELKLASSE:* **Solana del Ter**, Ctra. Barcelona-Ripoll, Tel: 701062. *EINFACH:* **Hostal Canaulas**, Puente de Olot 1, Tel: 700254.
GERONA: *LUXUS:* **Ultonia**, Av. Jaime I. 22, Tel: 203850. *MITTELKL:* **Inmortal Gerona**, Ctra. Barcelona 31, Tel: 207900. *EINFACH:* **Hostal del Centro**, C/ Ciudadanos 4, Tel: 201493. **Hostal Bellmirall**, C/ Bellmirall 3, Tel: 204009.

Museen / Sehenswürdigkeiten
FIGUERES: **Museu Dalí**, Pl. de Salvador Dalí i Gala, 9-20.30 Uhr, Okt. bis Juni 11.30-17.30 Uhr, Mo. geschl. **Museu de l'Empordá**, 11-13 und 15.30-19 Uhr.
BANYOLES: **Museu Darder de Historia Natural**, Pl. de Estudis 2, 11-13 (im Sommer 10-13) und 17-20 Uhr, Mo. geschl. **Museu Arqueologico**: 10-13 und 16-18.30 Uhr, Mo. geschl.
OLOT: **Museu Casal dels Volcans**, Av. de Santa Coloma, 10-14 und 16-18 Uhr, im Sommer 17-19 Uhr, So. 10-14 Uhr.
RIPOLL: **Basilika**, 9-13 und 15-20 Uhr. Museum und Kreuzgang: 9-13 und 15-19 Uhr, Mo. geschl. **Muso-Archivo Folclórico**, 9-13 und 15-19 Uhr, Mo. 9-13 Uhr.
ARBÚCIES: **Museo Etnológico del Montseny**, C/ Mayor 3: 12-14 und 17-20 Uhr, So. 12-14 Uhr; im Winter 18-20 Uhr, Samstag 12-14 und 17-20 Uhr, So. 12-14 Uhr.
GERONA: **Museo de Arte**, Pujada de la Catedral 12 und **Museo Arqueologico de Sant Pere de Galligants**, C/ Santa Llúcia 1: Beide 10-13,

INFO: KATALONIEN

16.30 -19 Uhr; So. 10-13 Uhr, Mo. geschl. **Museo Capitular de la Catedral**, 10-13, 15-18 Uhr (im Sommer bis 19 Uhr)
PERELADA: **Casino,** 18-3 Uhr, an Wochenenden 17-4 Uhr.

Information – Oficina de Turismo

Figueres: Pl. del Sol, Tel: 503155. **Olot**: C/ Mulleres, Tel: 260141. **Santa Pau**: Can Vayreda, Tel: 680349. **Ripoll**: Pl. del Abat Oliba 3, Tel: 702351. **Gerona**: Rambla Llibertat 1, Tel: 202679.

PROVINZ BARCELONA

(Telefonvorwahl: 93-)

Unterkunft

VIC: *LUXUS:* **Parador Nacional** (außerhalb), Tel: 8887211. *MITTELKLASSE:* Ausa, Pl. Mayor 3, Tel: 8855311.
FOGAS DE MONCLUS (Montseny): *MITTELKLASSE:* **Santa Fe**, im Ort Santa Fe, Tel: 8475011.
MONTSENY: *LUXUS:* **San Bernat**, Finca el Cot, Tel: 8473011.
ARENYS DE MAR: *MITTELKLASSE:* **Raymond**, Paseo Xifré 1, Tel: 7921700. **Carlos I.**, Paseo Catalunya 10, Tel: 7920383.
MATARÓ: *MITTELKLASSE:* **Castell de la Mata**, Ctra. Nacional km 656, Tel: 7905807. *EINFACH:* **Cerdanyola**, Pl. Isla Cristina 1, Tel: 7982045.
CASTELLDEFELS: *LUXUS:* **Mediterraneo**, Paseo Marítimo 294, Tel: 6652100. *MITTELKLASSE:* **Hostal Flora Parc**, Av. Constitución, Tel: 6651847. **Fuentes Carrionas**, Passeig dels Tarongers 40, Tel: 6643461.
SITGES: *LUXUS:* **Calípolis**, Paseo Marítimo, Tel: 8941500. **Hostal Helvética**, Paseo Marítimo 21, Tel: 8941279. *MITTELKLASSE:* **Romantic**, C/ San Isidro 23, Tel: 8940643. **La Reserva**, Passeig Maritim 62, Tel : 8941833. *EINFACH:* **Hostal Continental**, C/ Villanueva, Tel: 8940957.
VILAFRANCA DEL PENEDÉS: *MITTELKL:* **Pedro III el Grande**, Pl. Penedés 2, Tel: 8903100.

Museen / Sehenswürdigkeiten

VIC: **Museo Episcopal**, Pl. Bisbe Oliba, 3: 10-13 und 16-18 Uhr, So. 10-13 Uhr; im Winter werktags geschl. **Museo Arqueologico**, 10-13 und 16-18 Uhr (im Winter 10-13 Uhr), So. 10-13 Uhr.
ARENYS DE MAR: **Museo Marés de la Punta**, werktags 18-20 Uhr, Sa. 11-13 und 18-20 Uhr, So. 11-14 Uhr, Mo. geschl.
SITGES: **Museu Cau Ferrat** und **Museu Maricel**, 10-13 und 17-19 Uhr (im Winter 16-18 Uhr), So. 10-14 Uhr, Mo. geschl. **Museo Romantico**, 9.30-14 und 16-18 Uhr, So. 9.30-14 Uhr, Mo. geschlossen.
VILAFRANCA: **Museo de Vilafranca**,10-14 und 16-19 Uhr, So. 10-14 Uhr, Mo. geschl.

Information – Oficina de Turismo

Vic: C/ Ciutat 1, Tel: 8862091. **Montseny**: Ctra. de Brull, Tel: 8473003. **Arenys de Mar**: Riera Bisbe Pol 8, Tel: 7920242. **Mataró**: Riera 48, Tel: 7960808. **Castelldefels**: Pl. Iglesia, Tel: 6651150. **Sitges**: C/ Vilafranca, Tel: 8944700. **Vilafranca**: Cort 14, Tel: 8920358.

PROVINZ TARRAGONA

(Telefonvorwahl: 977-)

Unterkunft

TARRAGONA: *LUXUS:* **Imperial Tarraco**, Paseo Palmeras, Tel: 233040. *MITTELKLASSE:* **Lauria**, Rambla Vova 20, Tel: 236712. **Hostal Viña del Mar**, Vía Augusta 137, Tel: 232029. *EINFACH:* **Hostal El Callejón**, Vía Augusta 213, Tel: 236380.
SALOU: *MITTELKLASSE:* **Cala Font**, Cala de la Font, Tel: 370454. **Caspel**, Av. Alfons el Magnanim 9, Tel: 380207. **Los Angeles**, Tel: 381466. *EINFACH:* **El Reco**, Carrer del Vaporet 8, Tel: 370216.
VALLS: *MITTELKLASSE:* **Casa Félix**, Ctra. de Tarragona, Tel: 606082.
POBLET: *EINFACH:* **Hostal Fonoll**, C/ Ramon Berenguer IV. 2, Tel: 870333
SANTES CREUS: *EINFACH:* **Hostal Grau**, C/ San Pedro III. 3, Tel: 638311.
TORTOSA: *LUXUS:* **Parador Castillo de Zuda**, Tel: 444450. *EINFACH:* **Tortosa Park**, Av. Conde Bañuelos 1, Tel: 446112.

Museen / Sehenswürdigkeiten

TARRAGONA: **Museo de Historia de Tarragona**, Escaleras de San Ermenegildo. **Museo y Necrópolis Paleocristianos**, Paseo de la Independencia. **Museo Nacional Arqueologico**, Pl. del Rei. Öffnungszeiten für alle 10-13.30 und 16.30-20 Uhr (im Winter 16-19 Uhr), So. 10-14 Uhr, Mo. geschl. **Museo Diocesano de la Catedral**, werktags 10-13 und 16-19 Uhr.
POBLET: 10-12.30 und 15-18 Uhr, im Winter bis 17.30 Uhr.
SANTES CREUS: 10-13 und 15.30-19 Uhr, im Winter bis 18 Uhr.

Information - Oficina de Turismo

Tarragona: Rambla Nova 46, Tel: 232143. **Valls**: Pl. Blat 1, Tel: 601043.
Tortosa:, Pl. España 1, Tel: 442567.
Deltebre: Delta de Ebro - Naturpark: Centro de Recepción y Documentación, Pl. 20 de Mayo, Tel: 489511.

BARCELONA

BARCELONA
Stolz der Katalanen

Ein lebendiges Architekturmuseum

Barcelona wurde unter Kaiser Augustus als römische Kolonie *Barcino* in der Ebene zwischen den Flüssen Llobregat und Besós gegründet. Die ursprüngliche Siedlung auf dem Hügel *Mons Taber* wurde nach dem damals üblichen Schema angelegt: ein Rechteck mit zwei Achsen, die am Forum zusammentrafen. Hier ist immer noch das Herz und das politische Zentrum der Stadt: die Plaza de Sant Jaume. Auf der Anhöhe stand einst der Augustustempel, und vier seiner Säulen sind heute im Centre Excursionista de Catalunya zu sehen.

Die Überreste der römischen Mauern stammen von der Befestigungsanlage aus dem 3. und 4. Jh., die der ersten Invasion der Franken standhalten mußte. Obwohl Barcelona unter Athaulf einige Zeit Hauptstadt war, verlor die Stadt unter den Westgoten an Bedeutung. Kurz war sie im 8. Jh. in maurischer Hand, wurde jedoch bereits 801 von den Franken wieder zurückerobert. Damit entwickelte sie sich zu einem Vorposten des Karolingerreiches südlich der Pyrenäen und war die Hauptstadt der Grafschaft Barcelona.

Links: Gaudís unvollendete Kathedrale „Sagrada Familia" bietet interessante Perspektiven an.

Unter Borell II. wurde die Grafschaft 988 vom Frankenreich unabhängig und erlangte die Vorherrschaft über alle katalanischen Grafschaften. Barcelona blieb bis ins 15. Jh. Hauptstadt der Konföderation von Aragón und Katalonien. Der große Aufschwung des Seehandels in dieser Zeit machte es zu einer der größten Handelsmächte im Mittelmeer.

Der mittelalterliche Teil der Stadt war Schauplatz dieser glorreichen Vergangenheit. Das damalige Zentrum mit den wichtigsten Gebäuden der Verwaltung und Politik bildete das sogenannte **Barrio Gótico**, obwohl auch in anderen Stadtteilen sehenswerte gotische Baudenkmäler zu finden sind.

Die mittelalterliche Stadt

Der Platz vor dem Königspalast, die **Plaza del Rei**, wird vom **Palau Reial Major** beherrscht, einem Gebäudekomplex, der größtenteils im 14. Jh. als Residenz der Könige erbaut wurde. Sein Turm (16. Jh.) wird **Mirador del Rei Martí** genannt. Eine Wendeltreppe bringt uns zum **Saló del Tinell**, einem prächtigen, würdigen Saal mit ausladenden Steinbögen, die die Decke tragen, und zur kleinen Sta. Ágata-Kapelle, ebenfalls gotisch, mit dem großartigen Condestable-Retabel von Jaume Huguet. Auf der

BARCELONA

anderen Seite wird der Platz durch den Lloctinent-Palast begrenzt, einen prächtigen Renaissancebau, der das Archiv der Krone von Aragón beherbergt. Schließlich die **Casa Clariana Padellás** mit dem Stadtmuseum, in dessen Untergeschoß bedeutende römische Ausgrabungen zu sehen sind.

Die **Kathedrale**, ein großer, dreischiffiger Bau mit klaren gotischen Linien, vereint interessante Elemente verschiedener Bauepochen. Sie wurde im wesentlichen im 13. und 14. Jh. fertiggestellt, nur die Hauptfassade stammt aus dem 18. Jh. Während die beiden achteckigen Türme über dem Querschiff typisch für die katalanische Romanik sind, ist der Turm aus dem 19. Jh. von der französischen Hochgotik inspiriert. In der Krypta befindet sich das Grab der Sta. Eulalia. Das gotische Chorgestühl wurde 1519, als eine Versammlung des Ordens vom Goldenen Vlies hier stattfand, von Juan de Borgoña

Oben: Barcelona ist Treffpunkt der Avantgarde von Künstlern und Architekten.

mit den Adelswappen der Ordensmitglieder dekoriert. Durch den Kreuzgang gelangt man zur romanischen Sta. Lucía-Kapelle.

Ebenfalls auf dieser Seite der Kathedrale finden sich der Bischofspalast und die gotischen Chorherrenhäuser, die **Cases del Canonges**, heute der Sitz des Präsidenten der Generalitat von Katalonien. In der **Casa del Ardiaca**, die auf den römischen Mauern errichtet ist, wurde das historische Archiv der Stadt untergebracht. Einen lebendigen Kontrast bildet gegenüber der Kathedrale das moderne **Kolleg für Architektur** mit interessanten Sgraffiti von Picasso.

Der Platz **Sant Jaume** ist Szenarium und Schauplatz für alle wichtigen Ereignisse des städtischen und regionalen Lebens. An jedem Wochenende treffen sich hier die Menschen, um gemeinsam die *Sardana* zu tanzen. Der Platz wird eingerahmt von einem Palast, dem Sitz der Generalitat, und vom Rathaus. Die Einrichtung der katalanischen *cortes* geht zurück bis ins 13. Jh.

Das Portal des Palastes, die Innenhöfe und die Kapelle des Sant Jordi (St. Georg) sind Beispiele des gotischen Flamboyantstils in Katalonien. Die harmonische Renaissance-Fassade wurde im 16. Jh. vollendet. Das Rathaus blickt ebenfalls auf eine lange Tradition der Bürgervertretung zurück: Hier tagte bis ins 18. Jahrhundert im gleichnamigen Saal der Rat der Hundert, der **Consell de Cent**. Während die Seitenfassade des Rathauses noch original gotisch ist, präsentiert es sich zum Platz hin neoklassizistisch.

Im alten Stadtviertel **Barrio de Ribera**, wo in der Blütezeit des Handels Adelige, Händler und Seeleute wohnten, steht die Kirche **Sta. María del Mar** (14. Jh.). Wegen der Klarheit ihrer Linien und der Harmonie der Proportionen gilt sie als bestes Beispiel der katalanischen Gotik. Bevor das Ufer immer weiter ins Meer vorgeschoben wurde, lag sie direkt am Wasser.

Im gleichen Stadtviertel liegt auch die Straße **Montcada**, in der sich die Adelspaläste der vornehmsten und mächtigsten Familien Barcelonas aneinanderreihen. Viele dieser Häuser haben die typischen Merkmale gotischer Paläste bewahrt. Dazu gehört ein von Arkaden umrahmter Innenhof, von dem eine Treppe in die *belle etage* führt. Zwei solcher Paläste (Palau Aguilar, Palau del Baró del Castellet) sind zum **Picasso-Museum** zusammengefaßt, das neben einigen seiner berühmtesten Gemälde und einer ganzen Serie zu den *Meninas* wichtige Jugendwerke des Künstlers zeigt. In weiteren Palästen sind das Textilmuseum und die Kunstgalerie Maeght untergebracht. Auch der Palau Dalmases ist original erhalten.

Im **Barrio del Raval**, auf der anderen Seite der Ramblas, liegt der Gebäudekomplex des alten **Hospital de la Santa Creu**, das 1410 gebaut wurde und wo die vorher verstreut liegenden Krankenstationen zentral untergebracht wurden. Die prächtigen gotischen Säle beherbergen heute die Bibliothek von Katalonien. Besonders zu erwähnen sind das Haus der Rekonvaleszenz, das im Barockstil erbaut und im Innenhof mit schöner Keramik geschmückt ist, und das alte Chirurgen-Kolleg, neoklassizistisch, das auch heute noch als Akademie der Medizin genutzt wird. In diesem Stadtviertel hat sich die Tradition des Sant Ponç-Marktes erhalten, wo unter anderem seltene Pflanzen, verschiedene Teesorten und Heilkräuter verkauft werden.

Die **Casa de la Caritat**, die das Museum der zeitgenössischen Kunst aufnehmen soll, wird von dem englischen Architekten Richard Meyer umgebaut. Der gotische **Convent Los Angeles** beherbergt die umfangreiche Bibliothek der Museen Barcelonas. Im südlichsten Teil dieses Bezirks, schon mitten im lebhaften Kneipenviertel Barrio Chino, wird man von der Kirche **Sant Pau del Camp** überrascht, seit dem 10. Jh. eine Benediktinerabtei, deren romanischer Stil in bemerkenswerter Reinheit erhalten ist.

Die Häuser eines weiteren Altstadtviertels scharen sich um die kleine goti-

RAMBLAS

sche Kirche **Sta. María del Pi** mit der schönen Fensterrosette. Ganz in ihrer Nähe verläuft die Straße Petritxol, mit einer der ältesten Kunstgalerien der Stadt, der Sala Parés. In Richtung der Kathedrale führt die Straße de la Palla, die für ihre Antiquitätengeschäfte und Buch-Antiquariate bekannt ist. Und unweit des Benediktinerklosters **Sant Pere de les Puelles** stoßen wir auf das erste der modernistischen Gebäude, für die Barcelona zu Recht so berühmt ist: auf den **Palau de la Música Catalána**, das Meisterwerk von Domènech i Montaner (1908), das mit seiner überwältigend prächtigen und üppigen Keramik- und Skulpturen-Dekoration überrascht.

Die Ramblas - das Herz der Stadt

Die **Ramblas** oder Las Rambles ist ohne Zweifel der lebhafteste Bezirk der ganzen Stadt und der geeignete Ort, um

Oben: Zigeuner sorgen für Unterhaltung überall auf den Ramblas.

ihre Eigenart wirklich kennenzulernen. Diese Allee, farbenfroh und belebt, eine Lieblingsstraße der Einwohner von Barcelona, die sich von der Plaza de Catalunya bis zum Hafen erstreckt, war ursprünglich ein Bachbett, das an den Stadtmauern des 13. Jh. entlang verlief. Die Mauern wurden zu eng und bis dorthin erweitert, wo heute die Ringstraße verläuft. Somit lag die Rambla plötzlich in der Innenstadt.

Ihre Bebauung mit Klöstern und akademischen Gebäuden erfolgte zwischen dem 15. und 17. Jh.; in der Mitte blieb eine breite Promenade frei, die später mit Bäumen und mit Blumen in ausgesuchten Farben bepflanzt wurde. Der Abschnitt direkt hinter der Pl. Catalunya heißt nach dem traditionsreichen Brunnen hier **Rambla de Canaletas**. Es wird gesagt, daß jeder, der aus dem Brunnen trinkt, in die Stadt zurückkomme. Heute versammeln sich hier die Fußballfans. Auch die Zeitungskioske, immer von Neugierigen umringt, sind charakteristisch für diesen Abschnitt.

Der folgende Teil heißt **Rambla dels Estudis**, da sich hier bis 1714 die Universität Barcelonas befand, die Estudi General. Wegen der Verkaufsstände, die Ziervögel und andere kleine Haustiere anbieten, wird er jedoch allgemein als Rambla dels Ocells bezeichnet. Auf der anderen Seite liegen die barocke Bethlehem-Kirche, die zu einem Jesuitenkonvent gehörte, und der **Palau Moja**, ein Bau des 18. Jh., in dessen großem Saal bedeutende Wandmalereien von Francesc Pla el Vigatá zu bewundern sind. Hier lebte, als er Beichtvater des Marquis von Comilla war, Jacint Verdaguer, der große Dichter der *Renaixença*, der katalanischen kulturellen Rückbesinnungs-Bewegung, die im 19. Jahrhundert entstand und in Katalonien viele Anhänger hatte.

Die Farbenpracht wird unübersehbar, wenn man zu den Blumenständen der **Rambla de les Flors** kommt. Zur Linken zweigt hier die Ponteferissa-Straße ab, ein wichtiges Einkaufszentrum, besonders was die Mode betrifft. Auf der rechten Seite, etwas zurückversetzt, steht der Palast der Vizekönigin (Witwe des Vizekönigs von Peru), der **Palau de la Virreina**, ein einmaliges Rokokogebäude aus dem 18. Jh., das rechts und links von zwei Reiterstandbildern Gargallos flankiert wird. Es ist eines der Kulturzentren der Stadt und zeigt wechselnde Ausstellungen.

Etwas weiter unten befindet sich der beliebte und vielbesuchte Markt von Sant Josep, als **Boquería** bekannt — der traditionellste und am besten sortierte von Barcelona. Am Anfang der **Rambla dels Caputxins** ist ein großes Mosaik von Joan Miró in den Boden eingelassen. Café-Terrassen, Restaurants und Hotels reihen sich aneinander. Hier liegt auch das **Gran Teatre del Liceu**, in dem hauptsächlich Opern aufgeführt werden. Alle großen Stars der italienischen und der Wagner-Oper, die beliebtesten Genres der Barcelonesen, haben schon auf dieser Bühne gesungen.

Zur Rechten zweigen sodann die Straßen ab, die ins **Barrio Chino** führen, wo sich sowohl die Bohème als auch die Unterwelt tummeln. Das hat sich in den Werken einiger Literaten, wie etwa bei Jean Genet, niedergeschlagen. Geht man einige Schritte in die Straße Nou de la Rambla, so steht man vor dem **Palau Güell**, einem kleinen Stadtpalast, der von Antoni Gaudí im Jahre 1888 erbaut worden ist. Hier befindet sich heute das Theatermuseum.

Auf der anderen Seite der Rambla ist auf dem Gelände des früheren Kapuzinerklosters in der Mitte des letzten Jahrhunderts in einheitlicher Bauweise die **Plaza Reial** entstanden. Der geschlossene, arkadenumrahmte Platz ist mit Laternen Gaudís und Motiven von Seefahrern und Entdeckern dekoriert. Mit seinen Bars, Cafés und Kneipen und seinen Tischen vor den Lokalen ist er ein beliebter Treffpunkt, wo sonntags der Briefmarken- und Münzenmarkt abgehalten wird. Ein Stück hinter dem Platz liegt die Calle Avinyó, wo Picasso in einem ihrer alten Bordelle zu seinem berühmten Bild der *Demoiselles d'Avignon* (1907) inspiriert worden sein soll, das am Anfang seiner kubistischen Phase entstand.

Über den Pla del Teatre mit dem Teatre Principal und dem Denkmal für Frederic Soler, entlang der Rambla Santa Monica, gelangt man bis ans Meer. Auf diesem Abschnitt sticht der **Palau Marc** hervor, ein Palast, der das katalanische Kultusministerium beherbergt. Das **Kolumbusdenkmal** bildet den würdigen Abschluß der Ramblas.

Hafen und Strände

Kolumbus wurde nach der Rückkehr von seiner ersten Entdeckungsreise nach Amerika 1493 in Barcelona von den Katholischen Königen empfangen. Sein Denkmal auf einer 50 m hohen Säule, das 1886 von Gaietà Buïgas geschaffen wurde, ist zu einem Wahrzeichen der Stadt

LA BARCELONETA

geworden. Zu seinen Füßen fahren die „Schwalbenboote", *golondrinas*, unermüdlich vom Kai zur Mole. Alle Lebenskraft der Stadt spürt man hier in diesem Distrikt, der sich zwischen dem Montjuic und dem Fischerviertel Barceloneta erstreckt und sich bis zu den Stränden des Poble Nou und zur Mündung des Besós ausdehnt. Von der Großartigkeit der mittelalterlichen See- und Handelsmacht Barcelona zeugen die **Drassanes**, die alten Schiffswerften aus dem 14. Jh. Ihre Größe und ihr guter Zustand sind einzigartig in der Welt, und damit bilden sie den rechten Rahmen für das Seefahrtsmuseum. Dahinter finden sich Reste der alten Stadtmauern. Die renovierte **Moll de la Fusta** mit ihren Lokalen und Segelclubs ist ein erster Versuch, den alten Hafen als Freizeitareal zu nutzen.

Ganz in der Nähe, nachdem man den ruhigen Duc de Medinaceli-Platz überquert hat, gelangt man zur **Basilica de la Mercè**, einer barocken Andachtsstätte der Seeleute, der Schutzheiligen der Stadt geweiht. Jenseits der Vía Laietana, die die Haupt-Verkehrsader der Altstadt ist, liegt auf dem Antonio López-Platz die **Llotja**, die alte Handelsbörse mit klassizistischer Fassade. Der gotische Saal (14. Jh.) mit den charakteristischen Trennbögen dient noch heute als Sitzungssaal der Börse. Gegenüber befinden sich außerdem Gebäude mit schönen Laubengängen, *Porxos d'en Xifré* genannt. Ihr Erbauer (1836), Josep Xifré war ein *indiano*, ein reich aus den Kolonien zurückgekehrter Auswanderer. In der Umgebung dieses Platzes hat sich eine Art von Hafen-Basar ausgebreitet, der bis zur Plaza de Palau reicht, wo ein Gebäude im Rokoko-Stil steht, das neue Zollhaus, die **Duana Nova**.

La Barceloneta ist ein Stadtviertel, das wie die Venus dem Wasser entstiegen zu sein scheint. Es liegt auf einer dreieckigen Landzunge, die beim Bau des Hafens im 17. Jh. trockengelegt wurde. Mit-

Oben: Im Hafen von Barcelona. Rechts: Gaukler und Besucher treffen sich im Gotischen Viertel.

te des 18. Jh. wurde sie nach einem Plan des Militäringenieurs Juan Martín angelegt und gilt heute als ein einmaliges Beispiel barocker Profanarchitektur. Die Mitte des Viertels bilden ein Platz, der Markt und die Kirche Sant Miquel del Port. Die Bewohner des Viertels sind traditionell Fischer und Seeleute. Aber wegen seiner Strände, der Fischrestaurants und der Tavernen war La Barceloneta schon immer ein beliebter Treffpunkt für alle Bewohner der Stadt. Inzwischen haben sich zahlreiche Sportclubs hier angesiedelt, wie der Club Natación Barcelona. Einer seiner Mitglieder hat das *Patín*-Segeln erfunden, bei dem weder Steuerruder noch Segelmast verwendet werden. Diese Sportart erfreut sich an den katalanischen Küsten wachsender Beliebtheit. Der Paseo Marítimo führt von hier weiter bis zum Olympischen Dorf im Poble Nou.

Einen Großteil des Ufers nehmen Molen und Docks ein. Im Bereich der Barceloneta befindet sich neben der alten Mole, **Muelle del Reloj**, der Fischereihafen, ein pittoreskes Fleckchen, an das sich gleich der Yachthafen anschließt. Die Szenerie stellt sich besonders malerisch aus der Vogelperspektive dar, wenn man die Seilbahn, *Teleférico,* vom Eisenturm von San Sebastià am Anfang der Hafenmole nimmt. Man schwebt zum Turm von Jaume I., über die Passagierschiff-Anlegestelle, bis zur Aussichtsplattform Miramar auf dem Montjuic.

Zwischen den Vierteln Barceloneta und Ribera liegt der Park der **Ciutadella**, nach der Befestigungsanlage benannt, die Philipp V. hier errichten ließ, um die Stadt zu unterwerfen, die im Erbfolgekrieg auf seiten der Habsburger stand. Die Anlage wurde 1869 wieder zerstört, aber der Gouverneurspalast, die Kapelle und das Arsenal sind stehengeblieben. Letzteres ist ein schöner Barockbau, der Katalonien als Parlament dient; in einem anderen Teil befindet sich das Museum der Modernen Kunst.

Der Park, wie er sich heute präsentiert, wurde für die Weltausstellung von 1888 von Josep Fontseré angelegt. Der Triumphbogen war der Eingang. Viele der früh-modernistischen Gebäude der Ausstellung sind wieder abgetragen worden; die erhalten geblieben sind, gelten als Pioniere des *Modernismo*: das **Castell dels Tres Dragons** von Domènech i Montaner, heute Zoologisches Museum, das **Hivernacle**, eine Konstruktion aus Eisen und Glas von Josep Amargós, das zum Kulturzentrum umgebaut wurde, und auch das **Umbracle**.

Auf dem Gelände liegt auch der **Zoo** Barcelonas, wo man von einigen Bildhauerarbeiten überrascht wird: die Dame mit dem Regenschirm von Roig Solé und ein großartiges Werk des Bildhauers Llimona. Neben dem Park befindet sich der alte Markt **Mercado del Born**, der ebenfalls zu einem Kultur- und Veranstaltungszentrum umgestaltet worden ist.

Das Eixample

Das Wirtschaftswachstum des 19. Jh. hatte es 1854 notwendig gemacht, die alten Mauern abzureißen, die der Expansion der Stadt im Wege standen. Bis dahin war das Gebiet außerhalb der Mauern weitgehend unbebaut. Dieser Gürtel um die Altstadt wurde ab 1860 nach Plänen des Ingenieurs Ildefonso Cerdá gestaltet. Ein einfaches Schachbrettsystem von Straßen, parallel zum Meer, bildete die Grundstruktur, wobei an den Kreuzungen die Ecken abgeschrägt wurden. Das Modell erwies sich als rational und fortschrittlich, obwohl die Begrünungspläne Cerdás nicht verwirklicht wurden.

Die Stadterweiterung (Ensanche, Eixample) ist ein Ausdruck der größten Blütezeit Barcelonas. Die wirtschaftliche und industrielle Entwicklung hatte ein wohlhabendes Bürgertum geschaffen, dessen Reichtum sich auch im Stadtbild widerspiegelte. Es übernahm die politische und kulturelle Führungsrolle, die Bewegung der Renaixença ging in der bildenden Kunst in den *Modernismo* über. Das Eixample ist eines der interessantesten Gründerzeit-Ensembles in Europa. Beim Bummel durch seine Straßen entdeckt man prächtige, phantasievolle Dekorationen. Der *Modernismo* verwendete neue Materialien, womit sowohl die Fassaden der großen Monumentalbauten als auch die Eingänge und Portierslogen der Mietshäuser oder Geschäfte verziert wurden.

Altstadt und Eixample verschmelzen miteinander an der **Plaza de Catalunya**, 1927 mit interessanten Bildhauerarbeiten von Josep Llimona, Eusebi Arnau, Pau Gargallo oder Josep Clarà gestaltet. Hier beginnt der **Paseig de Gràcia**, Hauptader des Mittelteils des Eixamples, mit breiten Gehwegen, an denen sich Luxusgeschäfte, Juweliere, Banken, Kunstgalerien, Kinos, Hotels, Restaurants und Buchläden aneinanderreihen. Sehenswert sind sowohl die Straßenlaternen von Pere Falqués als auch das Design des Pflasters von Gaudí.

Unter den vielen eklektischen, neomittelalterlichen oder einfach modernistischen Gebäuden ist die **Casa Milà** von Gaudí hervorzuheben. Keine ihrer vielen Wohnungen gleicht der anderen. Im Volksmund heißt sie *La Pedrera*. Der Block zwischen den Straßen Carrer de Aragó und Carrer del Consell de Cent wird der „Zankapfel" genannt, in Anspielung auf das mythologische Parisurteil. Die drei „Schönheiten" sind: die **Casa Batlló** von Gaudí, die **Casa Amatller** von Puig i Cadafalch und die **Casa Lleó Morera** von Domènech i Montaner. Die neugotischen Gebäude von Enric Sagnier oder die Cases Rocamora der Brüder Bassegoda auf der Höhe des Carrer de Casp sind ebenfalls sehenswert.

Parallel dazu zieht sich die Fortsetzung der Ramblas durch das Eixample, die Rambla de Catalunya mit ihrem einla-

---

Rechts: Das Stadtbild von Barcelona wird weithin von den Türmen der Sagrada Familia beherrscht.

denden Grünstreifen in der Mitte, von Linden überdacht. Auch hier haben Architekten der Jahrhundertwende fantasievolle modernistische Bauten hingestellt, von denen nur die **Casa Serra** von Puig i Cadafalch erwähnt werden soll, derzeitiger Sitz der Provinzverwaltung. Ganz in der Nähe, in der Carrer de Aragó ist das alte Verlagsgebäude von Montaner i Simon, gebaut von Domènech i Montaner; darin befindet sich heute die **Tàpies-Stiftung** für zeitgenössische Kunst. Ein Stück weiter liegt das neo-mittelalterliche Gebäude der Universität.

Die breite **Avenida Diagonal** teilt die Stadt schräg vom Universitätsviertel Pedralbes bis zur **Plaza de las Glòries Catalánes** in zwei Teile. Letztere war in den Plänen von Cerdá zum neuen Zentrum Barcelonas auserkoren. Dort sind heute zwei neue Kulturpaläste im Bau: ein städtisches Auditorium mit Sälen für 2300 und 700 Zuschauer, geplant von Rafael Moneo, und ein Nationaltheater mit Sälen für 1000 und 400 Zuschauer. Die Pläne sind von Ricard Bofill, der einen klassischen Tempel mit Metallkonstruktionen und großen Glasfronten entstehen läßt. Im Areal des nahen Nordbahnhofs werden Skulpturen der Amerikanerin Beverly Pepper aufgestellt, die sie Gaudí und Miró zu Ehren entworfen hat: *Der heruntergefallene Himmel* und *Verästelte Spirale*.

Im Mittelteil ist die Av. Diagonal eine betriebsame Geschäfts- und Einkaufsstraße. Auch hier sind repräsentative modernistische Bauten zu sehen: Puig i Cadafalch war der Architekt der **Casa de les Punxes** und auch der **Casa Quadras**, wo das Musik-Museum beheimatet ist. Aus einer späteren Epoche stammt der Bau von Ricardo de Churruca (1937) auf Höhe der Straße Enrique Granados.

Die andere Diagonale bildet die Avenida Gaudí. An ihren beiden Enden befinden sich die wichtigsten Bauwerke der für die Stadt so bedeutsamen modernistischen Epoche: Die **Sagrada Familia**, der große Sühnetempel, Meisterwerk Gaudís, bei dem sich sein architektonisches Genie in einer komplexen religiösen

Stadt-Berge – Freizeit-Stadt

Vom Meer aus gesehen präsentiert sich Barcelona wie von einer natürlichen Mauer umgeben, von der Sierra de Collserola, die zum städtischen Ausflugsgebiet geworden ist. Als höchste Erhebung (512 m) wacht der **Tibidabo** über der Stadt. Eine Straßenbahn, **Tranvía Blau**, endet bei der Talstation der Standseilbahn, die auf den Berg fährt. Von weitem sieht man die charakteristischen Umrisse von Sagrado Corazón, einer neugotischen Kirche. Daneben erstreckt sich ein Vergnügungspark, der zusammen mit dem einmaligen Blick über die Stadt den Berg zu einem beliebten Freizeitziel macht. Als Superlativ der neuen Zeit wird neben der Kirche und dem Riesenrad noch ein 260 m hoher Sendeturm errichtet. Auf halber Höhe der Sierra ist die Carretera de Aigües ein Paradies für Jogger, Radfahrer, Modellflugzeug-Piloten und andere.

Am Meer sieht man eine kleinere Erhebung, den **Montjuic**, 173 m hoch. Wegen seiner strategisch günstigen Position direkt über der Stadt wird er seit dem Mittelalter für militärische Zwecke genutzt. Zuerst stand hier das Castillo del Puerto, seit dem 18. Jh. dann das mächtige **Castell del Montjuic**, als sternförmige Zitadelle angelegt, mit Bollwerken und Schanzen.

Über viele Jahre war es Militärgefängnis und Symbol der Repression, bis er 1960 der Stadt übergeben und zum Militärmuseum umgebaut wurde. Aus Anlaß der Weltausstellung 1929 wurden die Hänge des Berges in Gartenanlagen verwandelt und eine Reihe Ausstellungspaläste und Sportanlagen errichtet, die für die Olympiade 1992 umgebaut wurden.

Von der **Plaza de España** aus, mit ihrem monumentalen Brunnen betritt man das Messegelände Barcelonas durch einen Säulenhalbkreis zwischen zwei vom Campanile Venedigs inspirierten Türmen. Auf einem großen Platz bietet der

Symbolik ausdrückte. Als „Kathedrale des 20. Jh." 1882 vom Diözesansarchitekten Villar begonnen, widmete Gaudí diesem Werk ab 1883 bis zu seinem Tod 1926 seine ganze Schaffenskraft. Das gewaltige Bauwerk mit den zwölf hoch aufstrebenden Türmen ist inzwischen zum markantesten Punkt in der Silhouette Barcelonas geworden. Immer noch ist die Kathedrale unvollendet, aber trotz aller Kontroversen wird mit Spenden weitergebaut. In- und ausländische Künstler versuchen, das Werk Gaudís zu vollenden, und erst kürzlich ist die Westfassade mit umstrittenen Beiträgen Subirachs fertiggestellt worden.

Am anderen Ende der Av. Gaudí befindet sich das **Hospital de Sant Pau** von Domènech i Montaner. Es nimmt mit zahlreichen keramikverzierten Pavillons ein großes Gelände ein, das von Gärten umgeben ist.

Oben: Der Parc de la Espanya Industrial auf einem ehemaligen Fabrikgelände erinnert an die Frühindustrialisierung.

POBLE ESPAÑOL

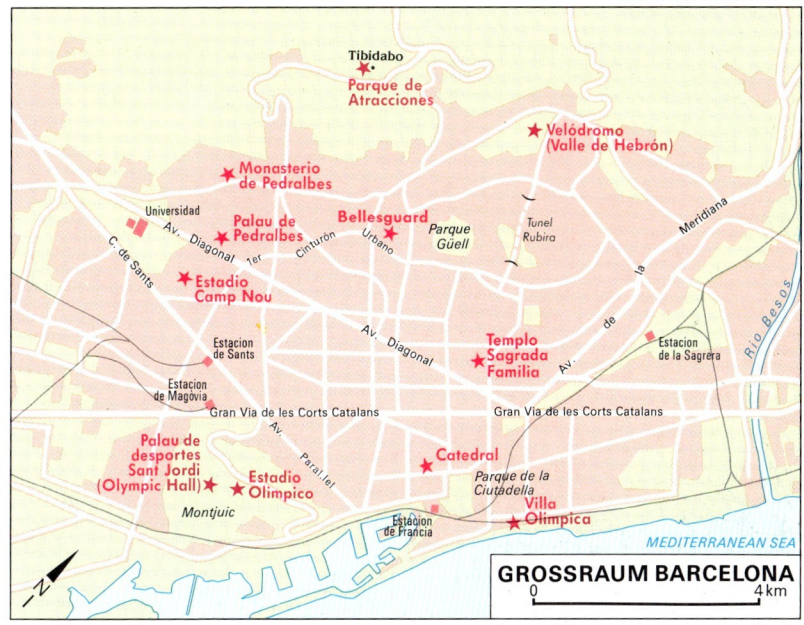

Lichter-Brunnen an lauen Sommerabenden ein Spiel von Farben und Wasser. Dahinter liegt der deutsche Pavillon, den Mies van der Rohe 1929 entworfen hat, mit einer Skulptur von Georg Kolbe im Inneren. Eine Treppe führt hinauf zum **Nationalpalast**, der 1929 die katalanischen Exponate beherbergte. Seit 1933 ist er das Kunstmuseum Kataloniens, das über eine exzellente romanische und gotische Sammlung verfügt. Unter anderem finden sich hier die abgetragenen Fresken romanischer Pyrenäen-Kirchen in anschaulicher Weise präsentiert.

Der angrenzende Park birgt viel Sehenswertes. Das **Poble Español** ist ein vollständiges Dorf, das durch Nachbildungen die unterschiedlichen Bauweisen aller spanischer Landstriche veranschaulicht, ein neues Freizeitareal mit unzähligen Bars und Restaurants, wo auch Konzerte und Fiestas stattfinden. In Musterwerkstätten wird hier die Herstellung von Kunsthandwerk vorgeführt. Ganz in der Nähe beherrscht das Reiterstandbild des hl. Georg, geschaffen von Jordi Llimona, eine Ausblicksplattform. Von hier ist es dann nicht mehr weit bis zum Olympia-Ring.

Das neue **Olympiastadion** ist ein Werk der Architekten Gregotti, Correa, Milà, Margarit und Buxadé. Sie haben die Fassade des Stadions von 1929 erhalten und in einen komplett modernen Innenausbau integriert. Der **Sportpalast San Jordi** wurde von dem japanischen Architekten Arata Isozaki entworfen und ist mit seinem großen, vom Boden aus gespannten Bogen das herausragende Bauwerk der Olympiade 1992. Die Gebäude, die in Zukunft die Sportuniversität beherbergen sollen, stammen aus der Werkstatt des Architekten Bofill.

Der Avenida del Estadio folgend, kommt man am **Palacete Albéniz** vorbei, Residenz für hohen Besuch in Barcelona, gestaltet von Salvador Dalí. Und wenig weiter liegt die **Fundació Miró**, ein modernes Ausstellungszentrum mit einer gut sortierten Sammlung des Stifters in einem lichten Baukomplex, einem Werk von J.L. Sert (1974). Parkanlagen führen

BARCELONA BEI NACHT

zum Freilufttheater Grec, das Schauplatz des alljährlich im Juli stattfindenden Sommerfestivals ist, und weiter zum archäologischen und ethnologischen Museum. Schließlich findet man sich am Fuße des Montjuic wieder, am alten Blumenmarkt, der zu einem Theaterzentrum umgebaut ist.

Zwischen der Plaza de España und dem Hafen breitet sich das Stadtviertel **Poble Sec** aus. Die charakteristischen Schornsteine sind Beweise seiner industriellen Vergangenheit. Seine Hauptachse, die Av. Paral.lel (der Punkt gilt der Aussprache) erhielt ihren Namen, als der Astronom Comas i Solà feststellte, daß sie genau auf dem 41,5. Breitengrad verläuft. Zu Beginn dieses Jahrhunderts war sie als Montmartre Barcelonas bekannt. Theater, Kabaretts und Variétés waren hier zu Hause. Heute sind besonders das El Molino und das Theater Arnau beliebt.

Oben: Nach dem Besuch im Opernhaus Licen kann man sich in den Straßencafés der Ramblas erfrischen.

Auch von der Paral.lel führt eine Standseilbahn auf den Montjuic; von dort geht es per Schwebebahn zum Vergnügungspark mit seinem Auditorium und weiter zum Kastell.

Barcelona bei Nacht

In den letzten Jahren hat sich in Barcelona eine neue Art von Nachtleben entwickelt, die ohne Zweifel der Ausdruck des Wohlstands einer jungen, aufstrebenden Bevölkerungsschicht ist. Ungeahnte kreative Kräfte wurden bei Gestaltung und Design neuer Treffpunkte freigesetzt. Erstaunlich ist, daß trotz dieser Vielfalt eine Tradition überlebt hat, die sich sowohl in der Innendekoration, in der Grafik als auch im Industriedesign erkennen läßt. Die verschiedenen Typen von Bars und Kneipen haben eine neue Lebensform geschaffen und teilweise ganze Stadtviertel verändert. Einige dieser Lokale waren früher Fabriken, Garagen, Kooperativen, Lagerhäuser oder Geschäfte. Andere sind mit Stil restaurierte

Altbauten, ehemalige Villen oder Türme. Man kann die Besucher dem Typ ihres Lieblingslokals nach klassifizieren, so daß der nächtliche Kneipenbummel einen tiefen Einblick in die Gesellschaft Barcelonas gewährt.

Olympia 1992

Die Bautätigkeit für die Olympischen Spiele hat das Stadtbild Barcelonas verändert, vor allem das **Olympische Dorf** im Poble Nou, jenseits der Barceloneta. Mit ihm erhofft man sich eine Neugestaltung und Belebung des gesamten Ufers. Das städtebauliche Konzept der Architekten Bohigas, Martorell und Mackay umfaßt einen Park, Hotels, Wohngebäude, einen Sporthafen, gut geschützte Strände und das neue Mittelmeer-Tagungszentrum. Die Hochhäuser, die hier entstehen, werden nach Fertigstellung die höchsten der Stadt sein.

Als zweiter wichtiger Bereich wurde der **Montjuic** umgestaltet. Der Zugang wurde verbessert und der Parc del Migdia in einen Veranstaltungsort für Open-Air-Konzerte verwandelt. Er ist nun als Freizeitgelände in die umliegenden Stadtviertel und die Zona Franca im Süden integriert. Darüber hinaus wurden die Wettkampfstätten ausgebaut und neue sind entstanden.

Im Bereich des **Valle Hebrón** ist die wichtigste Einrichtung das Velodrom, ein bemerkenswerter Bau von Esteve Bonell und Francesc Rius, umgeben von schönen Gartenanlagen, wo das „schöpferische Gedicht" von Joan Brossa ausgestellt ist. Sie gehen über in den **Parc del Laberint**, der zum neoklassizistischen Herrenhaus des Marquis von Alfarràs (1799) gehört, inmitten von Gärten mit mythologischen Figuren, einem kleinen Tempel, einem Teich und einem Labyrinth aus gestutzten Zypressen.

Schließlich wird noch der Bereich **Diagonal-Pedralbes** in die olympischen Veranstaltungen einbezogen. Dort befanden sich bereits das Camp Nou des F.C. Barcelona mit einem Stadion für 120.000 Zuschauer, Sportanlagen der Universität und der Real Club de Polo. Weitere Sportstätten erweitern das Gelände bis über die Stadtgrenze hinaus.

Stadtviertel

Ebenfalls in **Pedralbes** liegt das gleichnamige Klarissinnen-Kloster aus dem 14. Jh. Es wurde von der Königin Elisenda de Montcada, der letzten Gattin von Jaume II., gegründet. Sein Kreuzgang und die Sant Miquel-Kapelle sind die Höhepunkte dieses wenig bekannten gotischen Kleinods am Stadtrand.

In der Avenida de Pedralbes, die das Kloster mit der Diagonal verbindet, sieht man die **Pabellones Güell**, alte Stallungen, die Gaudí renoviert, erweitert und mit einem außergewöhnlichen schmiedeeisernen Drachen am Tor versehen hat.

Weiter östlich liegt das **Barrio de Sarrià**, dessen alter Kern um die Kirche Sant Vicenç seinen ursprünglichen Charakter bewahrt hat. Dieses Viertel wie auch das Barrio Sant Gervasi am Fuße des Tibidabo sind Wohnviertel. In letzterem stand der Landsitz **Bellesguard** des Königs Martí aus dem 15. Jh., den Gaudí vollständig umgebaut hat. Etwas weiter östlich liegt, ebenfalls von Gaudí gestaltet, der **Parc Güell**, ein Reigen von Farben und Formen, der einmal eine ganze Gartenstadt hätte werden sollen.

Zwischen den Wohngegenden am Fuße der Sierra und dem Eixample erstreckt sich das **Barrio Gràcia**, das früher ein eigenständiger Ort war. Im 19. Jh. tat es sich durch seine republikanische und liberale Gesinnung und durch eine starke Arbeiterbewegung hervor. Es hat seine eigenen Feste und Bräuche, wie Sant Medir, eine Wallfahrt zu Pferd nach Sant Cugat del Vallés, oder das lebhafte Fest de la Mare de Déu d'Agost (15.8.), für das die Straßen dekorativ überdacht werden. Für einen Spaziergang durch das

AUSFLÜGE

Viertel sind vorzumerken: die Kirche Sant Josep von einem Karmeliterinnen-Kloster aus dem 17. Jh.; die Gußeisen-Konstruktion des Marktes La Llibertat und einige modernistische Gebäude, unter ihnen die **Casa Vicens**, eines von Gaudís Erstlingswerken.

Östlich des Eixample liegt das **Barrio Sants**. Seine Vergangenheit als Stadtviertel der Frühindustrialisierung wird mit dem **Parc de la Espanya Industrial** gewürdigt, der auf einem ehemaligen Fabrikgelände neben dem modernen Bahnhof liegt. Der baskische Architekt Ganchegui hat den Park im Stil römischer Thermen angelegt. Das zentrale Element ist ein Teich, der von Wasserfällen und Bächen umgeben ist. Zehn Aussichts- und Beleuchtungstürme ragen aus der Anlage. Die als Drache gestaltete Rutschbahn von Andrés Nagel ist eine weitere Attraktion.

Vor dem Bahnhof liegt der umstrittene, hochmoderne Platz der **Països Cataláns**, von Helio Piñón und Albert Viaplana entworfen. Ganz in der Nähe, in Richtung der Pl. de España, erstreckt sich ein weiterer künstlerisch gestalteter Park, der **Parc Joan Miró**, bei der Bevölkerung als Schlachthof-Park bekannt, denn ein solcher befand sich früher auf diesem Gelände. Aus der Mitte eines Teiches ragt eine spektakuläre Skulptur Mirós auf: Frau mit Vogel. Palmen, Spielplatz, Pergolas, Pinien und Eukalyptus machen den Park zu einer kleinen Oase.

In letzter Zeit sind eine ganze Reihe solcher Anlagen entstanden, die das Leben in der Stadt erträglicher machen und auch dem Besucher eine Abwechslung bieten: Auf einem der Hügel des **Barrio de Horta** liegt der Park Creueta del Coll, mit einem See, der im Sommer den Strand ersetzen kann, und einer Skulptur von Chillida zum *Lob des Wassers*; andere Kunstwerke sind von Elsworth Kelly und Roy Lichtenstein. Der Park im **Barrio Clot**, nach Plänen von Daniel Freixens und Vicente Miranda, integriert in vollendeter Weise alte Bahngleise und einen alten Fabrikschlot in die Grünanlagen; außerdem ziert eine moderne Plastik von Bryant Hunt das Gelände.

Ausflüge

Mit der Schnellbahn nur zwanzig Minuten von der Pl. Catalunya entfernt, auf der anderen Seite der Sierra, liegt **Sant Cugat del Vallès**. Der Ort hat ein enormes Bevölkerungswachstum erlebt und ist zu einem weiteren Stadtteil Barcelonas geworden. Der moderne Industriepark von Vallès hat sich mit Forschung und moderner Technologie international einen Namen gemacht.

Eine Benediktinerabtei hat der Stadt ihren Namen gegeben. Sie war einmal das wichtigste Kloster der Grafschaft Barcelona. Über die Anfänge im Jahr 878 weiß man nicht viel. Es ist auf einem ehemaligen römischen *castrum* an der Römerstraße von Barcelona nach Egara, dem heutigen Terrassa, errichtet worden, wo Cugat Anfang des 4. Jh. sein Martyrium erlitt. Zur Erinnerung an den Märtyrer wurde hier schon im 5. Jh. eine Kirche gebaut, die im 7. Jh. um eine polygonale Apsis erweitert wurde. Zu diesem Zeitpunkt gab es wahrscheinlich schon erste Klosterbauten. Zwischen dem 12. und dem 14. Jh. wurde der gesamte Komplex erneuert und erweitert, zu Beginn romanisch, dann im gotischem Stil. Die 144 Kapitele des Kreuzgangs bieten mit ihrer Themenvielfalt eine Überraschung nach der anderen. Der umfangreiche Fundus von Kunstschätzen wird im Kunstmuseum von Katalonien, im Diözesanmuseum und im British Museum aufbewahrt. 1925 wurde das Kloster zum Nationalmonument erklärt.

Ein weiterer, fast obligatorischer Ausflug führt nach **Montserrat**. Der schnellste Weg ist zwar die Autobahn, aber die

Rechts: Die Benediktinerabtei von Montserrat ist das Nationalheiligtum der Katalanen.

Eisenbahn bringt einen ebenfalls bis Monistrol, das am Fuße des Montserrat-Massivs liegt. Sein säulenartiger Kegelkarst erstreckt sich über ein Gebiet von etwa fünf mal zehn Kilometern. Unter den originellen Formationen stechen als höchste Gipfel der Sant Jeroni (1224 m) und Los Ecos (1212 m) hervor. Der Zugang zu dieser faszinierenden Landschaft wird durch Seil- und Standseilbahnen erleichtert; Wanderwege erschließen das Gelände, und Rastplätze an kleinen Kapellen eröffnen immer wieder herrliche Ausblicke über die Ebene.

Auf 720 m Höhe steht das **Benediktinerkloster**, das der Jungfrau von Montserrat geweiht ist. Unzählige Wunder sind von der dunkelhäutigen Jungfrau, *La Moreneta*, überliefert, eine kleine, bemalte Holzfigur aus dem 12. Jh., die diverse Brände und Plünderungen des Klosters überstanden hat. Ein Großteil des Baues wurde 1811 von den Soldaten Napoleons zerstört. Im Inneren sind noch ein schöner gotischer Saal und ein 1746 in gotischem Stil erbauter Kreuzgang erhalten.

Der neuromanische Kreuzgang dagegen wurde 1925 von Puig i Cadafalch entworfen. Die Bibliothek umfaßt über 250.000 Bände, 400 Inkunalben, 200 ägyptische Papyrus-Manuskripte mit griechischen und koptischen Texten und 2000 antike Manuskripte in lateinischer, spanischer, hebräischer, arabischer und syrischer Sprache.

Die Hauptfassade, die nach 1939 entstand, ist ein Werk von Francesc Folguera. Dahinter öffnet sich vor der Basilika ein Atrium, das durch den Kreuzgang des Abts Argeric (18. Jh.) gebildet wird. Fast unscheinbar, an die Seite gedrängt, kann man den romanischen Eingang zur ursprünglichen Basilika des 12. Jh. entdecken. Die heutige Kirche wurde nach 32 Baujahren 1592 geweiht. Sie hat spätgotische, abgerundete Bögen, die vier Prophetenfiguren sind jedoch neuere Werke von Josep Llimona. Die Jungfrau von Montserrat und Sant Jordi sind die Schutzheiligen von Katalonien, und das Kloster ist immer eine Bastion katalanischen Selbstbewußtseins gewesen.

INFO: BARCELONA

BARCELONA
(Telefonvorwahl: 93-)

Unterkunft
LUXUS: **Hesperia**, C/ Los Vergos 20, Tel: 2045551. **Ramada Renaissance Barcelona**, Ramblas 111, Tel: 3186200. **Colón**, Av. Catedral, 7, Tel: 3011404. **Meliá Barcelona Sarriá**, Av. Sarriá 50, Tel: 4106060. *MITTELKLASSE:* **Rey Don Jaime I.**, C/ Jaime I. 11, Tel: 3154161. **Mayoral**, Pl. Real 2, Tel: 3179534. **Montserrat**, Paseo de Gràcia 115, Tel: 2172700. **Paseo de Gràcia**, Paseo de Gràcia 102, Tel: 2155824. **Montecarlo**, Ramblas dels Estudis 124, Tel: 3175800. **Gaudí**, C/ Nou de la Rambla 12, Tel: 3179032. **Astoria**, C/ Paris 203, Tel: 2098311. *EINFACH:* **Rembrandt**, Portaferrisa 23, Tel: 3181011. **Internacional**, Ramblas 78, Tel: 3022566. **La Lonja**, Paseo de Isabel II. 14, Tel: 3193032.

Information / Post
Oficina de Turismo: Aeropuerto del Prat, 8-20 Uhr, sonn- und feiertags 8-15 Uhr. Ayuntamiento, Pl. de St. Jaume I, Mo-Fr, 9-21 Uhr, Sa 9-14 Uhr, Tel: 3182525. Estación de Francia, Mo-Sa 8-20 Uhr, Tel: 3192791. Generalitat de Catalunya, Gran Vía de les Corts Catalanes 658, Mo-Fr 9-13.30 und 16.30-20.30, Tel: 3017443. **Post:** 9-13 und 17-19 Uhr; Hauptpost: Pl. Antonio López, C/ Aragón 282. **Telefonica:** Pl. de Catalunya.

Transport
Metro = U-Bahn: Die Fahrkarte gilt für das gesamte Netz, man kann aber nicht in die S-Bahnlinie der Generalitat umsteigen. Billiger sind 10er-Karten. **Tranvía Azul:** (Blaue Straßenbahn) ab Av. Tibidabo, Balmes bis Pl. Dr. Andreu, verkehrt halbstündig. **Seilbahnen:** Funicular Tibidabo, ab Pl. Dr. Andreu, 7.30-21.20 Uhr. Funicular Montjuic, ab Av. Paral.lel bis Av. Miramar, 11-20.15 Uhr, sonntags 12-14.45 und 16.30-21 Uhr. Funicular de Vallvidrera, ab Av. Vallvidrera bis Pl. P. Ventura. Transbordador Aeri del Port (Schwebebahn über den Hafen), ab Hafen Torre Sant Sebastiá via Torre Jaume I. bis Jardins de Miramar, Montjuic, 11-18.45 Uhr, Juni bis September 11-22 Uhr. Teleferico de Montjuic, ab Av. Miramar auf dem Montjuic bis zur Burg Castell de Montjuic, fährt nur im Sommer an den Wochenenden 11-14.45 und 16-21 Uhr. **Golondrinas:** (Schwalben - Hafenboote) Abfahrt ab Kolumbusdenkmal, März-Oktober täglich 10-20.30 Uhr, Überfahrt zur Mole dauert nur 15 Minuten. **Bahnhöfe:** Estación Central, Barcelona Sants, Pl. Països Catalans. Estación de Francia, Paseig Nacional. Estación Cercanías (Nahverkehrszüge), Paseig Nacional. S-Bahn-Station (Ferrocarriles de la Generalitat), unter Pl. Catalunya.

Autobusstationen: Julia (nach Deutschland, Frankreich, England, Schweiz, Skandinavien, Italien und Portugal), Pl. Universitat 12, Tel: 3183895. Iberbus (Frankreich, Belgien, Holland, Italien), Av. Paral.lel 116, Tel: 3296406. Alsina i Graell (nach Andorra), Rda. Universitat 4, Tel: 3026545. Les Courriers Catalans (Paris), C/ Pau Clarís 117, Tel: 3025875.
Flughafen: 14 km von der Stadt in Prat de Llobregat. Fluginformation Tel: 3013993. Zugverbindung von der Station Barcelona Sants alle 20 Minuten ab 6 Uhr bis 22 Uhr.
Passagierschiffe: Estación Baleares, Moll de les Drassanes. Estación Internacional, Ende der Moll de Barcelona.

Autoverleih / Automobilclub
Avis, C/ Casanova 201, Tel: 2411476.
Hertz, C/ Tuset 10, Tel: 2178076. **Regente Car**, C/ Aragón 382, Tel: 2452402. **Atesa**, C/ Balmes 141, Tel: 2378140. **Europcar**, C/ Consollde Cent 363, Tel: 2398403. **Motorradverleih:** Vanguard, C/ Londres 31, Tel: 2393880.
Real Automobil Club de España: C/ Sataló 8, Tel: 2003311.

Museen
AUF DEM MONTJUIC: **Fundació de Joan Miró**, 11-19 Uhr, sonn- und feiertags 10.30-14.30 Uhr, Mo geschl. **Museu d'Art de Catalunya** und **Museu de la Ceramica**, 9.30-14 Uhr, Mo geschl. **Museu Arqueológico** und **Museu Etnológico**, 9.30-13 und 16-19 Uhr, sonn- und feiertags 10-14 Uhr, Mo geschl. **Museu Militar**, Castell de Montjuic, 9-14 und 16-19 Uhr, sonn- und feiertags 10-20 Uhr, Mo geschl.
WEITERE MUSEEN: **Museo Picasso**, C/ Montcada 15-17, 9-14 und 16-19 Uhr, sonn- und feiertags 9-14 Uhr, Mo 16-20.30 Uhr. **Museu Textil i de L'Indumentaria** (Trachten), C/ Montcada 12-14, 9-14 und 16.30-19 Uhr, sonn- und feiertags 9-14 Uhr, Mo geschl. **Museu d'Art Modern**, Parc de la Ciutadella, 9-19.30 Uhr, sonn- und feiertags 9-14 Uhr, Mo geschl. **Museu de la Ciéncia**, C/ Teodor Riviralta 55, 10-20 Uhr, Mo geschl. **Casa Museu Gaudí**, C/ Olot (im Parque Güell), 10-14 und 16-19 Uhr; Dezember bis Februar incl. geschl. **Museu del Teatre**, Nou de la Rambla 3 (im Palau Güell von Gaudí), 10-13 und 17-19 Uhr, sonn- und feiertags geschl. **Museu de la Historia de la Ciutat**, Pl. del Rei, 9-14 und 15.30-20.30 Uhr, sonn- und feiertags 9-14 Uhr, Mo 15.30-20.30 Uhr (in der Casa Padellas 15. Jh.). **Museu Maritim**, Pl. Portal de la Pau 1, 10-13.30 und 16-19 Uhr, So und Mo geschl. **Museu de Artes Decoratives**, La Ramblas 99, 10-13 und 16-18 Uhr, Sa, sonn- und feiertags 10-14 Uhr. **Museu de la Musica**, Av. Diagonal 373, 9-

INFO: BARCELONA

14 Uhr, Mo geschl. (in modernistischem Gebäude von Puig i Gadafalch). **Museu Clara**, C/ Calatrava 27-29, 9-14 Uhr, Mo geschl. **Museu Frederic Marés**, C/ Comtes de Barcelona 10, 9-14 und 16-19 Uhr, So und Mo geschl. **Museu del Perfum**, Paseig de Gràcia 39, 10-13.30 und 16-19 Uhr, Sa und So geschl. **Museu de Zoología** (im Ausstellungsbau der Expo 1888 von Domènech i Montaner), Paseig del Til.lers, 9-14 Uhr, Mo geschl.

Sehenswürdigkeiten

Pavillon Mies van der Rohe (Weltausstellung 1929) im Messepark vor dem Montjuic. **Acuario de la Barceloneta**, Paseig Nacional. **Casa de los Canónigos**, C/ del Bisbe. **Centro Excursionista de Catalunya**, C/ Paradís 10. **El Gran Teatre del Liceu**, Rambla de Caputxins 61. **La Font Mágica** (Springbrunnen), Pl. Carles Buigas, Vorführung Do, Sa, So 21-24 Uhr, im Winter Sa und So 20-23 Uhr. **Llotja** (Lonja), Paseig de Isabel II. **Museu-Monestir de Pedralbes** (Klostermuseum), Baixada del Monestir, 9.30-14 Uhr, Mo geschl., Metro: Palau Reial. **Museu Futbol Club Barcelona**, Arístides Maillol, Estadio C.F. Barcelona, 10-13 und 16-18 Uhr, sonn- und feiertags 10-13 Uhr, Mo geschl. **Palau (Palacio) de la Música Catalana**, C/ Amadeu Vives 1, modernistischer Bau von Domènech i Montaner. **Palacio Real Mayor** mit Salon de Tinell, 14. Jh. **Parque Güell**, von Antoní Gaudí, C/ Olot. **Planetarium de Barcelona**, C/ Escoles Pies 103, Vorführung 9.30, 10.30, 11, 15, 17 Uhr, So: 12, 13, 18.30 Uhr, Sa geschl. **Poble Español**, Av. Marques de Comillas, Parc de Montjuic, 9-20 Uhr, im Winter bis 19 Uhr (Lokale auch länger geöffnet). **Sagrada Familia**, Pl. de la Sagrada Familia. **Wachsmuseum**, La Rambla 4-6. **Zoo**, Parc de la Ciutadella, 9.30-19.30 Uhr.

KIRCHEN: **Kathedrale**. **Sta. María del Mar**, 14. Jh. **Sta. María del Pino**, 14. Jh., Pl. del Pi. **San Pablo** (Pau) del Campo, 12. Jh., C/ Huerto de San Pablo. **La Mercé**, 18. Jh., Pl. de la Mercé.

Restaurants

KATALANISCH: **Can Massana**, Pl. del Camp 6. **Agut**, C/ Gignás 16. **Agut d'Avignon**, C/ Trinitat, 3. **El Petit Dorado**, C/ Dolors Moncerdá 51. **Florian**, C/ Beltrand i Serra 20. **Gargantúa i Pantagruel**, C/ Aragó 214. **Gran Colmado**, C/ Consell de Cent 318.
FISCH: **Casa Chus**, Av. Diagonal 339. **Senyor Parellada**, C/ Argentería 37. **Can Majó**, C/ Almirante Aixada 23. Weitere Lokale im Stadtviertel La Barceloneta.
SPANISCH: **Azulete**, Via Augusta 281. **La Balsa**, C/ Infanta Isabel 4. **Cas Isidro**, C/ Flors 12. **Tirton**, C/ Alfambra 16. **Botafumeiro** (galizisch), C/ Gran de Gràcia 81. **Elche** (valencianisch), C/ Vila i Vilá 71. **Amaya** (baskisch), **La Rambla**, 20. **Gorria** (baskisch), C/ Diputacio 421. **La Troballa**, C/ Riera San Miguel 69.
VEGETARISCH: **Illa de Gràcia**, Domenec 15. **Macrobiotico Zen**, Muntaner, 12. **Govinda**, Pl. Villa de Madrid 4-5.
DISCOTHEKEN: **Distrito Distinto**, Av. Meridiana, 104. **Studio 54**, Av. Paral.lel 54. **Up and Down**, C/ Numancia 179.
MUSIKLOKALE: **Els Quatre Gats**, C/ Montsió 5 (Jazz). **Sisisi** (Jazz), Av. Diagonal 442. **Este Bar**, C/ Consell de Cent 257. **Frank Dube**, C/ Buscarons 24. **Humedad Relativa**, Pl. Mañe i Flaquer 9. **King Bar**, Av. Diagonal 618. **Mas i Mas**, C/ María Cubí 199 (St. Gervasi). **Metropol**, Passage Domingo 3. **Mirablau**, Pl. del Funicular, Mirasol, Pl. del Sol 3. **Nick Havanna**, C/ Roselló 208 (Eixample). **Particular**, Av. Tibidabo 61 (Sarriá-St. Gervasi). **Universal**, C/ María Cubí 182-184 (St. Gervasi). **Velvet**, C/ Balmes, 161 (Eixample). **Zig-Zag**, C/ Platón, 13 (Sarriá, St. Gervasi). **Boliche**, Av. Diagonal 508.
FLAMENCO-LOKALE: **Bandolero**, C/ Muntaner 244. **El Patio Andaluz**, C/ Anibal 242. **El Cordobés**, Rambla Caputxins 35. **Blanca Paloma**, C/ Napols, 222.

Feste / Feiertage

23.4. *Sant Jordi* (St. Georg), Schutzheiliger von Katalonien. **11.5.** *Fiesta Sant Ponç*, Kräuter- und Naturkostmarkt in der C/ del Hospital. **24.6.** *San Juan*, die Nacht vom 23. auf den 24. wird in den Straßen durchgefeiert. **11.9.** die *Diada*, katalanischer Nationalfeiertag. **24.9.** *Virgen de la Merced*, Schutzheilige Barcelonas. Fiesta im Stadtviertel Gràcia um den **15.8.**

Stierkampf, in Katalonien wenig verbreitet, in Barcelona sonntags, April bis Okt.: Plaza de Toros Monumental, Gran Vía Corts Catalans, 747.

Einkaufen

Modeboutiquen: Elegante Mode und Schmuckläden auf dem Paseig de Gràcia zwischen Pl. Cataluña und Av. Diagonal, die weitere Modeszene in den linken Seitenstraßen C/ Aragón und C/ Valencia, Rambla de Cataluña, Av. Diagonal zwischen Paseo de Gràcia und Pl. Francesc Macia mit nördlichen Seitenstraßen, obere C/ Muntaner; Kleidung jeder Art: El Mercadillo, C/ Portafgerrisa 17. **Antiquitäten**: Centro de Anticuarios, Paseo de Gràcia 55. **Kunsthandwerk**: Artespaña, Rambla de Cataluña 75. **Buchantiquariate**: Mercado del Libro, Mercant de Sant Antoni, sonntags 10-14 Uhr. **Märkte**: La Boquería, Rambla de San José. Mercado de Sant Antoni, C/ Urgell. Mercat dels Sants, C/ Sant Medir, C/ Cáceres.

LEVANTE

DIE LEVANTE

CASTELLÓN

VALENCIA

COSTA BLANCA

Südlich des Ebro-Deltas erstrecken sich die drei Provinzen Castellón de la Plana, Valencia und Alicante, die durch Industrie, Landwirtschaft und Tourismus zur wohlhabendsten Region Spaniens geworden ist.

CASTELLÓN

Das iberische Randgebirge läuft in der Provinz Castellón zur Küste hin aus und schafft eine öde, unwirtliche Landschaft, durchfurcht von meist fast ausgetrockneten Flußbetten, die nach Wolkenbrüchen jedoch zu reißenden Ungetümen werden und katastrophale Überschwemmungen verursachen.

Dieser Landstrich diente immer zur Verteidigung der reichen Küstenorte, wie zahlreiche Burgen (Biar, Villena) und ummauerte Siedlungen beweisen. Nach der *Reconquista* wurde das Gebiet mit Kastiliern besiedelt, die es mit Getreide, Wein und Ölbäumen bebauten und ihre Schafherden darauf weiden ließen.

Morella, von Vonarós landeinwärts, ist das Tor von Aragón nach Valencia. Schon bei den Römern war es eine Verteidigungsbastion. Uneinnehmbar liegt es 1000 m über dem Meer, von zwei Kilometern Mauer umgeben, durch die drei Tore Einlaß gewähren. Durch das San Mateo-Tor gelangt man über 303 Stufen ins mittelalterlich geprägte Zentrum. Die gotische Kirche Sta. María, wehrhaft an die Mauer gebaut, hat einen Chor aus dem 15. Jh., zu dem eine weitere Treppe hinaufführt. Der frühere Palast von Kardinal Ram ist heute ein Hotel.

In der Nähe des Ortes, in der Schlucht der Valltorta, hat man steinzeitliche Wandmalereien entdeckt; besonders sehenswert sind die Höhlen **Civil**, von einem Angehörigen der Guardia Civil gefunden, und die **Cueva de los Caballos** mit ihren Pferdezeichnungen.

Weiter südlich, an der Straße von Sagunto nach Teruel, liegt **Segorbe**, das römische *Segobriga*. Es hat eine prächtige Kathedrale, von deren gotischem Ursprung noch Turm, Kreuzgang und Kapitelsaal erhalten sind. Das Museum zeigt neben anderen Schätzen Werke von El Greco und Donatello. Das heutige Rathaus des kleinen Ortes ist der Barockpalast der Medinaceli. In der Umgebung sind noch Reste eines römischen Aquäduktes und die **Santa Cueva**, eine volkstümliche Kapelle in einer Höhle, zu der man über achtzig Stufen hinabsteigen muß, zu besichtigen. Lohnend ist hier auch der herrliche Blick auf das Gebirge, die Sierra del Espadán. Der Ausflug läßt sich ohne große Probleme mit einem Besuch des mittelalterlichen **Jérica** und der Burg von **Amonacíd** verbinden.

DIE HUERTA

Die Huerta

In der Ebene zwischen Bergen und Meer erstrecken sich über fast 500 km die *huertas*, endlose grüne Gärten und Felder mit Orangen, Reis und Gemüse, die bis zu drei Ernten im Jahr erbringen. Es waren die aus Syrien kommenden Araber, die hier die Basis für den landwirtschaftlichen Reichtum schufen. Sie erweiterten das schon von den Römern angelegte Bewässerungssystem, das teils heute noch in Betrieb ist. Die Araber brachten auch die Zitrus- und Maulbeerbäume mit und schufen so die Grundlage für die Seidenherstellung.

Die valencianische Küste wurde 1245 von Jaime I. von Aragón und Katalonien erobert und von Katalanen neu besiedelt. Heute ist das Gebiet zweisprachig, wobei das Valencianische als Dialekt des *Catalán* gilt. Ab dem 15. Jh. erlebte die Region einen neuen Aufschwung, der durch den Aufstand der *Germanías* gegen Karl V. (1521) und den Sezessionskrieg gegen Philipp V. (1707) unterbrochen wurde. Mit dem 20. Jh. begann besonders im Süden der Region eine starke Industrialisierung, die sich bis heute fortgesetzt hat. In den 60er Jahren entdeckte der Tourismus das milde Klima der Region mit einer Durchschnittstemperatur von 20 Grad und 300 Sonnentagen im Jahr. Ferienzentren schossen aus dem Boden, ohne Rücksicht auf das ökologische Gleichgewicht der Küste und des Wassers. In den letzten Jahren hat sich die Regionalregierung jedoch verstärkt bemüht, einer weiteren Zerstörung der Natur Einhalt zu gebieten. Die Küstenorte sind größtenteils von der Landwirtschaft geprägt und können auf keine ruhmreiche Geschichte zurückblicken. Viele ihrer Namen sind arabischen Ursprungs, wobei das Präfix *Beni*, – Sohn des – vor dem Namen des ursprünglichen Bauernhofbesitzers steht.

Anders als andere spanische Volksgruppen haben die Valencianer wenig

Oben: Ananas-Anbau in der Huerta von Valencia. Rechts: Die valencianische paella gibt es in vielerlei Varianten.

folkloristische Tradition in Tänzen und Gesang. Es heißt, dies habe etwas mit ihrer Begeisterung für das Pulver zu tun. Es wurde von den Arabern in Europa eingeführt, die es als erste für militärische Zwecke nutzten.

In der *huerta* werden keine *fiesta*s gefeiert, die nicht mit Böllerschüssen und einem Feuerwerk enden: die *Fallas* von Valencia, die *Hogueras* von San Juan in Alicante oder die *Moros y Christianos* von Alcoy. Die Tradition ist dagegen in den Trachten lebendig geblieben – manch eine Valencianerin gibt einige Millionen (Peseten) für ihre *fallera* aus.

Sie lebt aber auch in den Musikkapellen und dem Festival der Habaneras in Torrevieja fort und prägt ganz besonders die Küche des Landes mit den ihr eigenen Gerichten.

Gastronomisch befinden wir uns im Land des Reises; über 20.000 ha werden hier kultiviert. Die Reisgerichte reichen von der berühmten *Paella* über den Reis nach Seemannsart im Süden bis zum gebackenen Reis mit Schweinefleisch.

Costa del Azahar

Azahar heißt die Blüte der Zitrusbäume, weiß, zwischen glänzenden grünen Blättern, mit einem durchdringendem Duft von intensivem Aroma. Es heißt, wenn man in der Dämmerung in einen Orangenhain gerate, könne man von einem Rausch befallen werden und erst am nächsten Morgen wieder zu sich kommen. Zur Blütezeit erfüllt der Duft die ganze Landschaft, und die Bäume, die gleichzeitig Früchte tragen, wirken wie aus dem Bilderbuch.

Der erste größere Ort ist **Peñiscola**, ein Felsen, der aus dem Meer herausragt, auf dem das von Mauern geschützte Städtchen liegt. Die Verbindung mit dem Festland ist ein beliebter Strand. Durch seine strategisch günstige Lage kam dem Ort schon immer eine besondere Bedeutung zu. Nach der Rückeroberung von den Mauren wurde er den Templern übergeben, die die Burg erbauten. Der Gegenpapst von Avignon, Benedikt XIII., Pedro de Luna, wollte sich der Macht Roms

nicht beugen. 1412 flüchtete er sich mit seinem Gefolge hierher und vergrößerte die Befestigungsanlage. Eine weitere Verstärkung wurde unter Philipp II. vorgenommen, und so hielt die Festung einigen Belagerungen im Erbfolge- und im Franzosenkrieg stand.

Benicasim ist der wichtigste Badeort der Costa del Azahar. Entlang der Strandpromenade stehen alte Villen, zwischen Hotels und Apartment-Häusern. Ganz in der Nähe, steil die Küstenberge hinauf, liegt die „Wüste der Palmen", wo inmitten üppiger Vegetation die Karmeliterinnen wie schon im 18. Jh. ihren Likör brauen. Vom Gipfel kann man bis zu den **Columbretes-Inseln** sehen, kleinen Vulkaninseln 50 km vor der Küste. Ihren Namen haben sie von den vielen Schlangen, die es dort gab, bevor man Schweine aussetzte, die sie vernichteten.

Oben: Weithin sichtbar ist die Templerburg auf dem Felsen von Peñiscola. Rechts: Bei den Fallas werden in Valencia kunstvolle Pappmaschee-Szenen verbrannt.

Castellón, Vila Real und Burriana bilden heute eine stark verstädterte Zone um den Hafen El Grau und die Millars-Mündung. Diese ruhigen Städte der *huerta* sind von Landwirtschaft und Industrie geprägt, und hier findet man noch gute, bodenständige Restaurants ohne Touristenaufschlag.

Inmitten von endlosen Orangenhainen ragen die Mauern von **Sagunto** empor. Es war einst iberische, römische und arabische Festung, wo die Iberer mit den verbündeten Römern gegen die karthagischen Angreifer kämpften (219 v. Chr.). Die Einwohner zogen den kollektiven Selbstmord einer Niederlage und Kapitulation vor. Polibio und Titus Livio verewigten die Geschehnisse in einem Heldenepos, und Rom belohnte die Treue der Sagunter damit, daß es die Stadt zu einem der großen Zentren der hispanischen Provinz machte.

Das römische Theater hatte Platz für über 8000 Zuschauer, und am Fluß stehen noch die Ruinen eines Amphitheaters. Die Funde der Ausgrabungen sind

im archäologischen Museum in der Festung ausgestellt. In der Altstadt ist noch das gut erhaltene Judenviertel sehenswert. Das moderne Sagunto ist heute stark von der Stahlkrise geprägt, denn fast alle Hochöfen sind stillgelegt.

VALENCIA

Kurz nach Sagunto verbreitert sich die Flußebene des Turia, und es beginnt die *huerta* von Valencia, in deren Mitte die drittgrößte Stadt Spaniens liegt. Der Fluß wurde in ein kompliziertes System von Bewässerungskanälen verwandelt. Die *huerta* ist dicht besiedelt, und alle Orte leben vom Obst- und Gartenbau.

Die wichtigsten sind das Kloster von **Puig**, Zentrum des valencianischen Nationalismus, **Monte Picayo**, wo sich zwischen Orangenhainen und Feriensiedlungen das Spielkasino befindet, und **Alboraya**. Letzteres ist bekannt für seine Chufa-Produktion, kleine Wurzelknollen, aus denen die in ganz Spanien beliebte *horchata* hergestellt wird, ein milchiges, erfrischendes Getränk mit einem ganz eigenartigen Geschmack.

Weiter östlich liegen **Manises** und **Paterna**, deren Keramik seit dem Mittelalter beliebt ist, und im Süden die Reishauptstadt **Sueca**. Die traditionellen Landhäuser dieser Gegend, die *barracas*, einfache Konstruktionen aus Lehm und Schilf, die Blasco Ibañez zu seiner gleichnamigen Novelle inspirierten, sind fast ganz verschwunden. Die gesamte *huerta* ist in den letzten hundert Jahren im Zuge der Industrialisierung von Grund auf umgestaltet worden.

Valencia ist die größte Stadt der spanischen Levante und ein wichtiges Einkaufszentrum. Aus allen umliegenden Dörfern strömen die Menschen herbei, um die Einnahmen aus der Apfelsinenernte hier wieder auszugeben. Die Stadt liegt am rechten Ufer des Turia, der ganz umgeleitet wurde, so daß das Flußbett zu einer riesigen Garten- und Parkanlage umgestaltet werden kann. Mit dieser Aufgabe ist seit längerem der katalanische Architekt Bofill betraut.

VALENCIA

Valencia hat sich in den letzten Jahrzehnten so weit ausgedehnt, daß es mit dem Hafen **El Grao** zusammengewachsen ist. Von der römischen, arabischen und Renaissance-Vergangenheit ist nur noch wenig übriggeblieben.

Die Innenstadt ist Valencias lebendiger Mittelpunkt. Alles trifft sich hier, trinkt Kaffee oder *horchata*, kauft ein und, so könnte man meinen, jeder kommt hier täglich mehrfach vorbei. Der Rathausplatz scheint ein Magnet zu sein. Gleich, wohin man geht, immer wieder landet man hier. Seine Gebäude sind mit Zinnen, Skulpturen und Tempelchen geschmückt.

Im **Rathaus** sind auch die Touristeninformation und das historische Museum untergebracht. Zu seinen wichtigsten Exponaten gehören die *Senyera*, die Standarte, die Jaime I. der Eroberer trug, als er 1238 die Stadt von den Arabern befreite; die Codizes der *fueros*, der städtischen Sonderrechte; Dokumente des *Consolat del Mar*, einer Art Seerechts-Kommission, und die *Taula de Cancis*, das älteste Dokument des Devisenhandels in Spanien.

In die Altstadt führt die Straße San Vicente, die der antiken Römerstraße von Rom nach Cádiz folgt. An der Stelle der **Kathedrale** stand früher der römische Diana-Tempel, später eine Moschee und seit der Rückeroberung durch El Cid 1095 eine christliche Kirche. Die Arbeiten zum heutigen Bau begannen 1262 und wurden im 15. Jh. beendet.

Vor dem gotischen Apostelportal versammelt sich jeden Donnerstag um 12 Uhr mittags das Wassertribunal, eine der altehrwürdigsten Einrichtungen der *huerta*. Dieses Gericht entscheidet noch heute alle Fragen der Bewässerung. Die sieben Verwalter, Repräsentanten der Ländereien, die von den sieben Kanälen des Turia bewässert werden, halten Gericht nach Anhörung der Beschwerden der Bauern, und gegen ihr Urteil kann keine Berufung eingelegt werden.

Wenn man die Kathedrale durch das romanische Portal del Palau betritt, steht man vor dem Grab von **Ausias March**, dem größten valencianischen Dichter. In der Santo Cáliz-Kapelle wird der heilige Gral aufbewahrt. Der Innenraum der Kathedrale ist vom Barock geprägt. Der achteckige Glockenturm, Torre del Micalet, stammt noch aus dem 14. Jh. Sein Umfang von 50,85 m entspricht genau seiner Höhe. 207 Stufen muß man zu den 12 Glocken erklimmen, die sieben ganze und fünf Halbtöne erklingen lassen.

Neben der Kathedrale steht die Kirche der **Virgen de los Desamparados**, der Jungfrau der Schutzlosen, die Patronin der Stadt. Nach ihr heißen viele Valencianerinnen Amparo, Schutz. An demselben Platz findet man den gotischen **Palacio de la Generalitat** (14. Jh.). Gotische Militärbauten sind die Quart-Türme und die Serranos-Türme, wo das Museo Marítimo untergebracht ist. Der Markt, Pl. del Mercado, ist von drei sehenswerten Bauten umgeben: Die **Llotja**, die ehemalige Seidenbörse, ist im 15. Jh. von der ältesten Bank Valencias, der Taula, errichtet worden. Der alte Vertragssaal soll in Zukunft das Ninot-Museum beherbergen. Den Mittelteil des Gebäudes bildet ein Turm, und im Renaissancetrakt war früher das Consolat del Mar untergebracht. Der **Zentralmarkt** ist ein modernistisches Gebäude aus den 20er Jahren. Insgesamt haben hier 1300 Stände auf 8000 qm Platz. Über der Kuppel weht die Wetterfahne in Gestalt eines Papageis. Als drittes schließlich die Kirche der **Santos Juanes**, eine der ältesten Pfarrkirchen der Stadt, die im 17. Jh. barock erneuert wurde. Hier soll der Schutzheilige der *huerta*, San Vicente Ferrer, bei einer Predigt ein Taschentuch in die Luft geworfen haben, das erst vor einem Haus in der Tapinería-Straße wieder zu Boden fiel. Dort war eine Familie kurz vor dem Hungertod und konnte auf diese wunderbare Weise gerettet werden. Ein Altarbild aus Kacheln erinnert daran.

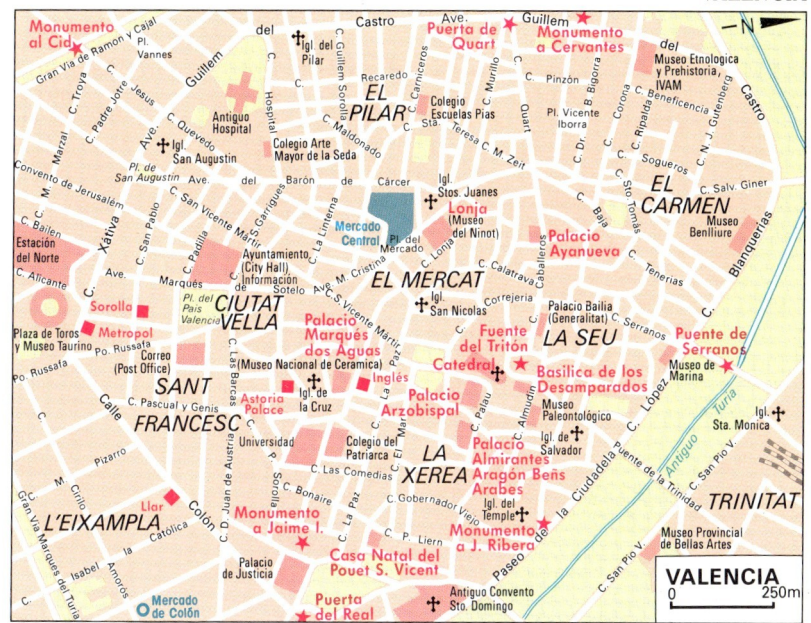

Zwischen dem Marktplatz und der Straße San Vicente liegt ein runder Platz, El Clot genannt. Er wurde 1831 angelegt, um Ordnung in das Chaos des Straßenhandels zu bringen, und hat mit seinen Bars und Kurzwarenläden seine ursprüngliche Atmosphäre bewahrt. Auch sonst ist die Innenstadt voller Lokale, Bars und Cafés, in denen man eine Schokolade mit Kürbis-Windbeuteln (*buñuelos de calabaza*), eine *horchata* oder natürlich eine Paella zu sich nehmen kann.

Unter den Museen Valencias ist das **Museum der Schönen Künste** hervorzuheben, das sich vor allem auf die Maler der valencianischen Renaissance und des Barock spezialisiert hat: Ribera, Ribalta, Masip und Juan de Juanes; aber auch „Fremde" wie El Greco, Goya, Velázquez, Van Dyck, Vicente López, Madrazo oder Maella. Auch im **Colegio del Patriarca**, einem Renaissance-Palast, ist eine Gemäldesammlung, wo Werke des 16. und 17. Jh. gezeigt werden.

Eine ganz besondere Sammlung birgt das **Keramikmuseum**. Neben spanischer Töpferkunst zeigt es auch orientalische und sächsische Sammlungen und Einzelstücke, die von Persönlichkeiten wie Benlliure oder Picasso signiert sind. Der am meisten bewunderte Raum ist aber die Rekonstruktion einer traditionellen Valencianer Küche. Dieses Museum befindet sich im **Palast des Marqués de Dos Aguas**, einem der schönsten Barockbauten des 18. Jh.. Sein Architekt, Ignacio Vergara, starb in geistiger Umnachtung, und man sagt, die Figuren des Portals würden seine innere Zerrüttung widerspiegeln.

Auf der anderen Flußseite findet man schließlich noch das valencianische Institut für Moderne Kunst, als **IVAM** bekannt, das Werke der spanischen Avantgarde zeigt, allen voran das Valencianer *Equipo Crónica*, ein Markstein in der spanischen Pop-Art.

Die Tradition des spanischen Comics, für die Valencia berühmt ist, schlägt sich in dem populären St. Josephs-Fest nieder, den *Fallas*. Straßen und Plätze der Stadt und der umliegenden Dörfer verwandeln

VALENCIA

sich in gigantische Comicstrips aus Karton. Allein in Valencia werden vom 15. bis zum 19. März über 3000 solcher Pappmonumente aufgestellt, die meist karikaturistische Inhalte haben. Sie werden prämiert, bevor sie in einem feierlichen Akt verbrannt werden. Nur eine Figur wird jedes Jahr im **Museo del Ninot** aufbewahrt. Die Feierlichkeiten werden begleitet von Blumenschmuck und Musik, unaufhörlichen Böllerschüssen und Feuerwerk.

Der Hafen und die Strände

Die Valencianer bevorzugen die Strände nördlich und südlich des Hafens El Grao. Trotz der manchmal zweifelhaften Qualität des Wassers lohnt ein Besuch wegen der zahlreichen Restaurants, in denen die beste Paella der Levante zubereitet wird. Der Strand von Malvarrosa gehört ganz der Jugend, und hier sind die Restaurants eher Bars und im Sommer die ganze Nacht geöffnet.

Die **Albufera**, auf arabisch „See", ist eines der wichtigsten spanischen Feuchtgebiete und ein wahres Vogelparadies. Sümpfe, Tümpel und der flache See werden bei Überschwemmungen vom Júcar und Turia gespeist. Die Flüsse führen so viel Schwemmaterial mit sich, daß die Fläche der Albufera seit der Römerzeit auf ein Zehntel geschrumpft ist. Die Trockenlegung für den Reisanbau hat diesen Prozeß noch beschleunigt, so daß die typische Fauna und Flora inzwischen gefährdet ist. Die große Lagune ist durch mehrere Kanäle mit dem Meer verbunden und hat kleine Häfen, an denen die mit Reis beladenen Boote anlegen.

Der Landstreifen, der sich zwischen Küste und Albufera erstreckt, heißt **El Saler**. Hier findet man zwischen schattigen Pinienwäldern die besten Strände der Umgebung, die außerhalb der Hochsaison kaum frequentiert sind: die Strände von Nazaret, von Pinedo, Saler und La Dehesa. Im Süden schließen sich weitere kilometerlange Strände an. Der kleine Ort **Cullera** an der Júcarmündung, unter einem pittoresken Felsen mit Burg und Wallfahrtskapelle gelegen, füllt sich im Sommer mit 100.000 Besuchern. **Gandía** ist Marktort der 30 Dörfer, die in seiner *huerta* liegen.

Der Landstrich wurde früher von Moriscos bewirtschaftet und stand unter dem Einfluß der aragonesischen Familie Borja, die sich von Fernando dem Katholischen den Adelstitel der Herzöge von Gandía gekauft hatte. Mit Einfluß und Geld stieg sie auch in der Kirchenhierarchie auf und gelangte so nach Italien. Sie ist durch Päpste, Heilige, wie den Jesuiten-General San Francisco, und durch Intriganten berühmt geworden. Cesare und Lucrezia Borgia, wie der Name in seiner italienischen Form lautet, waren uneheliche Kinder des Papstes Alexander VI. Der Niedergang der Familie wurde in Italien durch ihre politischen Widersacher, die Sforza, eingeleitet.

Der Herzogspalast der Borja in Gandía, ein schöner Bau im Renaissance-Stil, gehört heute den Jesuiten. In seinen prächtigen Sälen befindet sich ein Museum. Die Stiftskirche des Ortes dagegen ist in reiner katalanischer Gotik gehalten und hat ein sehenswertes Altar-Retabel von Damian Forment.

Auch **Játiva**, im Landesinneren gelegen, ist mit den Borjas verknüpft. Hier wurden die beiden Päpste geboren. In der Calle Montcada sieht man noch die alten Adelspaläste aus dieser Zeit. In der Kirche, von den Einwohnern Seu genannt, obwohl sie nie Kathedrale war, ist das Grabmal des Erzbischofs Juan Borja zu sehen. Den Renaissance-Altar schuf Ventura Rodríguez.

Játiva stand im Erbfolgekrieg auf seiten der Habsburger und wurde daher von Philipp V. mit Gewalt eingenommen. Er benannte den Ort in San Felipe um, und

Rechts: Noch gibt es Fischer, aber das Mittelmeer ist inzwischen fast leergefischt.

dieser Name blieb bis 1811. Die Burg, römischen Ursprungs, war lange Zeit Staatsgefängnis. Von ihr hat man den besten Blick auf den Ort und die *huerta*.

COSTA BLANCA

Mit der Sierra Aitana erreichen die Ausläufer des betischen Gebirgszugs, der ganz Andalusien durchzieht, den **Cabo de la Nao**, den südlichsten Punkt im Golf von Valencia. Ab Denia wird die Küste gebirgiger, die Landschaft karger. Die Mandelblüten, der Kalkboden und der weiße Sand haben ihr den Namen gegeben: die weiße Küste.

Denia, am Fuße des Mongó, gilt als Tor zur Costa Blanca. Der Ort hat eine malerische Altstadt, und oben in der Burg befindet sich das archäologische Museum mit Funden aus der römischen und arabischen Zeit. In der Umgebung gibt es sehenswerte Höhlen, wie die **Cova Tallada**, die bis 150 m unter den Meeresspiegel reicht, die Cova de l'Aigua oder die Cova del Camell.

Jávea liegt am Cabo de la Nao. Seine gotische Wehrkirche diente einst den Einwohnern als Schutz vor Piraten. Trotz zunehmender touristischer Erschließung findet man am Kap noch einsame, kleine Buchten und schöne Spazierwege durch die Kiefernwälder zum Leuchtturm oder zu einem alten Kloster. Weithin sichtbar erhebt sich weiter südlich bei **Calpe** der **Peñón de Ifach**, ein 328 m hoher Monolith.

Altea, zu dem steile Gassen mit Treppen hinaufführen, wird schon fast vom Sog des Moloch Benidorm aufgesogen. In seinem Hinterland liegen jedoch ruhigere Orte. Etwas außerhalb wachsen in einem Park Kakteen und subtropische Pflanzen.

Die Straße in die Sierra, Richtung **Alcoy**, das für sein *Moros y Cristianos*-Fest berühmt ist, führt über zahlreiche Brücken. Hier trifft man immer häufiger Anhänger eines ganz neuen Sportes, des *puenting*, ein wagemutiger Sturz von der Brücke in die Tiefe. **Guadalest**, an einem kleinen Stausee gelegen, ist gut befestigt,

VALENCIA

da es inmitten eines großen Felsmassivs versteckt liegt. Der Zugang gleicht der Kulisse eines Abenteuerfilms.

Alicante ist keine Stadt, in der man viel besichtigen kann; man spaziert über die Uferpromenade, setzt sich auf eine Terrasse, die Hochhäuser im Rücken, und läßt den Blick über das Meer schweifen, so wie jeden Winter hunderttausend Pensionisten aus ganz Spanien.

Die griechischen Gründer nannten die Siedlung Akra Leuka, die Römer Castrum Album; beides heißt weiße Festung. Um das Panorama von der Festung Santa Bárbara aus zu genießen, kann man den pensionistengerechten Aufzug auf den Berg Benacantil nehmen, gleich hinter dem Stadt-Strand Postiguet. Von dort schaut man auf die weiße Stadt, aus der die Türme der Renaissancekirche San Nicolás und der barocken Santa María herausragen.

Oben: Eine häufige Szene – gegen Abend setzen sich überall die Frauen zum Handarbeiten vor die Haustüren.

DIE LEVANTE

PROVINZ CASTELLÓN
(Telefonvorwahl 964-)

Unterkunft

CASTELLÓN: *LUXUS:* **Mindoro**, C/ Moyano 4, Tel: 222340. **Del Golf**, Playa del Pinar, Tel: 221950.
MITTELKLASSE: **Amat**, C/ Temprado 15, Tel: 220600. **Doña Lola**, C/ Lucena 3, Tel: 214011.
PEÑÍSCOLA: *LUXUS:* **Hostería del Mar**, Ave. Papa Luna 18, Tel:480600. **Papa Luna**, Ave. Papa Luna 6, Tel: 480760.
MITTELKLASSE: **Playa**, C/ Primo de Rivera 32, Tel: 480760. *EINFACH:* **El Prado**, Ave. Papa Luna 3, Tel: 480289.
BENICASSIM: *LUXUS:* **Azor**, P. Marítimo, Tel: 300350. **Trinimar**, Ave. Ferrándiz Salvador, Tel:300850.
MITTELKLASSE: **Tramontana**, P. Marítimo, Tel: 300300. *EINFACH:* **Benicasim**, C/ Bayer 50, Tel: 300558.
MORELLA: *MITTELKLASSE:* **Hostal Cardenal Ram**, Cuestra Suñer 2, Tel: 160000.

Museen / Sehenswürdigkeiten

PEÑÍSCOLA: **Castillo**: 10-19 Uhr.
CASTELLÓN: **Museo de Bellas Artes** und **Museo Etnológico**, 10-14 und 16-18 Uhr, Sa. 10-14, So. geschl. **Museo de Artesanía**, 10-13 und 16-18 Uhr, Sa. 10-13 Uhr, So. geschl.
MORELLA: **Museo Arciprestal**, 11-14 und 15-17 Uhr.
SEGORBE: **Museo Catredralicio**, 11-13, Mi. und Sa. auch 16-19 Uhr, So. geschl. **Museo Municipal**, Sa. 16-18 und So. 11-13 Uhr.

Restaurants

CASTELLÓN: **Mesón Navarro**, Pl. Tetuán 26. **Pairal**, C/ Dr. Fleming 24. **Nostra Casa**, C/ Isidro Villarroig 16. Tapabars in den Straßen Isaac Peral, Pl. Sta. Clara, Pl. de la Paz.
EL GRAO (Hafen): **Nina y Angelo**, Paseo Buenavista.

Information / Oficina de Turismo

Castellón: Oficina de Turismo, C/ María Agustina 5, Tel: 227703

PROVINZ VALENCIA
(Telefonvorwahl 96-)

Unterkunft

VALENCIA: *LUXUS:* **Sidi Saler Palace-Sol**, Playa del Saler, Tel:1610411. **Parador Luis Vives**, Carretera del Saler, Tel:1611186. **Astoria Palace**, Pza. Rodrigo Botet 5, Tel:3526737.
MITTELKLASSE: **Inglés**, C/ Marqués de Dos Aguas 6, Tel: 3516426. **Oltra**, Pza. del Ayuntamiento 4, Tel: 3520612. **Llar**, C/ Colón 46, Tel:

INFO: LEVANTE

3628460. *EINFACH:* **Bristol**, C/ San Martín 3, Tel: 3521176. **Hotel Continental**, C/ Correos 8, Tel: 3510926. **Alcázar**, Mosén Fernándes 11, Tel: 3529575.
ALZIRA: *MITTELKLASSE:* **Monasterio Aguas Vivas**, Ctra. Alzira-Tabernes km 11, Tel: 2589011.
CULLERA: *MITTELKLASSE:* **Carabela II**, Av. País Valenciano 61, Tel: 1724070. *EINFACH:* **Hostal El Cordobés**, Ctra. del Estany, Tel: 1722323. **Hostal La Reina**, Av. País Valenciano 73, Tel: 1720563.

Museen / Sehenswürdigkeiten
VALENCIA: **Museo Bellas Artes**, 10-14 und 16-18 Uhr, sonn- und feiertags 10-14, montags geschlossen. **Museo de la Catedral y Miguelete**, 10-13 und 16-18 Uhr, November bis März 10-13 Uhr.
Museo del Patriarca, 11-13.30 Uhr. **Museo de Prehistoria y Etnológico**, 10-14 und 16.30-18.30 Uhr, sonn- und feiertags 10-14 Uhr, montags geschlossen. **Museo Fallero**, geschlossen, zieht um. **Palacio de Dos Aguas**, geschlossen. **IVAM** (Instituto Valenciano de Arte Moderno), 11-20 Uhr, montags geschlossen. **Casa-Museo José Benlliure**, 10-13 und 16-18 Uhr, samstags 10-13 Uhr, sonn- und feiertags und montags geschlossen. **La Lonja**, 10-14 und 16-18 Uhr, sonntags 10-13.30 Uhr, samstags und montags geschlossen.
GANDÍA: **Palacio Ducal**, 10-12 und 17-19 Uhr (im Winter 11-12 und 17-18 Uhr).
SAGUNTO: **Castillo** und **Teatro Romano**, 10-20 Uhr, (Winter: 10-14 und 16-18 Uhr), So. 10-14 Uhr, Mo. geschl.

Restaurants
VALENCIA: **Larraz** (Reisspezialitäten), Ave Navarro Reverter 16. **Rue de la Paix**, C/ Paz 58. **Casa Vella**, C/ Roteros 25. (Die Straße Roteros ist voller Lokale). **La Forqueta D'Or**, C/ Rubén Vela 17. **Gure Etxea**, C/ Almirante Cadarso 6. **La Lluna** (vegetarische Küche), C/ San Ramón 23. **Gárgola**, C/ Caballeros 8. Restaurante **Palace Fesol**, C/Hernán Cortés 7. Restaurante **Játiva**, C/Játiva 14. Restaurante **la Taula**, C/ Pascual y Genís 3. Restaurante **Gula-Gula**, Na Jordana 3.

Information / Transport
VALENCIA: **Oficina Municipal de Turismo**, Pza. del Ayuntamiento 1, Tel. 3510417, 8.30-14.30 und 16-18.30 Uhr, samstags 9-13 Uhr. C/ de la Paz 48, Tel: 3524000.
Flughafen 8 km außerhalb, Tel: 3709500. **Iberia Information**, Tel: 3519737. Hafen von Valencia (Grao), 4 km vom Zentrum. **Passagierhafen Auskunft**, Tel: 3236512. **Cía Transmediterránea**, Tel: 3676512. **Bahnhof-Information** Renfe. Tel: 3513612. **Ferrocarrils Generalitat Valenciana**, C/ Cronista Rivelles, Tel: 3472669. **Busbahnhof**, Avda. Menéndez Pidal, Tel: 3497222.
Stadtverkehr: Es gibt vier Bahn-Linien, die von den Dörfern der Huerta bis zum Hafen gehen.
SAGUNTO: **Oficina de Turismo**, Pl. Cronista Chabret, werktags 9.30-14 und 16-18.30 Uhr, im Sommer bis 20 Uhr und Samstag 10-14 und 17-20 Uhr, sonntags 10.30-13 Uhr.

PROVINZ ALICANTE
(Telefonvorwahl 96-)
Unterkunft
ALICANTE: *LUXUS:* **Gran Sol**, Ave. Méndez Núñez 3, Tel: 5203000. **Meliá Alicante**, Playa Postiguet, Tel. 5205000. *MITTELKLASSE:* **Cristal**, C/ López Torregrosa 9, Tel: 5209600. *EINFACH:* **Bahía**, C/ Gravina 14, Tel: 206522.
BENIDORM: *LUXUS:* **Delfín**, Playa de Poniente - La Cala, Tel:5853400. **Avenida**, C/ Martínez Alejos 5, Tel: 5854100.
EINFACH: **Mar Blau**, C/ San Pedro 20, Tel: 5851646. **Iris**, C/ La Palma 47, Tel: 5853129.

Museen / Sehenswürdigkeiten
ALICANTE: **Castillo Sta. Barbara**, 10-20 Uhr, im Winter 9-19 Uhr. **Museo de Arte 20. Jh.**, 10.30-13.30 und 18-21 Uhr, Okt.-April, 10-13 und 17-20 Uhr, Mo. geschl. **Kathedrale**, 8-12.30 und 18-20.30 Uhr, So. 9-13.45 Uhr. **Monasterio de Sta. Faz** (4 km Richtung Valencia), 10-13 und 16-20 Uhr, Wochenende geschlossen.
ALCOY: **Museo de Moros y Cristianos** (im Casal de San Jordi), Di.-Fr. 11-13, 17.30-20 Uhr.

Restaurants
ALICANTE: **Dársena**, Muelle del Puerto. **Regina**, Ave. Niza 19, Playa de San Juan. **La Tapeta**, Serrano 7. **Delfín**, Explanada de España 15. **Nou Manolín**, C/ Villegas 3.
BAHÍA: **Carretera de Alicante** s/n.
BENIDORM: **La Caserola**, Ave. Bruselas 7. **La Cocina**, Ave. Alcoy s/n.
CALPE: **Capri**, Ave. Gabriel Miró. **El Girasol**, Carretera de Moraira km 1.
DENIA: **El Pegolí**, Playa les Rotes. **Mesón Troya**.

Information / Transport
ALICANTE: **Oficina de Turismo**, Pl. de la Explanada 2, Tel: 5212285 und Plaza del Ayuntamiento 1, Tel: 5205100 und 5200000.
Passagierschiff-Linien: Minicruceros, Marítima de Formentera, Tel: 5206129. Alicante - Ibiza, Transmediterránea, Tel: 5206011. Isla Tabarca, Tel: 5283736.
BENIDORM: **Oficinas de Turismo**, Ave. Martínez Alejo 16, Tel: 5853224 und Ave Marina Española, Tel: 5853075. **Post**: C/ Las Herrerías.

MURCIA

OSTANDALUSIEN

MURCIA
GRANADA
JAÉN
ALMERÍA
DIE ALPUJARRAS
MÁLAGA
GIBRALTAR

MURCIA

Die üppigen *huertas* der Levante dehnen sich bis in das Tal des Segura und die kleine autonome Region Murcia aus. Dahinter erheben sich die Sierras des betischen Randgebirges, und hier beginnt Andalusien mit seinen acht Provinzen, die sich von der Wüste von Almería bis zu den regenreichsten Gebirgen Spaniens in der Sierra von Cádiz, vom Mittelmeer bis zum Atlantik, von der Sierra Nevada bis zum Guadalquivir-Becken erstrecken.

Von Alicante führt die Straße durch Obstgärten und Palmenhaine. Mehr als 100.000 Dattelpalmen prägen nicht nur die Landschaft, sondern spielen auch für die Wirtschaft der Stadt **Elche** eine wichtige Rolle. Ein Spaziergang durch den „Priestergarten" **Huerto del Cura** gibt einem das Gefühl, man sei in Afrika.

Im August wird in der Kirche **Sta. María** alljährlich *El Misteri* aufgeführt, ein mittelalterliches Theaterstück, das das Wunder der Himmelfahrt Mariä darstellt. Dabei schweben die Schauspieler an Seilen oder anderen mechanischen Vorrichtungen aus der Kirchenkuppel herab.

Unweit von Elche liegt **La Alcudia**, jene Ausgrabungsstätte, wo 1897 der als

Links: Eine verdiente Rast im Schatten nach getaner Arbeit.

Dama de Elche berühmt gewordene Frauenkopf aus der Ibererzeit gefunden wurde. Das Original hat man damals für 4000 Peseten dem Louvre verkauft. Heute ist der Frauenkopf wieder im Prado-Museum in Madrid.

Auf derselben Straße weiter gelangt man ins Tal des Segura, der oft das ganze Tal überschwemmt. Deshalb sind die Häuser unten vom Schlamm braun gefärbt. **Orihuela** ist die Heimat des Dichters Miguel Hernández. Sein aristokratisches Ambiente und seine klerikale Prägung sind einzigartig in dieser Gegend. Von seiner wohlhabenden Vergangenheit zeugen zahlreiche Kirchenbauten, darunter **Santiago** und die gotische Kathedrale **El Salvador** mit einem noch aus der Romanik stammenden Kreuzgang, sowie Sta. Justa und Sta. Rufina. Im Renaissancebau des Colegio Sto. Domingo mit der Barockkirche war einmal die **alte Universität**. Im Museum der Kathedrale ist das Bild *Die Versuchung des Thomas* von Velázquez neben Werken von Morales oder Juan de Juanes zu sehen. Vom **Seminar San Miguel** (15. Jh.) bietet sich ein Rundblick über die Stadt.

Flußaufwärts am Segura liegt die Stadt **Murcia**, deren Gründung auf die Anfangszeit der Maurenherrschaft zurückgeht, als sie Hauptstadt des gleichnamigen Königreiches war. 1266 wurde sie

MURCIA

von Jaime I. von Aragón erobert und wurde bald darauf Eigentum der Krone von Kastilien.

Die maurische Vergangenheit zeigt sich in den Gärten der Aulandschaft. Sie konnten nur durch die Kunstfertigkeit der arabischen Ingenieure entstehen, die es mit Stauseen und einem komplizierten System von Kanälen, Bewässerungsgräben und Schöpfbrunnen möglich machten, daß das Flußwasser bis zur letzten Parzelle gelangte. Einige dieser Konstruktionen sind noch in Gebrauch, beispielsweise die Ñora, wenige Kilometer außerhalb. Das **Museum der Huerta de Alcantarilla** dort bietet einen anschaulichen Einblick in die Tradition des Gartenbaus.

Der Segura war schon immer die Basis für den Reichtum der Region, und er bildet auch eine wichtige Achse im Stadtgefüge. Ein Spaziergang entlang des **Malecon** führt von den üppigen Gärten, der *huerta*, bis ins Gewirr der Altstadtgassen. Ist man auf dem begrünten, zum Fluß hin offenen Platz La Glorieta angekommen, hat man bereits das Stadtzentrum erreicht. Ihn umrahmen die Fassaden des Rathauses und des Bischofspalastes. An der Rückseite schließt sich der Platz Cardenal Belluga mit der Kathedrale an.

Die Schönheit Murcias spiegelt die Üppigkeit der Umgebung. Das Barock prägt den Großteil der historischen Gebäude, von denen die **Kathedrale** das bedeutendste ist.

Sie entstand im 15. Jh. auf den Ruinen der alten Hauptmoschee. Ihr Äußeres, im Barock des 18. Jh. gehalten, mit geraden und geschwungenen Linien, vorspringenden und zurückversetzten Flächen, voller Bewegung und Theatralik, bildet einen starken Gegensatz zum nüchternen, von der Gotik geprägten Innenraum. Die zahlreichen Seitenkapellen gehörten den mächtigsten und berühmtesten Gemeindemitgliedern; besonders sticht die der Familie Velez hervor, die außen mit Steinketten geschmückt ist.

Am Kirchenportal fällt ein riesiges Bild des San Cristobal auf, der hier wie Gulliver in den Meeren Liliputs dargestellt ist. Neben den unzähligen Kunstwerken, die in der Kirche und in ihrem Museum zu sehen sind, gibt es auch noch Urnen zu bewundern. In einer ist für Liebhaber des Morbiden das Herz von Alfons X. dem Weisen aufbewahrt, in anderen die sterblichen Überreste der vier Märtyrer von Cartagena.

In der Umgebung der Kathedrale bilden die Straßen der Lumpen- (*Trapería*) und Silberhändler (*Platería*) die Hauptschlagadern im Gewirr der alten Gassen. Hier ist der richtige Ort zum Bummeln, Einkaufen oder für den einen oder anderen Cafébesuch.

MURCIA

ANDALUSIEN-OST
0   50km

Mitte des letzten Jahrhunderts erbaute die wohlhabende Bourgeoisie der Stadt das **modernistische Casino** (eine Art Klub), ein kurioses Durcheinander von Stilrichtungen: ein nasridischer und ein neoklassizistischer *Patio*, ein Ballsaal à la Versailles und eine Damentoilette, die mit ihren Engelchen und Wolken eher den Eindruck himmlischer Sphären vermittelt als den hygienischer Zweckmäßigkeit. Das Casino wird nach wie vor genutzt und strahlt immer noch die dekadente Atmosphäre der Jahrhundertwende aus.

Murcia ist heute mit 300.000 Einwohnern eine moderne Groß- und Universitätsstadt, voller lärmender Betriebsamkeit während des Studienjahrs, im Sommer dagegen ruhig und provinziell. Das wichtigste Fest der Stadt ist die Karwoche. An den Prozessionen nehmen die Laienbrüderschaften (*cofradías*) von Jesus und die der Schwarzen, die *coloraos*, teil, tragen die Prozessionsfiguren, die *pasos*, und verteilen Bonbons und hartgekochte Eier, auf deren Verpackung Verse stehen, einige davon auch mit erotischem Inhalt und anderen Anzüglichkeiten, die die Zuschauer auf durchaus unfromme Weise amüsieren.

Sehr anschaulich stellte der Holzbildhauer Salzillo die Gebräuche und Moden der Bewohner der *huerta* im 18. Jh. dar. Das **Salzillo-Museum** in der Jesuskirche zeigt acht Prozessionsszenen (*pasos*) und viele Krippenfiguren.

COSTA CÁLIDA / MAR MENOR

Costa Cálida und Mar Menor

Ganz anders empfängt die Küste Murcias den Besucher. Während das Hinterland karg, einsam und verlassen ist, hält der moderne Ferientourismus die Küste besetzt. Für jeden Geschmack ist etwas dabei: Fischerdörfer, Salinen, Apartementblocks, Sandstrände, auf denen schon kein Plätzchen mehr frei ist.

Der erste Ort nach Alicante ist das Fischerdorf **Sta. Pola**. Es hat eine Festung aus dem 16. Jh., die zur Verteidigung gegen die einfallenden Berber-Piraten diente, und – was man sich auf keinen Fall entgehen lassen sollte – ausgezeichnete Restaurants, die alle möglichen Reisgerichte, Schalentiere, Fischrogen oder Thunfisch anbieten.

In einer halben Stunde erreicht man mit dem Boot die **Insel Tabarca**, im 18. Jh. von 600 Genuesen bewohnt, die von Piraten auf der tunesischen Insel Tabarca gefangen gehalten und hierher entflohen waren; sie nannten die Insel Neu-Tabarca. Heute zählt sie 126 Einwohner, die fast alle vom Fischfang leben. Tabarca lockt mit zahlreichen kleinen Buchten und mit einer kulinarischen Spezialität: *arroz caldero*, einem ausgezeichneten Reisgericht.

Weiter südlich liegt das Mündungsgebiet des Segura. Das Schwemmmaterial, das er mit sich führt, ist um **Guardamar** auf über 15 km zu riesigen Dünen aufgetürmt, die mit Pinien bepflanzt sind. Der Hafenort **Torrevieja**, umgeben von den weißen Salzbergen der Salinen, hat mit den Hochhausburgen des Tourismus seinen Reiz verloren. Weniger überfüllte Strände findet man südlich der Stadt, in der Dehesa de Campoamor oder der Punta del Gato.

Die Küste Murcias, die Costa Cálida, beginnt mit dem Mar Menor, einem 170 qkm großen Salzwassersee, dessen Wasserzufuhr vom Mar Mayor, dem Mittelmeer, kommt. Er ist durch eine 22 km

Oben: Für manche Urlauber ist Angeln die richtige Erholung. Rechts: Häuserzeile in Cartagena – für Autos ungeeignet.

lange Sandbank fast vollständig vom Meer abgetrennt. *La Manga* (Ärmel) nennt man diesen Streifen, der inzwischen so mit Beton verbaut ist, daß der Zugang zu beiden Meeren kaum noch möglich ist. Die ursprünglich attraktive Landschaft kann man lediglich noch im Nordteil bei den **Encañizadas de la Torre**, el Ventorrillo und Salinas genießen, dort, wo die Fische dadurch gefangen werden, daß sie in die labyrinthartigen Schilfbeständen getrieben werden.

Die hohen Außen- und Wassertemperaturen (18 Grad im kältesten Monat), die geringe Wassertiefe und der hohe Salzgehalt (50%) verleihen dem Wasser des Mar Menor heilende Kräfte. Bei Vivero oder der Isla del Ciervo kann man Schlammbäder nehmen. Ansonsten ist dieses Meer zum Baden kaum geeignet, eher zum Waten.

Während die Manga jährlich etwa 500.000 Sommergäste zählt, kann man an der Binnenseite des Mar Menor noch beschaulichere Sommerfrischen finden, wie in **San Pedro del Pinatar**, **Santiago de la Rivera** oder **Los Alcázares**, wo Villen noch den Flair der Jahrhundertwende ausstrahlen und Badestege mit Holzhäuschen ins Wasser führen.

Ganz im Süden, auf dem Kap, liegt das kleine Fischerdorf **Cabo de Palos** mit seinem fast 100 m hohen Leuchtturm und zahlreichen guten Lokalen. Hier beginnt ein steiler Küstenabschnitt, gefolgt von Buchten, Dünen und Stränden, die in einem Naturschutzgebiet liegen und wo man noch einsame Badestrände entdecken kann.

Die Bergbau-Stadt **La Unión** erlebte ihre Blütezeit Ende letzten Jahrhunderts. Aus dieser Epoche stammen einige sehenswerte modernistische Gebäude: der Markt und die Casa del Piñón. Am Markt findet jeden August ein Musikfestival statt. Dies ist eine gute Gelegenheit, um einige der hier verbreiteten Flamenco-Arten kennenzulernen: *Tarantas, Mineras, Cartageneras*.

Ein Abstecher führt uns in die Küstenberge nach **Portman**. Schon in ältester Zeit wurde hier Zink und Blei abgebaut. Die verlassenen Minen und das Gelb, Violett und Grau der Erde ergeben eine ungewöhnliche Komposition. Der *Portus Magnus*, der alte römische Hafen, liegt in einer von Bergbauabfällen zugeschütteten Bucht. Trotz seiner Verschmutzung hat der Küstenabschnitt dieser Gegend seinen ganz eigenen Reiz.

Cartagena

Kurz vor Cartagena liegt Cartago Nova. Es wurde an der Stelle einer iberischen Siedlung vom Karthager Hasdrubal, einem Schwiegersohn des Hamilkar Barkas, im 3. Jh. v. Chr. gegründet. **Cartagena** ist eine dynamische Großstadt mit wichtigen Industrien (Werft, Raffinerie, Metallverarbeitung), einem bedeutenden Handelshafen und einem großen Militärstützpunkt. Es lebt jedoch auch in der Erinnerung an seine ruhmreiche Vergangenheit, die in der strategisch günstigen Lage des Hafens und den nahen Minen begründet liegt.

Vom Park auf dem Esculapio-Hügel mit der Burg, die nach der *Reconquista* aus römischen und mittelalterlichen Materialien wieder aufgebaut wurde, überblickt man die Stadt. Unter dem heutigen Cartagena liegt eine römische Siedlung, die an einigen Grabungsstellen wieder zum Vorschein kommt. In der Calle Duque 28 und auf dem Tres Reyes-Platz sind Mauer-, Straßen-, Wohnhaus- und Wasserleitungsreste zu sehen. Im 19. Jh. war die Stadt eine der wenigen Enklaven, die sich von der napoleonischen Besatzung befreien konnten. Das hatte eine starke Zuwanderung zur Folge, und mit mehr Arbeitskräften konnten die Minen noch intensiver ausgebeutet werden.

Der Reichtum der Minen finanzierte später auch hier modernistische Gebäude wie das Rathaus, das Casino, das alte Café España in der Calle Mayor sowie die Casa Maestre. Die historische Bedeutung der Stadt demonstrieren das Archäologische Museum und das Nationale Zentrum für Submarine Archäologie (am Hafen).

Vor **Aguilas** gibt es eine Reihe schöner, einsamer Strände. Der Ort liegt an zwei Buchten, durch einen Felsen voneinander getrennt, wo die Ruinen einer Festung aus dem 16. Jh. ruhen. Aguilas wurde im 18. Jh. entsprechend den städtebaulichen Grundsätzen der Aufklärung geplant und angelegt. Seine zahlreichen hervorragenden Fischlokale laden zum Einkehren ein.

Von Murcia in die Berge

Nach Murcia lassen wir die fruchtbare Ebene hinter uns und kommen in die kargeren Ausläufer der Sierra de Espuña. Zu ihren Füßen liegt **Totana**, ein Zentrum des Töpferhandwerks. Seine Häuser scharen sich um die Santiago-Kirche aus

Rechts: In einer Töpferei bei Lorca – fast jede Region hat ihre eigene Keramik.

dem 16. Jh. Vorbei an der Kirche Santa Eulalia (13. Jh.), geht es weiter Richtung **Aledo**, ein Dorf, das seinen mittelalterlichen Charakter bewahrt hat. Es wird vom Burgturm der Calahorra und von der Sta. María-Kirche überragt. Im 11. und 12. Jh. war Aledo Eigentum des Santiago-Ritterordens, und schon *El Cid* hat hier Station gemacht.

Lorca kann auf eine ruhmreiche Vergangenheit zurückblicken: gegründet von den Iberern, unter den Römern die Kolonie mit dem schönen und klangvollen Namen *Heliocroca*, Stadt der Sonne, unter den Mauren ein unabhängiges *Taifa*, bis die Christen es einnahmen und sich der Ländereien bemächtigten; im 16. bis 18. Jh. schließlich ein wichtiges kulturelles und Verwaltungszentrum, das sogar über eine Universität verfügte.

Die Stadt zieht sich über den Südhang des Caño bis in die Ebene hinunter und wird von seiner arabischen Burg beherrscht. Ein Großteil der Mauern und die Türme Alfonsina und El Espolón sind noch erhalten. Auf dem Weg zurück in die Stadt kommt man zuerst durch ein einfaches Wohnviertel mit arabisch geprägten Häusern. Weiter unten liegt die Plaza de España mit der Stiftskirche (16.-18. Jh.) und dem Rathaus. Im untersten Ortsteil findet man die neueren Kirchenbauten und die eindrucksvollen Renaissance- und Barockfassaden der prächtigen Adelspaläste mit Wappen, die auf eine mächtige Land-Oligarchie von Latifundienbesitzern hinweisen. Eine Attraktion Lorcas sind die Feierlichkeiten in der Karwoche, in der Einheimische Kostüme historischer Personen tragen.

Von **Puerto Lumbreras**, einem Ort, der fast nur aus Keramikgeschäften zu bestehen scheint, führt eine Straße nach Granada, eine andere nach Almería. Richtung Granada geht es durch eine hügelige Landschaft mit dichter Macchia und Ölbäumen nach **Velez Rubio** mit den Türmen und Kuppeln seiner barocken Kirche, die den Namen *Encarnación*

trägt. Das Ortsbild ist geprägt vom Kontrast zwischen dem schlichten Weiß der einfachen Häuser und dem Prunk des Klosters **San Francisco** sowie einiger Adelspaläste.

Velez Blanco, am Fuß des Berges Maimón Grande, wird von einer imposanten Festung überragt. Man kann sie zwar besichtigen, aber um den Renaissance-Innenhof aus weißem Marmor zu bewundern, müßte man nach New York fahren, wo er seit 1964 im Metropolitan Museum ausgestellt ist. Von hier oben überblickt man das ganze Dorf, die Santiago-Kirche und das Kloster San Luis, beide im 16. Jh. mit Mudéjar-Elementen gestaltet. Ein alter Volksbrauch ist hier noch lebendig, die *cuadrillas de ánimas*, Musikgruppen, die mit ihren Instrumenten singend durch das Dorf ziehen.

Nicht weit von Velez Blanco beginnt der Naturpark der **Sierra de María**, eine grüne Insel inmitten der halb wüstenhaften Landschaft. Der Ort María liegt auf über 1000 m Höhe, umgeben von Pinienwäldern. Los Alaminos und La Piza sind zwei beliebte Ausflugsziele. Die artenreiche Flora bietet hier einige äußerst seltene Pflanzenarten, in den mittleren und tieferen Lagen ausladende Pinienwälder, in den höheren Steineichenwälder. Viele Vogelarten haben in dieser Umgebung ein schützendes Reservat gefunden, darunter Königs- und Zwergadler, Habichte und Sperber.

Diese Gegend war schon in vorgeschichtlicher Zeit von Menschen bewohnt, was Funde und Wandmalereien in einigen Höhlen beweisen, so etwa in der Cueva de Ambrosio, am Cerro de las Canteras oder in den Cuevas de los Letreros. Weiter westlich, in Orce bei **Venta de Micena**, fand man 1982 die Skelettreste des sogenannten Menschen von Orce, der vor 1.400.000 Jahren gelebt haben soll.

In **Baza**, dem iberischen Basti, hat man in der Nekropolis am Cerro del Santuriano die „Dame von Baza" entdeckt. Sie befindet sich heute nicht mehr am Ort, sondern im archäologischen Museum in Madrid. In Baza kann man die Stiftskirche, den Brunnen mit den goldenen Häh-

GRANADA

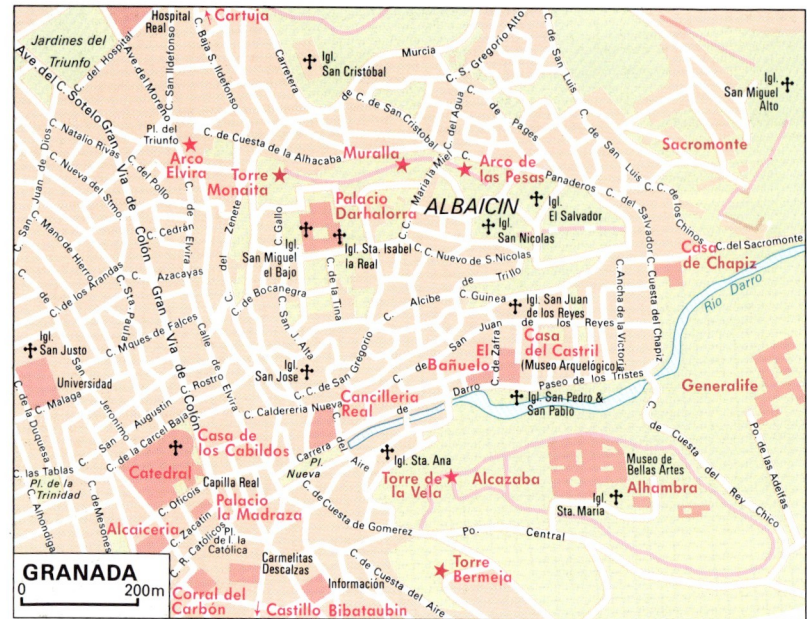

nen und den Palast der Herzöge von Obrantes besichtigen.

Von hier aus ist es nicht mehr weit nach **Guadix**, das an der Kreuzung der Straßen von der Küste ins Landesinnere und von Ost- nach Westandalusien liegt. Deshalb ließ der römische Kaiser Augustus hier eine Militärkolonie namens *Julia G. Acci* anlegen. San Torquato und die sieben Missionare sollen – so heißt es in der Überlieferung – der Siedlung das Evangelium verkündet und sie zur ersten christlichen Gemeinde auf spanischem Boden gemacht haben. Die heutige Kathedrale stammt jedoch aus der Zeit der Renaissance und des Barock, geplant wurde sie von Diego de Siloe.

Ganz in der Nähe befindet sich die Santiago-Kirche aus dem 16. Jh. Über die alte maurische *medina* ragt die **Alcazaba**, in jüngster Zeit leider nicht sehr gelungen restauriert. Von dort hat man einen wunderbaren Blick auf das Höhlenviertel, einen ausgedehnten und dicht besiedelten Ortsteil, wo die weiß gekalkten Schornsteine direkt aus der Erde zu wachsen scheinen und die Terrassen die Dächer der Nachbarn sind. Die Tonschicht, die das gesamte Becken von Guadix bedeckt, ist wasserdicht und schützt hervorragend gegen die extremen Außentemperaturen. In diesen Höhlen, die in die vielen kleinen Hügel gegraben sind, leben auch einige der Töpfer, die die volkstümliche Keramik von Guadix aus rotem, unglasiertem Ton herstellen.

Am 9. September findet alljährlich das Fest des *Cascamorras* statt. Es ist überliefert, daß 1490 einem Mann aus Guadix in Baza die Jungfrau erschienen ist. Daraufhin wollte er die Marienfigur mitnehmen, was die *Bastetanos* (aus Baza) aber verhinderten. Jedes Jahr versuchen die *Accitanos* (aus Guadix) nun, die von ihrem Mitbürger entdeckte Figur zu bekommen, und schicken den *Cascamorras*, eine bunt bekleidete Gestalt mit einer Keule.

Rechts: Der Generalife, die Alhambra und die schneebedeckte Sierra Nevada sind Wahrzeichen Granadas.

Wer in Guadix einkehrt, sollte das Sherry-Lamm (*cordero al jerez*) oder geschmortes Rebhuhn und zum Nachtisch „Himmelsspeck" (*tocinos de cielo*) probieren.

GRANADA

Granada – eine Stadt, die sich vor dem Hintergrund der schneebedeckten Gipfel der Sierra Nevada in einem fruchtbaren Tal über sanfte Hügel ausbreitet. Doch zunächst empfängt uns die lärmende Neustadt mit ihrem Gewirr aus Beton und Autoverkehr. Die traditionsbewußten Granadiner scheinen sich alle Mühe zu geben, sie genau so chaotisch zu gestalten wie ihre maurischen Vorfahren. Wo die Hochhäuser den Blick noch freigeben, erspäht man die wunderbare Silhouette der ursprünglichen Siedlung mit den Palästen und Wohngebäuden der Mauren. Dort ist Granada immer noch eine der schönsten Städte der Welt.

Auf dem Sabica-Hügel liegt die **Alhambra**, was auf arabisch die Rote heißt, nicht wegen der Farbe des Gebäudes, das früher weiß bemalt war, sondern wegen der roten Erde, die den Palast umgibt und damals noch nicht von Bäumen bewachsen war.

Die Alhambra war die Königsstadt der Nasriden-Dynastie, die hier im 14. und 15. Jh. sieben Paläste erbauen ließen. Sie waren von einer starken Verteidigungsmauer mit Wehrtürmen umgeben, die auch den militärischen Bereich der Alcazaba mit einschloß. Die **Alcazaba** stand hier schon vor den Palästen der Nasriden; die Grundmauern der Kriegerquartiere, der Bäder, des Kerkers und der Stallungen sind noch zu sehen.

Vom **Torre de la Vela** aus hat man einen wunderbaren Blick auf die Stadt, die sich samt ihrer Geschichte vor einem auftut: Gegenüber liegt der **Albaicín**, wie auch andere alte Stadtviertel von einer eigenen Mauer umgeben. Unter den Mauren war er ein von Handwerkern dicht besiedeltes Viertel, das noch heute seinen arabischen Charakter zeigt. Hier findet man auch die **alte Alcazaba**, Königsresidenz der Dynastie vor den Nasriden. Unterhalb des Albaicín lag die *medina*, das Handelsviertel, das die Hauptmoschee umgab. Dahinter erstreckten sich noch weitere Stadtviertel, darunter auch das alte Judenviertel.

Nach der Rückeroberung vergrößerten die christlichen Herrscher die Stadt bis hinunter in die Flußauen und errichteten die Kathedrale dort, wo vorher die Moschee gestanden hatte. Karl V. baute seinen Palast in der Alhambra; er ist einer der edelsten Profanbauten in der ganzen Welt und in Spanien völlig einzigartig. Dieses Juwel der Hochrenaissance, dessen Bau im Jahre 1526 in Angriff genommen wurde, beherbergt heute das Museum für maurische Kunst und das Museum der Schönen Künste.

Die besterhaltenen Paläste der Alhambra sind der Comares-Palast von Yussuf I. (1333-54) und der Löwenpalast seines Sohnes Mohamed V. (1354-91). Später wurden sie zu einem Komplex zusammengeschlossen. Im Comares-Palast stand einst der Thron des Königs unter der Kuppel des Turms, die die sieben Himmelreiche darstellte. Dort empfing er die Botschafter, die durch den Hof der Arrayanes eintraten und gleich von dem überwältigenden Reichtum geblendet werden sollten.

Der Wohnbereich lag rings um den Löwenhof, den *Patio de los Leones*, mit den zwölf Löwen, dem Brunnen und einem Wald von Bögen auf schlanken Säulen, die zauberhafte Lichteffekte auf die gekalkten Wände werfen. Beidseitig befinden sich Säle mit überwäligenden Mocárabe-Decken: der Saal der *Abencerrajes*, wo der Legende nach die Mitglieder der gleichnamigen Adelsfamilie vom König geköpft worden sind; der Saal der zwei Schwestern (*Sala de los dos hermanas*), der nach den beiden schönen Marmorplatten auf dem Boden benannt ist; und der *Mirador de Daraxa*, der zum Harem führte und heute ein Renaissance-Hof ist. Daneben liegen die Bäder.

An den Partal-Gärten, die an Versailles erinnern, findet man den Thronsaal von Mohamed III., weiter oben die Fundamente der Paläste von Mohamed II. und Yussuf III. Durch die Gärten mit ihren Myrten, Zypressen und Lorbeerbäumen, mit ihren Rosen-, Veilchen- und Nelkenbeeten, an den Turm-Palästen Torre de las Infantas und Torre de la Cautiva vorbei, gelangt man zum **Generalife**, der Sommerresidenz der arabischen Könige, die oberhalb der Alhambra im Nordosten liegt und deren üppige Gärten mit Wasserspielen eher romantisch als arabisch wirken.

Der Weg auf den **Albaicín** führt zunächst in ein enges, undurchschaubares Straßengewirr mit kopfsteingepflasterten Gassen, weiß angestrichenen Häusern und hohen Mauern – dieses Ensemble macht auf den Betrachter einen Eindruck, der ihn in längst vergangene Zeiten zurückversetzt. An die Araber erinnern gewundene Gassen, Zisternen, Häuser und Mauern. Man erreicht das Viertel über die Plaza Nueva, die den Darro-Fluß überdeckt und von der **Chancillería Real** beherrscht wird. Das war der oberste Gerichtshof der Katholischen Könige, dessen Fassade schon Elemente des aufkommenden Barock aufgreift. Hinter der Mudéjar-Kirche Sta. Ana tritt der Darro ans Tageslicht und fließt an der Casa de Castril mit dem archäologischen Museum und dem Paseo de los Tristes vorbei, gleich unterhalb der Alhambra, wo man an heißen Sommerabenden vor kleinen Lokalen sitzen kann und den einzigartigen Ausblick genießen kann.

Über die Cuesta del Chapiz gelangt man zum **Sacramonte**, einem Zigeunerviertel mit Höhlenwohnungen. Hier ist noch die Tradition des Flamencos lebendig und Vorführungen für Touristen werden angeboten. Weiter oben, auf der Plaza de Aliatar, trifft man sich gern bei

Rechts: Ein „Wald" von Säulen umgibt den berühmten Löwenhof der Alhambra.

Schnecken und Wein. Links die San Salvador-Kirche, deren Innenhof noch von einer alten Moschee stammt.

Von hier gelangt man über die Calle Panaderos zur *Plaza Larga*, seit Maurenzeiten ein Händler- und Handwerkerzentrum, mit dem Arco de las Pesas, einem Bogen, an dem die falschen Gewichte der Händler aufgehängt wurden.

Über die Straßen Aljibe de la Gitana und Callejón de las Monjas erreicht man den einzigen arabischen Palast, der im Albaicín erhalten ist: den **Darhalorra-Palast** (15. Jh.), der der königlichen Familie gehörte und viel von dem ursprünglichen Bau aus dem 15. Jh. bewahrt hat, vor allem die dekorativen Bögen zwischen den einzelnen Räumen und die bemalten Holzdecken. Die Gasse Callejón del Gallo führt zum Platz San Miguel Bajo mit seiner gleichnamigen Kirche und seinen Cafés und Bars. Unweit davon liegt die von den Katholischen Königen erbaute Kirche mit dem Kloster **Sta. Isabel la Real**. Der Platz vor der Mudéjarkirche San Nicolás bietet einen herrlichen Ausblick auf die Alhambra, die Sierra und den unteren Teil der Stadt.

Die Unterstadt wurde von den christlichen Eroberern erbaut. Die Katholischen Könige begannen mit dem Bau der **Kathedrale**, die erst nach 181 Jahren eingeweiht wurde. Deshalb ist der Grundriß gotisch, die Hauptfassade von Alonso Cano jedoch bereits barock.

Da die Katholischen Könige am Ort ihres gemeinsamen Sieges begraben sein wollten, ließen sie die königliche Kapelle, ganz im isabellinischen Stil, an die Kathedrale anbauen. Hier befinden sich das Grabmal von Fernando und Isabel, gestaltet von Fancelli, und das von Johanna der Wahnsinnigen und Philipp dem Schönen, von Ordóñez geschaffen. Ein wahres Meisterwerk ist das Altarretabel von Bigarny.

In den arabischen Städten befindet sich der *Zoco* neben der Moschee; hier in Granada sind lediglich schlecht restaurierte Reste des Seidenmarktes erhalten, der **Alcaiceria**, wo heute granadinisches Kunsthandwerk verkauft wird.

Gegenüber, wenn man die Straße der Reyes Catolicos überquert, die über dem bis vor kurzem noch offenen Flußbett verläuft, findet man den **Corral de Carbón**, ein Gasthaus aus muselmanischer Zeit. Auf der Pl. de Bibarrambla wurden früher Turniere abgehalten, heute kann man hier zwischen Blumenständen vor einem Café sitzen und sich mit Schokolade und *Churros* (in Fett ausgebackene Teigkringel) stärken.

Außerhalb der Stadtmauern ließen die Katholischen Könige ein Armenkrankenhaus errichten, das **Hospital Real**, mit dem Grundriß eines griechischen Kreuzes. In den Seitenschiffen waren die Kranken untergebracht, in der Vierung, von überall einzusehen, stand der Altar. In Ainadamar (Quelle der Tränen) hatten die Mauren ihre Sommerhäuser, heute ist es ein eher ärmliches Wohnviertel. Hier bauten die Kartäuser über drei Jahrhunderte lang an einem Kloster: **La Cartuja**.

Oben: Blick auf Jaén mit endlosen Olivenplantagen im Hintergrund.

Neben vielen Musik- und Theaterfestivals ist das wichtigste Kirchenfest des Jahres Fronleichnam, das außergewöhnlichste aber das Heiligkreuz-Fest am 3. Mai, wenn in der ganzen Stadt geschmückte Kreuze aufgestellt werden.

Eine halbe Stunde fährt man von Granada in die **Sierra Nevada** mit den höchsten Gipfeln der iberischen Halbinsel, dem Mulhacén und dem Veleta, beide um die 3500 m. Bis weit in den Frühling hinein gibt es hier Schnee, so daß sich das südlichste Skigebiet Europas mit etwa 50 km Pisten großer Beliebtheit erfreut und sich optimistisch auf die Weltmeisterschaft 1995 vorbereitet.

JAÉN

Geén heißt auf arabisch Karawanen-Station; auch die Heere machten hier Rast auf dem Weg zur Schlacht von Navas de Tolosa (1212), in der Alfons VIII. große Teile Andalusiens eroberte, oder vor der Schlacht von Bailén (1808), in der Napoleon seine erste Niederlage hinnehmen mußte. **Jaén** wird von der hoch über der Stadt thronenden Burg Sta. Catalina beherrscht, die völlig erneuert und zum Parador ausgebaut wurde. Im Stadtviertel Barrio de la Magdalena, am Fuße des Burgberges, mit engen, aus maurischer Zeit stammenden Gassen, befinden sich die unterirdischen Bäder des Maurenkönigs Alí. Sie sind besonders gut erhalten und weitläufig (470 qm) und gehören damit zu den interessantesten arabischen Bädern Spaniens. Darüber erhebt sich der Palast von Villadonpardo. Im selben Viertel liegen auch die Klöster Sto. Domingo, ehemals Universität mit schönem Renaissance-Innenhof, und Sta. Clara (13. Jh.), in dem der „Bambuschristus" gehütet wird, der aus den Kolonien stammt.

Die Renaissance-Kathedrale mit ihrer Barockfassade wurde von dem Baumeister Vandelvira entworfen und erbaut; im Inneren ist der kostbarste Schatz der Schrein mit dem Schweißtuch der Veronica, in das sich das Gesicht Christi eingeprägt haben soll.

Das moderne Jaén ist eine von der Franco-Zeit geprägte Stadt, die vor allem die Funktion eines Verwaltungszentrums erfüllt. Das Provinzmuseum zeigt archäologische Funde, widmet sich aber auch der Kunst, insbesondere Alonso Cano.

Von hier lohnt sich ein Ausflug nach Nordosten durch schier endlose Olivenhaine zu den rivalisierenden Städtchen Baeza und Ubeda. **Baeza**s Schönheit läßt sich kaum in Worte fassen. Gleich am Ortseingang überrascht die **Plaza del Pópulo** mit dem Löwenbrunnen und der Statue der Imilce, Frau des Hannibal. Um den Platz wurden im 16. Jh. diverse Renaissancebauten errichtet: das Schlachthaus und das Appellationsgericht, **Casa del Pópulo** genannt. Die beiden Bögen Puerta de Jaén und Arco de Villarlar wurden zu Ehren von Kaiser Karl V. errichtet, ersterer nach seiner Verlobung (1526), letzterer nach seinem Sieg im *Comuneros*-Aufstand.

Der **Paseo de las Murallas** ist ein Spazierweg über das Tal des Guadalquivirs, der schon Antonio Machado, der 1912-19 hier Lehrer war, zu melancholischen Versen inspirierte. Baeza ist ein Landarbeiter-Städtchen, und man erzählt sich, daß Machado, als er hier ankam und nach dem Schuldirektor fragte, die Antwort bekam, dieser sei in „Agonie". „Um Gottes Willen!", soll es ihm entfahren sein, aber man beruhigte ihn. Es war eine Landarbeiterkneipe damit gemeint. Solche Lokale gibt es auch heute noch. Hier beklagt man sich immer gegenseitig über das schlechte Wetter und die miserablen Ernten.

Viele der heutigen Landarbeiter sind Nachfahren von Landadeligen, *hidalgos*, Besitzer ausgedehnter Olivenhaine, die ihre vornehme Vergangenheit angesichts ihrer jetzigen Lebensweise lieber verschweigen. Sie und die Tagelöhner arbeiten in den kältesten Monaten des Jahres bei der mühevollen Olivenernte, und das Land blutet langsam durch die Abwanderung aus.

Die Plaza **Sta. María** erinnert daran, was Baeza im 16. Jh. war. Eine große Treppe führt zu dem gewaltigen Renaissancebau der **Kathedrale** empor; an der Seite befindet sich ein noch gotischer Eingang im Mudéjar-Stil, die Puerta de la Luna. Innen ist eine eindrucksvolle barocke Monstranz zu sehen. Gegenüber der Kathedrale zeigt uns das **Seminario de San Felipe Neri** nicht nur eine prächtige isabellinische Fassade, sondern auch ein Dokument der alten Rivalität zwischen Baeza und Ubeda: Ein Graffito auf der Fassade aus dem 17. Jh. zeigt den Bischof von Ubeda auf einem Nachttopf.

Auf einem kleinen Platz, etwas weiter unten, finden wir einen Querschnitt durch die Architektur: die romanische Kirche Sta. Cruz mit ihren beiden Trichterportalen, der isabellinische Jabalquinto-Palast mit üppiger Fassaden-Dekoration, einem Renaissance-Innenhof und einer Barocktreppe, und die alte Universität mit ma-

JAÉN

nieristischer Fassade, heute eine Schule und Sommeruniversität. Sehenswert auch das Rathaus, das – kaum vorstellbar bei seinem äußeren Prunk – als Gefängnis errichtet wurde.

Ubeda liegt in Sichtweite ebenfalls über dem Fluß – eine Stadt ganz aus Stein, eine Ode an die Renaissance, im Sommer ein Glutofen und im Winter kalt und trist. Es fällt schwer, in Ubeda eine Sehenswürdigkeit herauszuheben. Die ganze Stadt ist geprägt von den Bauten Vandelviras.

Gleich am Ortsrand liegt ein großes Gebäude mit hohen Türmen, das manieristische Santiago-Hospital, mit Kirche und zweigeschossigem Arkadenhof. Die Plaza de Sta. María wurde mit dem Reichtum der Familie de los Cobos gestaltet. Die **San Salvador**-Kirche, von Vandelvira und Diego de Siloe, wurde als Mausoleum für Don Francisco de los Cobos geschaffen, den Sekretär von Karl V. Der anschließende Palast, heute Parador, war das Pfarrhaus.

Am anderen Ende des Platzes befindet sich das Rathaus mit seiner ausgewogenen neoklassizistischen Fassade. Die Kirche **Sta. María** gegenüber ist auf den Grundmauern der ehemaligen Moschee errichtet, der gotische Kreuzgang war ein Vorhof. Etwas weiter oben liegt der Marktplatz mit der gotischen San Pablo-Kirche auf der einen Seite und dem alten Rathaus auf der anderen.

Nicht weit davon findet man auch die Casa Mudéjar, das archäologische Museum, die Casa de los Salvajes, der Wilden, nach den Relief-Figuren auf der Fassade benannt, und das Karmeliterkloster, in dem San Juan de la Cruz (der hl. Johannes vom Kreuz) gestorben ist, außerdem die Casa de las Torres mit zwei wuchtigen Türmen und platereker Fassade und die arabische Mauer. Wenn man durch die Puerta del Losal hinunter ins Stadtviertel San Millán geht, findet man

Oben: Auf dem Land ist der Esel noch das zuverlässigste Transportmittel. Rechts: Mojácar mit seinem übereinander geschachtelten Häuserberg.

LA IRUELA

in der Calle Valencia noch einige sehenswerte Werkstätten der früher einmal zahlreichen Töpfer.

Vor den Bergketten von Cazorla und Segur liegt der Ort **Cazorla**, von zwei Festungen bewacht, der maurischen und der Yedra-Burg. Hier malte Zabaleta die *Sierra*, und bis hierher kam Vandelvira, um die Sta. María-Kirche zu bauen.

Gleich daneben liegt **La Iruela**, dessen Burg die Fortsetzung eines spitzen Felsens bildet. Es ist das Tor in den Naturschutzpark der Sierra de Cazorla. Ausgedehnte Steineichen- und Schwarzkiefernwälder ziehen sich bis auf 2000 m Höhe, Eichhörnchen springen über den Weg, auf einem Felsen zeichnet sich die Silhouette einer Bergziege ab. Andere Tierarten sind schwieriger zu beobachten: Wildschweine, Mufflons, Adler, Falken, Hirsche und besonders der vom Aussterben bedrohte Bartgeier. Ein Parador auf 1400 m Höhe kann der Ausgangspunkt für herrliche Wanderungen sein.

Die Straße führt zunächst hinauf zur Sägemühle von Vadillo, von dort geht es zu Fuß zum Teufels-Wasserfall. Dann erreicht die Straße die Brücke de las Herrerías, von der es heißt, sie sei in einer Nacht gebaut worden, um Isabel der Katholischen den Weg zur Eroberung Granadas zu erleichtern. Weiter oben führt ein Feldweg zur Cañada de las Fuentes, wo der Guadalquivir entspringt. Weiter unten, beim Essigturm, Torre de Vinagre, und der Fischzucht kann man zu Fuß am Río Borosa entlang zum Jagdgehege von Elías oder zum Wildpark wandern.

Der Parkausgang im Norden liegt bei Tranco. Die Straße führt am Tranco-Stausee vorbei, in dessen Fluten das Dorf Bujaraiza verschwunden ist; nur noch seine arabische Burg schaut aus dem Wasser hervor. Gegen Abend kann man hier die Hirschrudel aus dem Wald zur Tränke kommen sehen.

ALMERÍA

Hinter Aguilas beginnt Andalusien, und zwar jener Teil, der immer zu den am wenigsten erschlossenen Gebieten Spa-

CABO DE GATA

niens gehörte. Wie ganz Ostandalusien ist Almería ein gebirgiger Landstrich, wo die Berge bis an die Küste reichen. Die kleinen Dörfer haben weiß gekalkte Häuser und vielfach Höhlenwohnungen, die in die wasserundurchlässige Tonschicht gegraben sind.

Ihnen verdankt der Ort **Cuevas de Almanzora** seinen Namen, im Mündungsdelta des Almanzora gelegen, dessen Bett hier, wie bei allen Flüssen der Region, eine *rambla* ist, also meist ausgetrocknet, jedoch von Zeit zu Zeit nach schweren Regenfällen überschwemmt.

In **Antas** bei Vera befindet sich die Ausgrabungsstätte einer der wichtigsten prähistorischen Siedlungen der Halbinsel: *Argar*, wie auch die Agrar-Kultur der Bronzezeit genannt wird, die hier vor etwa 3700 Jahren lebendig war.

Die Strände in dieser Gegend bis zum Cabo de Gata sind weit und kaum überfüllt. Hier liegt auch der Strand von **Palomares**, wo 1966 der Tourismus-Minister Francos, Manuel Fraga, heute Präsident Galiziens, ein viel publiziertes historisches Bad nahm: Es galt zu demonstrieren, daß die drei Atombomben, die ein US-Flugzeug verloren hatte, das Wasser nicht kontaminiert hatten.

Die Orte **Garrucha** und **Mojácar** sind Fischerdörfer ohne Massentourismus. Die Neubauten entstanden an den Stränden und ließen die alten Ortskerne intakt. Mojácar hat enge, von den Morisken angelegte Gassen. Die Bevölkerung ist noch tief in der Tradition verwurzelt, und bis vor kurzem trugen die Frauen noch Schleier vor dem Gesicht.

Der Naturschutzpark Cabo de Gata

Die Küstenstraße ist einsam und malerisch, oft von Burgen bewacht. 30 km südlich von Mojácar liegt die **Playa de los Muertos**, ein feiner Sandstrand, über Fußwege vom Barranco del Horno aus erreichbar, wo der Naturschutzpark des Cabo de Gata mit seinen vulkanischen Felsformationen beginnt. Die Straße zum Kap führt jedoch nicht am Meer entlang, sondern man muß ab Carboneras im Landesinneren nach Nijar fahren, von wo kleine Sträßchen in das Naturschutzgebiet führen.

Zwischen den Bergen des Cabo de Gata und der Sierra de Alhamilla liegen die Campos de Nijar, eine trockene Ebene, in der heute moderne Plastikplanen für das Frühgemüse das Land bedecken.

Der Ort **Nijar**, an den Hängen der Sierra de Alhamilla gelegen und von einem Wachtturm überragt, ist für seine Kunsthandwerks-Tradition sehr berühmt: grünblaue Keramik und Fleckerlteppiche (*harapos*). Die Frauen des Ortes schneiden die bunten Stoffreste mit der Hand zurecht, und diese werden dann in den Webereien, die man auch besichtigen kann, verarbeitet.

Der **Naturschutzpark Cabo de Gata** erstreckt sich über 26.000 ha. Der innere Teil ist eine öde, glutheiße Landschaft, in der nur wenige Pflanzen überleben können: die Zwergpalme, die Kermeseiche, der wilde Ölbaum, der Mastixstrauch, der Brustbeerbaum und der Feigenkaktus; in den wenigen Oasen dann und wann ein Palmenhain.

Der Mensch hat über Jahrhunderte gekämpft, um sich dieser Umwelt und dem gleißenden Licht anzupassen, aber, man sieht, er hat aufgegeben. Verlassene Bauernhöfe, *cortijos*, weisen auf eine ehemals dichtere Besiedlung hin. In einem davon, El Fraile, hat sich das Drama ereignet, das García Lorca zu seiner Tragödie „Bluthochzeit" inspirierte. Die Geschichte offenbart viel über das erdverbundene Leben der Menschen hier in der Zeit um 1933: der Raub der Braut durch einen früheren Freier und der gewaltsame Tod im Zweikampf mit dem Bräutigam.

Windmühlen, Zisternen, Brunnen und Wasserräder zeigen noch, daß früher Ge-

Rechts: Hier werden Fischerboote zum Auslaufen klargemacht.

ISLETA DEL MORO

treide angebaut wurde. Von **Fernán Pérez** gelangt man über das verlassene Dorf Higo Seco und die alte Goldmine von Rodalquilar zu einem herrlichen Sandstrand, dem **Playazo von Rodalquilar**. An der Küste leben bedeutend mehr Menschen. In **Las Negras** und in **San José** finden sich trotz des steinigen Strandes sogar einige touristische Einrichtungen. Umfährt man diesen Küstenabschnitt mit dem Schiff, entdeckt man viele reizvolle Buchten, die vom Land aus völlig unzugänglich sind.

Isleta del Moro ist ein typisches Fischerdorf mit weißen Häusern, Fischerbooten am Strand und dem öffentlichen Waschhaus auf dem Hauptplatz. Am anderen Ende der Bucht liegt die Playa de los Escullos, mit einer Steilküste aus weißem porösen Fels; von dort sieht man die beiden Felsen von Isleta, von denen die Einheimischen sagen, sie glichen einem Wal und seinem Kind. Von diesen Stränden legten im 16. Jh. die Schiffe Philipps II. ab, um gegen die Türken zu kämpfen. Für ihren Bau war ein Großteil der Wälder der Sierra de Cabrera abgeholzt worden.

Die schönsten Strände und Steilküsten findet man zwischen San José und dem eigentlichen Kap. Ein schlechtes Sträßchen führt zuerst zur Playa de Monsul und etwas weiter zum Strand der Genuesen, die hier ihre Schiffe mit maurischer Seide beluden, die die Karawanen aus Granada hierher transportiert hatten. Nur noch auf Fußwegen sind die folgenden einsamen Buchten zu erreichen. Hier beginnen die unvorstellbar bizarren Felsformationen des Arrecife de las Sirenas.

Dahinter, von der anderen Seite wieder über schmale Sträßchen zugänglich, liegen die Salinen und die Strände von **Torregarcía**. Hier soll 1502 das Bildnis der *Virgen del Mar* angeschwemmt worden sein, und in fast allen Dörfern dieser Gegend wird am 15. oder 16. August der Jungfrau in einer Prozession auf dem Meer gehuldigt. Neben der Kapelle in Torregarcía kann man Ausgrabungen einer römischen Fabrik sehen, in der Fisch eingepökelt wurde.

DIE WÜSTE VON TABERNAS

Durch die Wüste

Der schnellste Weg von Vera nach Almería führt durch die Wüste. Gebirgszüge schirmen dieses Gebiet an allen Seiten vollständig vor dem Küstenregen ab. Während die Gegend immer trockener wird, überraschen einen in **Los Molinos del Río de Aguas**, 5 km vor Sorbas, „Wasserspiele". Ein kurzer Fußweg führt zu Bächen, die glänzende Felsen umfließen, Wasserschildkröten sonnen sich, und die Vegetation sprießt.

Sorbas liegt malerisch auf einem Tafelberg, die weißen Häuser über dem Abhang gebaut, in den Steilwänden die Türen der Höhlenwohnungen. Die Einwohner stellen Keramik aus rotem Ton her. In der Umgebung gibt es Karsthöhlen, Dolinen und unterirdische Seen von unbeschreiblicher Schönheit. Sie sind nicht für Besucher hergerichtet, und auf eigene Faust sollte man sie nicht ohne geeignete Ausrüstung erkunden.

Die Alcazaba von **Tabernas** war eine der letzten Bastionen der Araber gegen die *Reconquista*. Ganz in der Nähe befindet sich heute die größte europäische Versuchsstation für Solarenergie.

Westlich von Tabernas beginnt der Kern der Wüste, eine Mondlandschaft von etwa 2200 qkm, von tiefen Tälern zerfurcht, die nach Wolkenbrüchen von reißenden Wassermassen ausgewaschen wurden. Obwohl es scheint, als könne hier überhaupt nichts leben und wachsen, ist das Gebiet ein einzigartiges Reservat afrikanischer Fauna und Flora. Es gibt über 2500 Pflanzenarten, von denen einige im Frühjahr wunderschön blühen. Ein Paradies für Reptilien, wie Rotschwanz-Eidechsen und Vipern, für Skorpione und Vögel, wie Turmfalken, Steinkäuze, Schleiereulen, Rebhühner, Grasmücken und Hänflinge.

An der Abzweigung der Straße nach Granada kann man über ein kleines

Oben: In der Wüste von Tabernas stehen Geisterstädte aus den Westernfilmen der 60er Jahre. Rechts: Blick von der Burg hinunter auf Almería.

Sträßchen nach Südosten zum Colativí (1369 m) hinauffahren. Von dort bietet sich ein beeindruckender Rundblick über die Wüste, das Campo de Nijar und die Küste.

Die Landschaft und die Lichtverhältnisse sind der Wüste von Arizona so ähnlich, daß hier in den 60er und 70er Jahren ein zweiter „Wilder Westen" entstand. Weltberühmte Filme, vor allem unzählige Western, wurden hier gedreht. Die Kulissen sind geblieben und tun jetzt bei den Stunt-Vorführungen für Touristen immer noch ihren Dienst.

Wer sich dagegen für die Vorgeschichte interessiert, sollte ein Stück weiter südlich einen Abstecher nach **Sta. Fé de Mondújar** machen. Ganz in der Nähe, in **Los Millares**, wurden Überreste einer Kultur ausgegraben, die vor etwa 4700 Jahren in der Übergangszeit vom Neolithikum zur Bronzezeit in Andalusien und der Levante existierte. Wo heute die Wüste von Tabernas liegt, muß damals der bevölkerungsreichste Landstrich gewesen sein. Man kann noch gut die Spuren eines Dorfes erkennen, umgeben von einer Mauer, Grundmauern von Rundhäusern, Türmen und Brunnen, daneben eine Nekropolis mit mehr als hundert Megalith-Gräbern.

Almería

Über viele Jahrhunderte war **Almería** nur vom Meer aus zugänglich. *Al-mariya* heißt auf arabisch Meeresspiegelung. Der Hafen ist von einem malerischen Palmen-Park gesäumt, der sich vom Fischerviertel bis zum Stadtzentrum erstreckt und das Flair nordafrikanischer Kolonien ausstrahlt.

Unter Abdarrahmán III. (10. Jh.) war Almería wichtigster Hafen und Arsenal des Kalifats von Cordoba, später 100 Jahre lang sogar ein eigenes *Taifa*. Von diesem maurischen Almería ist vor allem die Alcazaba erhalten geblieben, die Festungsanlage, die Abdarrahmán III. auf einem Hügel über der Stadt errichten ließ. Die Türme Torre del Homenaje, de la Justicia und de los Espejos, die Bastei des Espolón und Reste von ehemals drei Mauerringen lassen den Umfang dieser Anlage erahnen.

Die heutige Kirche San Juan war die Haupt-Moschee, von der noch die Gebetsnische erhalten ist. Die Kirche liegt im Stadtviertel Almedina mit seinem arabischen Gassengewirr zwischen der Alcazaba und dem Hafen.

Die Kathedrale ist halb gotisches Gotteshaus, halb Festung, die Schutz vor den Berber-Piraten bot. Ein Spaziergang in der Umgebung der Kathedrale bringt uns zu dem hübschen, kleinen Platz von Bendicho oder zu der arkadengesäumten alten Plaza, der Pl. de la Constitución, mit dem Rathaus.

In der Umgebung der Puerta de Purchena, auf dem Paseo de Almería und der Calle des las Tiendas spielt sich ein Großteil des städtischen Alltags ab. Wenn man das Zentrum durch die Puerta de Purchena Richtung Westen verläßt, gelangt man in ein Viertel mit ganz typischen eingeschossigen Häusern, in Pastellfarben gestrichen. La Chanca, ein weiteres Wohnviertel zwischen dem Fischereihafen und der Alcazaba, präsentiert sich dagegen im grellen Weiß der kleinen kubischen Häuser und Höhlenwohnungen.

Almerías Klima ist das ganze Jahr über mild. Im Sommer finden Musik-, Flamenco- und Jazz-Veranstaltungen statt, und die Küche von Almería präsentiert sich in zahllosen Bars und Restaurants mit Fisch, Schalentieren und anderen traditionellen Gerichten.

Costa de Almería und Costa Tropical

Die Ausläufer der Sierra de Gador reichen bis ans Meer, und noch heute ist es schwierig, Almería Richtung Westen zu verlassen. **Aguadulce**, 13 km entfernt, ist Almerías Sommerfrische. Am Sporthafen

Rechts: Die erdgedeckten Dächer der Häuser in den Alpujarras werden gleichzeitig als Terrassen genutzt.

tummelt sich in den Sommernächten die Jugend der ganzen Provinz in Bars und Discos. Die Küste ist gesäumt von mehr oder weniger gelungenen Feriensiedlungen, *urbanizaciones*.

Jenseits von Aguadulce treten die Berge etwas zurück; davor liegt das Campo de Dalías, bis vor kurzem nur von Macchia bedeckt und von Ziegenherden bevölkert. Heute haben sich auch hier die Plastikplanen der Frühgemüse-Pflanzungen breit gemacht, das Obst und Gemüse wird nach ganz Europa exportiert.

Die Menschen leben weit verstreut und haben die typische Bauweise der Alpujarras beibehalten, der Gegend, aus der sie zugewandert sind. Das Zentrum ist **El Ejido**, ein Ort, der mit dem ökonomischen Aufschwung durch den Gartenbau völlig ungeplant gewachsen ist. Südlich davon liegt die Siedlung **Almerimar**, die Hotels, Strände, einen Sporthafen und einen Golfplatz bietet.

Von hier fährt man am Meer entlang weiter. Die Steilküste läßt nur kleine Buchten offen. Größere Strände gibt es erst wieder in Castell de Ferro und in Carchuna. Von La Rábita aus führt ein Abstecher in die Berge nach **Albuñol**, wo ein milder Küstenwein angebaut und ausgeschenkt wird.

Motril, wichtigster Ort des Granadiner Teils der Costa del Sol, liegt im Flußtal des Río Guadalfeo, wo früher Zuckerrohr angebaut wurde, das die Araber eingeführt hatten. Man sieht noch einige verlassene Zuckerfabriken und Rumdestillen. Das Klima ist tropisch, so daß in jüngster Zeit besonders auch Avocados und Chirimoyas kultiviert werden; der Küstenabschnitt wird deshalb oft auch als *Costa Tropical* gepriesen.

Direkt an der Küste liegt **Salobreña** auf einem steilen Felsen, der zum Strand hin steil abfällt. Es lohnt die Mühe, die engen Gassen durch die strahlend weißen Häuserzeilen hinaufzuklettern, bis zu der gut restaurierten arabischen Burg, von der man die ganze Küste überblickt.

Auch in **Almuñecar** reichen die Berge bis unmittelbar an die Küste. Die Strände sind schön, aber voll. Die Altstadt liegt auf einer Anhöhe, wo vor 2800 Jahren die Phönizier die Siedlung Sexi gründeten. Die archäologischen Funde schließen zwei phönizische Nekropolen und eine große Pökelfabrik der Römer ein, in der man noch die Vielzahl von Becken sehen kann, in denen der Fisch 21 Tage lang in Salzlauge liegen mußte. Das archäologische Museum zeigt eine umfassende Sammlung von phönizischen und römischen Funden. Am Ortsrand, fast von den tropischen Bäumen verdeckt, stößt man auf einen 7 km langen römischen Aquädukt, der heute noch in Gebrauch ist.

DIE ALPUJARRAS

Vor der imposanten Bergkette der Sierra Nevada erstrecken sich parallel zur Küste riesige, breite Hochtäler, in der Provinz Almería geformt durch den Río Andarax, in Granada durch die Flüsse Guadalfeo und Yator: **die Alpujarras**. Hier lebten die letzten Araber, die Moriscos, bis sie 1570 ganz vertrieben wurden. Häuser und Dörfer erinnern noch an die arabische Vergangenheit. Das Gebiet war bis vor kurzem abgeschieden und viele alte Bräuche sind in der Bevölkerung noch lebendig. Hier sieht man Bauern, die gegen Abend mit dem Esel nach Hause reiten, schwarz gekleidete Frauen mit Kopftuch, Wunderheiler und Gesundbeter, die Traditionen repräsentieren und noch leben, die in anderen Gegenden Spaniens längst verschwunden sind.

Von der Küste beginnt man den Aufstieg in die Sierra de Gador. **Berja** liegt in einer hübschen Landschaft, in der die weißen Dörfer von kahlen Hügeln herab ins grüne Tal schauen. Überall wird Wein angebaut, und im Herbst taucht das Laub des Weins das Land in goldene Farben. Zum Wein ißt man den guten Bergschinken und, wie überall in den Alpujarras, *migas* (geröstete Brotwürfel).

Nördlich von Berja wird die Straße enger und windet sich durch blaue Magnesiumton-Hügel. Dieses wasserundurch-

DIE ALPUJARRAS

lässige Material dient in den Alpujarras zum Abdecken der Flachdächer. Schließlich gelangt man in das Hochtal, wo westlich ab Ugíjar die pittoreske Alpujarra Granadina beginnt.

Im Osten kommt man in die Alpujarra Almeriense. **Laujar** ist bereits ein typisches moriskisches Dorf mit weißen, erdgedeckten Häuschen. Von hier aus kann man über Paterna und Bayarcal nach Norden die Sierra Nevada Richtung Guadix und Granada durchqueren. Auf einer Höhe von 1995 m erreicht man schließlich den Paß, den **Puerto de la Ragua**, wo eine frische Quelle sprudelt. An der Nordseite beginnt der Abstieg in die Markgrafschaft von Zenete, eine weite Ebene mit Getreidefeldern.

Bald sieht man auf einem Hügel auch die Burg des Markgrafen **La Calahorra**, dem Marqués Rodrigo de Mendoza, der als aufständischer Edelmann hierher verbannt wurde. „Nicht aus freiem Willen" ließ er an den Eingang der Burg schreiben, die er 1510 in der Rekordzeit von sieben Jahren erbauen ließ. Das spartanische Äußere steht im Kontrast zum palastartigen Inneren. Der Carrara-Marmor und die mythologischen Themen und Pflanzenmuster der Dekoration waren eine Neuheit: Hier steht die erste Renaissance-Burg Spaniens. Damals war die Ebene eine grüne Gartenlandschaft mit Bäumen. Nachdem man die Morisken vertrieben hatte, fällten die neuen christlichen Siedler die Baumbestände und führten die Kulturen ein, die man heute hier sieht.

Alpujarra Granadina

Zu diesem Teil der Alpujarras zählen über dreißig Dörfer in dem geschlossenen Hochtal zwischen dem Südhang der Sierra Nevada und den Küstengebirgen.

Rechts: Der Schinken von Trevélez reift ein Jahr in der trockenen Bergluft. Rechts außen: „Die guten ins Töpfchen...".

Die Alpujarra Alta ist der fruchtbarere und heiterere Teil, an den Hängen der Sierra Nevada gelegen, die Alpujarra Baja, trockener und spröder, an der gegenüberliegenden Contraviesa.

Die Berber, die hier siedelten, verwandelten das Tal in ein fruchtbares Ackerland. Noch sieht man die von ihnen angelegten Terrassen, aber die Maulbeerbäume, die die Seidenraupen ernährten, sind verschwunden. An wenigen Stellen wird noch auf herkömmliche Weise gewirtschaftet, ansonsten liegt der Boden brach, und die Jungen wandern in die Städte ab. Etwas über 40.000 Einwohner sind im Tal geblieben, überwiegend Alte. Kaum anderswo in Spanien wird dieser Prozeß so deutlich.

Ugijar war ein wichtiger Verbindungsort zwischen Almería und Granada und eine eigene maurische Provinz (*taha*). **Valor** ist wegen der Aufstände der Morisken gegen Philipp II. in die Geschichte eingegangen. Nach der Eroberung Granadas waren die Mauren zwar unterdrückt, konnten aber ihre Religion und ihre Gebräuche weiter ausüben. Erst unter Philipp II. wurde die Repression unerträglich, die Benutzung der Bäder wurde verboten, die Türen zu den Wohnhäusern mußten immer offen stehen, und die Frauen durften das Gesicht nicht verschleiern.

Fernando de Valor, ein reicher Christ, der mit der Obrigkeit in Streit geraten war, krönte sich zum König der Morisken und nahm den Namen Aben-Humeya an. Philipp II. schickte Juan de Austria, um ihn zu unterwerfen. Sein Tod, durch den Verrat einer Geliebten, beendete die Rebellion, die Morisken wurden aus Granada vertrieben und das Land mit Christen aus anderen Regionen besiedelt, wodurch die Wirtschaft einen starken Rückschlag erlitt.

An diese Ereignisse erinnert ein Fest, das in vielen Orten der Levante und Ostandalusiens an unterschiedlichen Tagen gefeiert wird: das der *Moros y Cri-*

stianos. Hier in Valor findet es am 15. September statt, wobei den ganzen Tag lang die Heere der Mauren und Christen, prächtig verkleidet, zu Fuß oder zu Pferd, mit Pulver oder Wortgefechten, um die Einnahme der Burg kämpfen.

Im nächsten Dorf, in **Yegen**, lebte der Engländer Gerald Brenan, der in den 50er Jahren ein interessantes Buch über diese Gegend verfaßte: *Südlich von Granada*. Er beschrieb die Menschen der Alpujarras als freundlich und liebenswert, und so sind sie auch heute noch.

Sie strahlen eine ungewöhnliche Würde aus: die Bauern tragen Filzhüte, Jakkett und ein strahlend weißes Hemd. Wenn auch klein, so ist das Land, das sie bewirtschaften, doch ihr Eigentum. Die Frauen, die ständig Trauer zu tragen scheinen, sind für die Pflege der Traditionen und der althergebrachten Bräuche zuständig; aber die öffentlichen Waschhäuser, die wichtigsten Kommunikationszentren im Dorf, werden auch hier kaum noch benutzt. Dafür gibt es noch viele Naturheiler, die einem die Knochen einrenken und gegen jedes Leiden ein Kräutlein wissen. Einige kennen auch Rituale, die vor dem „bösen Blick" schützen, worüber die Jungen lachen, wovor die Alten jedoch Respekt haben.

Los Bérchules ist von frischem Grün umgeben. Früher kam man von überallher aus den ganzen Alpujarras, um das eisenhaltige Wasser zu trinken. Die Schaf- und Ziegenherden zogen im Sommer hierher, um die letzten Grasbüschel zu ergattern. **Trevélez** ist das am höchsten gelegene Dorf Spaniens. Sein frisches, trockenes Klima ist bestens geeignet für das Reifen des Bergschinkens, der nach einer Zeit in Salzlauge über ein Jahr lang in der Luft trocknen muß. Dieser Schinken ist die Spezialität der Region. Die Grundlage für die meisten Gerichte ist das Schwein, von dem man fast alle Teile verwendet werden und das beim Schlachtfest in der Weihnachtszeit für das ganze Jahr konserviert wird.

Das wohl schönste, aber auch am meisten besuchte Gebiet ist der **Barranco del Poqueira**. Dort, unter den höchsten

Gipfeln der Sierra Nevada, liegen neben den grünen Inseln um das Bachbett kleine weiße Flecken: Capileira, Pampaneira und Bubión.

Es sind ruhige Dörfer, durch die man mit etwas Muße spazieren sollte. Die übereinandergeschachtelten Häuser, und die steilen Gassen eröffnen immer wieder neue Ausblicke. Während man vor der weißen Fassade eines Hauses steht, befindet man sich unversehens gleichzeitig auf dem Dach des unteren. Auf den Dächern wird die Wäsche aufgehängt, Paprika, Feigen, Tomaten und Sardellen werden zum Trocknen ausgebreitet. Von den Balkonen leuchten die Blumenkästen, und in den Erdgeschossen sieht man hinter Drahtgeflecht die Kaninchen und Hühner.

In **Capileira** befindet sich ein kleines ethnologisches Museum der Alpujarras. In **Bubión** hat sich eine tibetanische buddhistische Gemeinschaft niedergelassen, und hier wurde vor einigen Jahren der Nachfolger des Dalai Lama geboren. In **Pampaneira** gibt es eine hübsche Kirche und eine Reihe Kunstgewerbeläden, in denen Keramik, Fleckerlteppiche und Wolldecken verkauft werden.

Orgiva und **Lanjarón** sind die größten Orte der Region. Lanjarón ist für sein Mineralwasser weithin bekannt, das bei allen möglichen Leiden hilft. Hier wird besonders ausgelassen das Sonnenwendfest am 23./24. Juni gefeiert, bei dem die Dorfbewohner die Passanten von den Balkonen zum Spaß mit Wasser begießen, dafür aber auch Wein und Schinken gratis ausgeben.

MÁLAGA

Mit der Provinz Málaga erreicht man auch das Herz der Costa del Sol. Der erste bekannte Badeort dieses Küstenabschnitts ist **Nerja**. Am Ortseingang liegen etwas abseits von der Straße die Cuevas de Nerja, Tropfsteinhöhlen, die mit einer bizarren unterirdischen Landschaft überraschen. Die ersten 400 Meter, die für alle zugänglich sind, machen nur etwa ein Fünftel dieses ausgedehnten Höhlenkomplexes aus, der, wie Funde bewiesen haben, im Paläolithikum bewohnt war.

Nerjas alter Ortskern ähnelt bereits den Dörfern Westandalusiens. Die breite Promenade endet an einem Felsvorsprung über dem Meer, Balcón de Europa genannt, von dem der Blick über die Küste und die weit ins Meer auslaufende Sierra de Almijara schweift. Die Sierra ist ein Wildschutzgebiet, in das nur kleine, gewundene Sträßchen von der Küste hinaufführen.

Frigiliana, eines der Dörfer der Sierra, ist in drei Teile gegliedert. Das Barrio Alto, der oberste Dorfteil, ist besonders malerisch. Es ist umgeben von Olivenhainen und Weingärten, aus denen die berühmten trockenen und süßen Weine der Axarquia stammen. **Torrox** liegt in einem Tal, das sich zur Küste hin öffnet und weite Strände bildet. Auch hier gibt es Ausgrabungen einer römischen Nekropolis und einer Pökelfabrik. Danach gelangt man nach **Torre del Mar**, das das Herz der Axarquia ist, ein modernes Küsten- und Badestädtchen.

Etwas weiter landeinwärts liegt **Vélez-Málaga**, das neben seinem Alcázar einige sehenswerte Kirchenbauten vorweisen kann. In San Juan Bautista sind wunderschöne Prozessionsfiguren, *pasos*, von Pedro de Mena zu sehen; Na. Señora de la Encarnación ist eine frühchristliche Kirche, die zwischendurch zeitweilig eine Moschee war.

Die heutige Großstadt **Málaga** ist aus der phönizischen Siedlung *Malaka* hervorgegangen. Im Osten liegt das Fischerviertel El Palo mit niedrigen Häusern und künstlichen Stränden. Dort gibt es *merenderos*, Imbißlokale, in denen man vorzüglichen Fisch ißt, *pescaito*.

Im letzten Jahrhundert verbrachten englische und spanische Familien der Oberklasse den Winter in Málaga. Gegenüber der Stierkampfarena gibt es so-

MÁLAGA

gar einen englischen Friedhof und in seiner Nähe ein Wohnviertel der Jahrhundertwende mit hübschen modernistischen Häusern und prächtigen Gärten hinter Zäunen, an denen sich Jasmin und Bougainvillea emporranken, das Limonal-Viertel. Ein langgezogener Park mit Palmen und Pferdekutschen führt den Burgberg mit der Alcazaba entlang bis ins Stadtzentrum und zum Hafen.

Die **Alcazaba** wurde von den Mauren errichtet und von den Nasriden ausgebaut. Der ellenbogenförmige Eingang ist einer der typischen *Corazas*, die dem Feind den Zugang erschweren sollten. Die Anlage ist restauriert und von schönen Gärten umgeben. In diesem Teil ist heute das archäologische Museum untergebracht. Weiter oben liegt die Festung der Nasriden, das Castillo de Gibralfaro, mit dem Leuchtturm und der Moschee innerhalb seiner Mauern; daneben befindet sich der Parador der Stadt.

Mitten in der Altstadt ragt die Renaissance-Kathedrale empor. Das Chorgestühl hat Pedro de Mena geschnitzt, der auch die knienden Figuren der Katholischen Könige in einer Chorumgangskapelle geschaffen hat (17. Jh.). Hinter dem Chor ist eine Pietà von Alonso Cano zu sehen.

Die Kirche Na. Señora de la Victoria wurde von den Katholischen Königen nach der Eroberung der Stadt anstelle ihres Zeltlagers errichtet. Das Provinzmuseum im Palacio de Buenavista birgt eine Menge bedeutender Gemälde von Luca Giordano, Alonso Cano bis hin zu Pablo Picasso, der in Málaga geboren wurde.

Von Granada nach Marbella

Von Granada an die Costa del Sol gelangt man am schnellsten direkt nach Süden über Motril, eine interessantere Strecke führt jedoch zuerst nach Westen durch das breite Becken hinter der Küstenkordillere. Zwischen Pappelhainen und Tabakstadeln liegt **Santa Fé**, ein landwirtschaftlich geprägter Ort der Granadiner Vega. Überraschend sind seine rechtwinkligen Straßen, die noch vom

Feldlager der Katholischen Könige stammen, die Santa Fé als Standort für ihre Belagerung Granadas gegründet haben. Festlichkeiten erinnern hier jedes Jahr an den Vertrag, den Kolumbus 1492 mit den Katholischen Königen geschlossen hat, die „Kapitulationen von Santa Fé".

Einige Kilometer weiter liegt das Dorf **Fuente Vaqueros**, in dem Federico García Lorca geboren wurde. „In diesem Dorf hatte ich meinen ersten Traum von der Ferne. In diesem Dorf werde ich zu Erde und Blumen werden..." In seinem Geburtshaus ist ein kleines Museum mit persönlichen Gegenständen, Manuskripten und Fotos zu besichtigen.

Im tief eingeschnittenen Tal des Genil liegt **Loja** mit einer schönen arabischen Burg. In der Nähe des Dorfes bildet der Genil zwei Wasserfälle: **Cola de Caballo** (Pferdeschwanz) und den **Los Infiernos**. Und am Ortsrand, bei der Fischzucht von Riofrio, neben der arabischen Brücke aus der kalifalen Epoche, gibt es vortreffliche Forellen.

Um **Archidona** zu sehen, steigt man am besten die steile Straße zum Santuario de la Virgen de Gracia hinauf und genießt den Blick auf das Dorf und die umliegenden Berge. Eingebettet in die natürlichen Mauern der Sierra de Gracia liegen zwei ummauerte arabische Viertel, in dem einen die nach der Eroberung 1462 in eine Kirche verwandelte Moschee, in dem anderen eine arabische Festung. In dem kleinen, verschlafenen Ort gibt es einen interessanten achteckigen Platz, die Plaza Ochavada (18. Jh.), eine Mischung aus Barock und Mudéjar-Tradition.

Von Archidona fährt man am Felsen Peña de los Enamorados vorbei, von dem sich der Sage nach zwei unglücklich Verliebte in den Tod stürzten, und gelangt in das fruchtbare Becken von **Antequera**. An seinem Ende, schon an den Ausläufern der Sierra de Chimenea, liegt die Stadt. Ihr Alter ist durch die megalithischen Bauten belegt, die sich am Ortsrand befinden, hier Höhlen genannt: die **Cuevas del Romeral, de Viera** und **de la Menga**. Es sind Dolmen, die in der Bronzezeit als Kult- und Begräbnisstätten dienten. Auf der Suche nach Mineralien breitete sich diese Kultur von Almería über die iberische Halbinsel bis zu den britischen Inseln aus. Der größte Dolmen mißt eine Länge von 25 m und besteht aus Steinen, die bis zu 180 Tonnen wiegen. Man vermutet, daß hier vor etwa 4300 Jahren eine gut organisierte städtische Kultur existiert haben muß.

Antequera ist eine ungewöhnliche Stadt, in der sich barocke Formen und Mudéjar-Techniken zu einem eigenen Stil vermischen. Das beste Beispiel ist der Turm von San Sebastian (1701), der von einem Engel, *El Angelote*, gekrönt wird. Architektonische Prunkstücke der Plaza del Coso Viejo sind der Palacio de Nájera (18. Jh.) und der Konvent Santa Catalina de Siena. Zwölf Klöster gibt es hier; in einigen wird durch das hölzerne Drehkreuz Gebäck verkauft, doch ihre Tore öffnen sie nur zum Gottesdienst.

Beim Aufstieg zur Alcazaba kommt man zum Arco de los Gigantes, einem manieristischen Triumphbogen aus der Zeit Philipps II. Dahinter die Stiftskirche Sta. Maria und die Burg mit Resten der maurischen Festung. Von hier sieht man auf das weiße Häusermeer, aus dem die roten Klöster und Kirchen aufragen. In der anderen Richtung fällt der Blick auf den **Torcal-Naturschutzpark**, steil abfallende Felswände und bizarre Formationen aus rotem Marmor und Kalkstein, zwischen denen man auf ausgeschilderten Wegen (3 und 6 km lang) wandern kann. In der frischen Bergluft gedeihen duftende Blumen und Heilkräuter.

Etwas weiter westlich liegen die Stauseen des Flusses Guadalhorce, der dann durch die enge Schlucht **Garganta del Chorro** fließt. Von El Chorro aus gelangt man auf den schmalen Fußweg Camino

Rechts: Nicht überall ist die „Sonnenküste" flach und lieblich.

del Rey, der sich ebenfalls durch die Schlucht windet.

Eine Bergstraße führt nach **Alora**, das zwischen zwei Bergen unter einem Felsen eingeklemmt ebenfalls am Fluß liegt. Der Landstrich von Alora bis zum Mittelmeer grenzt bereits östlich an die Sierra de Ronda und ihre weißen Dörfer. Während Coín ein modernes Städtchen ist, kommt man auf dem Weg nach Marbella durch kleine Dörfer mit weiß gekalkten Häusern, umgeben von den weiten Pinienwäldern der Sierra Blanca.

Costa del Sol

Der Westteil der Costa del Sol ist eine einzige große Feriensiedlung, die sich von Málaga bis Estepona über etwa 100 km die Küste entlangzieht. Das Publikum ist bunt gemischt: spanische und ausländische Oberschicht, reiche Kriminelle, die hier ihr Geld waschen, Massentouristen, Arbeiter des Dienstleistungssektors aus ganz Spanien, die hier im Sommer ihren Lebensunterhalt für das ganze Jahr verdienen, sowie die Einwohner der alten Fischer- und Bauerndörfer.

Um **Torremolinos** und **Benalmádena Costa** herum ist am meisten los. Großhotels, eng gedrängte *urbanizaciónes*, Wasser- und Vergnügungsparks, Geschäfte und Restaurants reihen sich aneinander. Auch **Fuengirola** ist von Hochhäusern geprägt, doch an den südlicheren Küstenabschnitten hat man die Architektur mehr der Umgebung angepaßt. Die Kiefernwälder reichen von den Berghängen bis an die Küste, und die Hotels und Feriensiedlungen sind in die lichten Baumbestände hineingesetzt. Golfplätze und Yachthäfen prägen jedoch auch hier die Landschaft.

Nicht weit von der Küste kann man Orte wie **Mijas** finden, die trotz des starken Tourismus ihre traditionelle Bauweise beibehalten haben. Die Verkaufsstände vor den Geschäften, die Terrassen vor den Bars, der Ausritt mit dem Esel und das Parkplatzproblem, all das ist in anderen, weiter abgelegenen Dörfern der Sierra von Málaga nicht bekannt.

MARBELLA

In einer Höhle befindet sich das Heiligtum der Virgen de la Peña, die dort einigen Hirten erschienen sein soll. Votivbilder, Öllämpchen, Kerzen – hier sind die ursprünglichen Bräuche noch lebendig.

Auf einer Anhöhe liegen die rechteckige Stierkampfarena sowie einige Aussichtsterrassen, von denen sich ein herrlicher Blick über die Küste bietet. Ein schönes Panorama tut sich auch auf der Straße von Mijas nach Benalmádena auf. Im Dorf **Benalmádena** ist ein interessantes archäologisches Museum mit Funden aus Mexiko, Peru, Nicaragua und Ecuador aus verschiedenen vorkolumbianischen Epochen zu besichtigen.

Hauptort dieses Teils der Costa del Sol ist **Marbella**. Der alte Kern des Fischerdorfs, das es war, bevor der Tourismus in den 50er Jahren einbrach, ist noch intakt: weiße Häuser mit Blumentöpfen, die an Balkonen und Fassaden hängen, die Pl. de los Naranjos, die schöne Fassade des Bürgermeisteramts **Palacio del Corregidor**, die weiße Kirche **Encarnación** und die arabische Burg.

Fünf Kilometer weiter östlich kann man die Ausgrabungen der römischen Stadt **Rio Verde** besuchen, in der vollständig erhaltene Mosaiken zu sehen sind. Von **Torre la Sal** aus bietet sich ein Abstecher zu dem hübschen Ort **Casares** an. Er liegt auf einer Anhöhe unterhalb einer arabischen Festung. In diesem Ort wurde 1885 Blas Infante geboren, der bedeutendste Verfechter der andalusischen Unabhängigkeit, der 1936 von den Franquisten erschossen wurde.

Gibraltar

Wenn man sich dem Atlantik nähert, werden die Temperaturen frischer, die Vegetation wird üppiger und die Strände weiter. Der erste Ort, der zum Campo de Gibraltar gehört, ist **San Roque**. Er entstand 1704 als provisorische Siedlung der

Oben: Fallschirmsegeln ist die neue Mode an den Stränden. Rechts: Vor dem Jebel Muza kreuzt ein Surfer durch die Meerenge von Gibraltar.

GIBRALTAR

Bewohner des nahen Dorfes Gibraltar, die dort die Zeit der britischen Besatzung überbrücken wollten. Von Interesse ist der Platz der Kanonen und der Gouverneurspalast, in dem ein Museum die Geschichte Gibraltars dokumentiert. Direkt am Fluß Guadiaro liegt das Luxus-Wohnviertel **Sotogrande**.

Auf der Ostseite der gleichnamigen Bucht liegt **Algeciras**, in der Römerzeit **Portus Albus Romana**, wo 711 unter der Führung von Muza und Tarik die ersten Mauren auf der iberischen Halbinsel gelandet sind und damit einen fast neun Jahrhunderte währenden Abschnitt der spanischen Geschichte einleiteten.

Hier sind zahlreiche Reste aus der Römerzeit erhalten; die interessantesten sind die Ruinen von **Carteya**, einer Kolonie, die die Meerenge bewachte. Will man sie besichtigen, muß man 11 km vor Algeciras Richtung Guadarranque abbiegen. Der Name der Stadt beruht auf den arabischen Worten für „grüne Insel".

Algeciras ist der westlichste Hafen des Mittelmeers, Brückenkopf zu Afrika; seine Fähren befördern jährlich fast vier Millionen Passagiere. Sie setzen über zum spanischen **Ceuta**, einem 19 qkm großen Freihafen und arabischen Markt, Umschlagplatz für alle erdenklichen Waren des Orients und Okzidents.

Von fast überall sieht man den Felsen von **Gibraltar**, der mit mehr als 400 m die Bucht überragt. Von La Linea aus kann man einen Abstecher nach Gibraltar machen, das seit dem 18. Jh. englische Kolonie ist. Die Halbinsel ist voller Gegensätze: Britische Lebensart mischt sich mit dem breiten andalusischen Dialekt. Man nennt sie *llanitos*, die Bewohner dieses vorgelagerten Felsens, der den Eingang zum Mittelmeer kontrolliert und wo eine üppige Vegetation und eine ungewöhnliche Fauna (Magot-Affen) Geschützen mit atomaren Sprengköpfen und anderen militärischen Einrichtungen Platz machen mußten. An diesem südlichsten Zipfel des europäischen Festlandes, der Punta de Europa, verschmelzen die Kulturen des Nordens, des Südens und Afrikas.

INFO: OSTANDALUSIEN

PROVINZ ALICANTE
(Telefonvorwahl: 96-)
Unterkunft
STA. POLA: *MITTELKL:* Rocas Blancas, Ctra. Alicante-Cartagena km 17, Tel: 411312.
TORREVIEJA: *LUXUS:* Masa Intern., C/ Alfredo Nobel 150, Tel: 5711537. *MITTELKL:* Edén Roc, C/ Alfredo Nobel, Tel: 5716237.
Museen / Sehenswürdigkeiten
ELCHE: Museo Arqueologico Municipal, 11-13 und 16-19 Uhr. Huerto del Cura, 9-18 Uhr, im Sommer 9-20 Uhr. ORIHUELA: Colegio de Sto. Domingo, werktags 9-13, 16-18 Uhr. Museo Catedralicio, 10.30-12.30, sonntags geschl.
Information / Oficina de Turismo
Elche: Parque Municipal, Tel: 452747.
Torrevieja: Av. de la Libertad 5, Tel: 710722

PROVINZ MURCIA
(Telefonvorwahl: 968-)
Unterkunft
MURCIA: *LUXUS:* Rincón de Pepe, C/ Apóstoles 34, Tel: 212239. Conde de Floridablanca, C/ Corbalán 7, Tel: 214626. *MITTELKL:* Pacoche, C/ Cartagena 30, Tel: 213385.
PUERTO LUMBRERAS: *LUXUS:* Parador Nacional, Tel: 402025.
CARTAGENA: *MITTELKL:* Alfonso XIII., Paseo Alfonso XIII, Tel: 520000. Los Habaneros, C/ San Diego 60, Tel: 505250.
MANGA DEL MAR MENOR: *MITTELKL:* Entremares, Gran Vía de la Manga, Tel: 563100. PUERTO DE MAZARRÓN: *MITTELKL:* Bahía, Playa de la Reya, Tel: 594000.
CABO DE PALOS: El Cortijo I und II, Ctra. Subida als Faro (Straße zum Leuchtturm), Tel: 563015.
Museen / Sehenswürdigkeiten
MURCIA: Museo Salzillo, 9.30-13, 16-19 Uhr, im Winter 15-18 Uhr. Museo de la Muralla Hispano-Arabe, Pl. Sta. Eulalia und Museo de Murcia, C/ Alfonso X. 5, 10-14, 18-19.30 Uhr, So. 10-14 Uhr, Mo. geschl. Kathedrale und Museum, 10-13, 17-20 Uhr. Museo Taurino (Stierkampfmuseum), 10-13 Uhr. Santuario de Na. Señora de la Fuensanta (5 km außerhalb), 9-13, 16-18 Uhr (im Sommer bis 20 Uhr).
ALCANTARILLA: Museo Etnológico de la Huerta Murciana, 9-13 Uhr, Mo geschl.
CARTAGENA: Museo Arqueologico, C/ Ramón y Cajal 45, 10-13, 16-18 Uhr, So. 10-13 Uhr, Mo. geschl. Museo y Centro Nacional de Investigaciones Submarines, Hafen, Dique de Navidad, 10-14, 17-19 Uhr, So. 10-14, Mo. geschl. Casino Mar Menor, Gran Vía de la Manga, 21-3 Uhr, Freitag und Samstag 21-4 Uhr, Mi. geschl.

Information / Oficina de Turismo
Murcia: C/ Alejandro Seiquer 4, Tel: 213716.
Lorca: C/ Lopez Gisbert, Tel: 466157. Mar Menor - Los Alcázares: Av. de la Libertad 50. La Manga: Gran Vía. Cartagena: Rathaus, Pl. del Ayuntamiento, Tel: 546483

PROVINZ ALMERÍA
(Telefonvorwahl: 951-)
Unterkunft
ALMERÍA: *LUXUS:* Guitart Club Alborán: Alquián Retamar (Strandsiedlung), Tel: 225800. *MITTELKL:* La Perla, Pl. del Carmen 7, Tel: 238877. VERA: *MITTELKL:* Vera Playa Club, Ctra. de Garrucha, Tel: 456575.
GARRUCHA: *EINFACH:* Hostal Cervantes, C/ Colon 2, Tel: 460252.
MOJÁCAR: *LUXUS:* Parador Reyes Católicos, Playa, Tel: 478250. SAN JOSÉ: *MITTELKL:* San José, Barriada S. José, Tel: 366974
Museen / Sehenswürdigkeiten
ALMERÍA: Alcazaba: 10-14 und 16-20 Uhr, im Winter 9-14 und 15-19 Uhr. Kathedrale, 9-12 und 18-20 Uhr. Estación Experimental de Energía Solar, werktags 9-12 Uhr, Anmeldung, Tel: 365189. Cooperativa Artesana de la Aguja (Keramik-Kooperative), C/ Lope de Vega 7.
Information / Oficina de Turismo
Almería: C/ Hermanos Machado 4, Tel: 230858

PROVINZ GRANADA
(Telefonvorwahl: 958-)
Unterkunft
GUADIX: *EINFACH:* Comercio, Mira de Amezcua 3, Tel: 660500.
GRANADA: *LUXUS:* Alhambra Palace, Peña Partida 2, Tel: 221468. *MITTELKL:* Washington Irving, Paseo del Generalife 2, Tel: 227550. Montecarlo, Acera de Darro 44, Tel: 257900. Hostal Carlos V, Pl. de los Campos 4, Tel: 221587. *EINFACH:* Los Jerónimos, C/ Grán Capitán 1, Tel: 294461. Jugendherberge, Camino de Ronda 171, Tel: 272638.
SIERRA NEVADA: *MITTELKL:* Parador Nacional, Ctra. bei km 35, Tel: 480200.
GUADIX: *MITTELKL:* Mulhacén, Ctra. de Murcia, 43, Tel: 660750.
ALPUJARRAS: Lanjarón: *MITTELKL:* Andalucía, Av. Andalucía 15-17, Tel: 770136.
TREVÉLEZ: *EINFACH:* Pension Regina, Pl. Francisco Abellán, Tel: 765064.
BUBIÓN: *MITTELKL:* Villa Turística de Poqueira, Barrio Alto, Tel: 763111
Museen / Sehenswürdigkeiten
GUADIX: Kathedrale, 10.30-13 und 17-19 Uhr, Sonntag 10.30-14 Uhr.

INFO: OSTANDALUSIEN

GRANADA: **Alhambra** und **Generalife**, 9-20 Uhr. Innenbeleuchtung Di, Do, und Sa von 22-24 Uhr. **Kathedrale**, Capilla Real, Cartuja, Iglesia de San Jerónimo: 10.30-13 und 16-19 Uhr. **Carmen de los Martires**, 11-14 und 16-19 Uhr. **Museo Arqueologico**, Di-Sa 10-14 Uhr. **Museo de Bellas Artes** (Pal. Carlos V, Alhambra), werktags 10-14 Uhr.
LA CALAHORRA: **Castillo**, Mittwochs 10-13 und 16-18 Uhr.
Information / Oficina de Turismo
Granada: C/ Libreros 2, Tel: 225990, 10-13 und 16-19 Uhr.

PROVINZ JAÉN
(Telefonvorwahl: 953-)
Unterkunft
JAÉN: *LUXUS:* **Parador Castillo de Sta. Catalina**, Tel: 264411. *MITTELKL:* **Rey Fernando**, Pl. de Coca de la Piñera 7, Tel: 251840.
UBEDA: *LUXUS:* **Parador Condestable Dávalos**, Pl. Vazquez de Molina 1, Tel: 750345. *MITTELKL:* **Consuelo**, C/ Ramón y Cajál 12, Tel: 750840. CAZORLA: *LUXUS:* **Parador El Adelantado**, Tel: 721075. *MITTELKL:* **Cazorla**, Pl. del Generalissimo 4, Tel: 720203.
Museen / Sehenswürdigkeiten
JAEN: **Kathedrale**, 8.30-13 und 16.30-19 Uhr, Museum nur Wochenende, 11-13 Uhr. **Arabische Bäder**: 10-14 und 17-20 Uhr, So 10-14 Uhr, Mo. geschl. **San Ildefonso**: 8-12 und 18-21 Uhr. BAEZA: **Kathedrale**, 10.30-13 und 17-19 Uhr.
Information / Oficina de Turismo
Jaén: Av. de Madrid 10, Tel: 222737. **Ubeda**: Pl. del Ayuntamiento. **Sierra de Cazorla-Naturpark**: Information an den Parkzugängen in Cazorla, C/ Martínez Falero 11, Tel: 720125 (La Iruela), Tronca und Siles (am Rand der Sierra de Segura).

PROVINZ MÁLAGA
(Telefonvorwahl: 952-)
Unterkunft
ANTEQUERA: *LUXUS:* **Parador**, C/ García del Olmo, Tel: 840061.
NERJA: *LUXUS:* **Parador de Nerja**, El Tablazo, Tel: 520050. *MITTELKL:* **Portofino**, Puerta del Mar 2, Tel: 520150. **Hostal Nerja Club**, Ctra. Almería km 293, Tel: 520100.
MÁLAGA: *LUXUS:* **Málaga Palacio**, Cortina del Muelle 1, Tel: 215185. **Parador Gibralfaro**, auf dem Burgberg, Tel: 221902. *MITTELKL:* **California**, Paseo de Sancha 19, Tel: 215165.
BENAJARAFE: *EINFACH:* **Hostal Esperanza**, Urbanización La Esperanza, Tel: 513123.
MARBELLA: *LUXUS:* **Puente Romano**, Ctra. de Cádiz km 178, Tel: 770100 (sehr teuer!). **Marbella-Dinamar Club 24**, Ctra. de Cádiz km 175, Tel: 810500. *MITTELKL:* **Club Pinomar I** und **II**, Ctra. de Cádiz km 189, Tel: 831345.
TORREMOLINOS: *LUXUS:* **Parador Málaga del Golf**, 10 km Richtung Benalmádena, Tel: 381255 (mit Golfplatz). *MITTELKL:* **Montemar**, Av. Carlota Alessandry, Tel: 381577. **Camino Real**, Av. de los Alamos, Tel: 383055.
MIJAS: *LUXUS:* **Mijas**, Urbanización Tamisa, Tel: 485800. **Butiplaya** (Appartements), Ctra. de Cádiz km 207, Tel: 493200. *EINFACH:* **Hostal El Mirlo Blanco**, Pl. de la Constitución 13, Tel: 485700.
Museen / Sehenswürdigkeiten
NERJA: **Cuevas de Nerja**, 9-21 Uhr 16.9.-30.4. 10-14 und 16-19 Uhr.
MÁLAGA: **Kathedrale**, 10-13, 16-17.50 Uhr. **Museo de Artes Populares**, Pasillo de Sta. Isabel 10, 10-13, 16-19 Uhr, Mo. geschl. **Museo de Bellas Artes**, C/ San Agustín 6, 10-13.30, 17-20 Uhr, Sa. u. So. 10-13 Uhr, Mo. geschl. **Diözesansmuseum**, Pl. del Obispo, 10-13, 14-16 Uhr. **Museo de Cofradías**, in der Iglesia y Hospital de San Julián. **Alcazaba** mit **Museo Arqueologico** und **Keramik-Museum**, 11-14, 17-20 Uhr (im Winter 10-13, 16-19 Uhr), So. 10-14 Uhr.
ARCHIDONA: **Santuario de la Virgen de Gracia**, 9-14 und 16-20 Uhr. ANTEQUERA: **Cuevas de Menga y Viera** und **del Romeral** (Dolmen): 9.30-13.30, 15-18 Uhr, So. 10-14.30 Uhr. FUENTE VAQUEROS: **Casa Museo de García Lorca**, 10-14, 18-21 Uhr (im Winter 16-18 Uhr). BENALMÁDENA: **Museo Arqueologico** (Präkolumbianische Kulturen) 10-14, 17-19 Uhr, Sa. 10-14 Uhr, So. 17-19 Uhr.
Information / Oficina de Turismo
Nerja: Puerta del Mar 4, Tel: 521531. **Málaga**: C/ Marqués de Larios 5, Tel: 213445. Paseo del Parque. C/ Cister 11. **Antequera**: Palacio de Nájera, Coso Viejo, Tel: 842180. **Marbella**: C/ Miguel Cano 1, Tel:771442.

PROVINZ CÁDIZ
(Telefonvorwahl: 956-)
Unterkunft
CASTELLAR DE LA FRONTERA: *LUXUS:* **La Almoraima** (ehem. Kloster auf dem Land) Tel: 693004-51. ALGECIRAS: *MITTELKL:* **Alarde**, C/ Alfonso XI. 4, Tel: 660408.
Information / Oficina de Turismo
Gibraltar: Four Corner's Frontier, Tel: 76400. **Algeciras**: C/ Juan de la Cierva, Tel: 660911
Museen / Sehenswürdigkeiten
SAN ROQUE: **Museo Historico del Campo de Gibraltar**.

CÁDIZ

CÁDIZ

ATLANTISCHES ANDALUSIEN

CÁDIZ

SEVILLA

HUELVA

Von der Mündung des Guadiana bis zur Meeresenge von Gibraltar erstrecken sich die feinen Sandstrände der „Lichtküste", umgeben von Kiefernwäldern und Salinen, unterbrochen von Flüssen, die weite Flußdeltas bilden. Ihren Namen verdankt die Costa de la Luz den Lichtverhältnissen, die hier den Großteil des Jahres herrschen, weiß, blendend durch Sonne, Salz und Wasser, das das Licht wieder auf die Küste zurückwirft.

Zwischen den Orten hier und den ehemaligen spanischen Kolonien bestehen seit dem 16. Jh. enge Kontakte. Das drückt sich in Ähnlichkeiten im Akzent und der Lebensform der Menschen und auch in der Gestaltung ihrer Städte deutlich aus. An der ganzen Küste gibt es guten Wein und frischen Fisch, jedes Dorf hat sein eigenes Fest, und überall gibt es *bodegas*, die großen Wein- bzw. Sherry-Kellereien. Das Klima ist das ganze Jahr über ausgeglichen, mit milden Wintern und erträglichen Sommertemperaturen.

Bis vor kurzem ist diese Region vom Massentourismus verschont geblieben. Der Wind mag einer der Gründe dafür gewesen sein, der Levante, ein trockener Wind aus Afrika, der das Land erhitzt,

Vorherige Seiten: Das Häusergewirr von Mojácar. Links: Nach jedem Fang müssen die Netze geflickt werden.

das Wasser abkühlt und riesige Sandwolken durch die Dörfer fegt. Es ist ein sehr unangenehmer Wind, der den Menschen auf das Gemüt schlägt. Er dauert meist drei Tage, manchmal auch länger, und hat schon manchen Strandurlaub verdorben. Man weicht dann am besten in die umliegenden Berge aus.

Derselbe Wind allerdings hat in den letzten Jahren die Windsurfer aus ganz Europa angelockt. Sie kommen, das Brett auf dem Autodach oder sogar im Fluggepäck, um hier und an der portugiesischen Algarve die großartigen Bedingungen für ihren Sport auszukosten. Mit ihnen hat der Jet-Set die Gegend entdeckt, und es sind Golfplätze, Polofelder und Luxushotels entstanden. Doch zum Glück bieten die Strände genügend Platz.

Die Orte hier sind traditionelle Fischerdörfer mit großen Hochseeflotten. Früher war die Küste mit *almadrabas*, Thunfisch-Fanganlagen übersät, in welche die Thunfische wie in eine Falle schwammen und nicht mehr herausfanden. Die gesamte Bucht von Cádiz war einmal eine solche riesige Fanganlage. Manchmal verirrten sich auch Delphine hierher, die Tage brauchten, um den Ausgang zum Meer wiederzufinden.

Austern, Krabben, verschiedene Garnelenarten, Tellmuscheln, milde Flußmuscheln, Seeteufel, kleine Tintenfische,

139

TARIFA

Zahn- und andere Brassenarten, Seeforellen oder Rochen sind nur einige der Fischspezialitäten, die für diese Gegend typisch sind. Überall gibt es sie als *tapas* auf den Theken und in den Restaurants, dazu einen guten einheimischen Wein.

Die Küste von Cádiz

Tarifa – das ist das Paradies der Windsurfer. Hohe Wellen und ein immerwährender starker Wind garantieren Verhältnisse, die das wahre Können eines Windsurfers herausfordern. Tarifa wurde nach der Ankunft der Mauren 711 auf einer römischen Siedlung errichtet. Es hat eine arabische Burg, und der Turm von Guzmán el Bueno erinnert an die Kämpfe der *Reconquista*, als die Mauren die von den Christen eingenommene Festung zurückerobern wollten. Um die Christen zur Aufgabe zu zwingen, nahmen sie den Sohn Guzmáns als Geisel und drohten, ihm die Kehle durchzuschneiden. Heroisch warf der Vater sein Messer vom Turm zu ihnen hinab...

Vom Hafen aus kann man gut die Straße von Gibraltar überblicken, jene 15 Kilometer, die hier Afrika von Europa trennen und das Mittelmeer mit dem Atlantik verbinden.

Weit außerhalb von Tarifa, über der Bucht von **Bolonia**, liegt die Ausgrabungsstätte des römischen *Baelo Claudia*. Säulen der Jupiter-, Juno- und Minervatempel, Reste von Thermen und einem Theater vermitteln eine lebendige Vorstellung von der damaligen Stadt. Wenige Kilometer entfernt, aber mit dem Auto nur über eine weit ins Landesinnere führende Straße zu erreichen, liegt das Fischerdorf **Zahara de los Atunes** mit Thunfisch-Fanganlagen; auch in **Barbate** ißt man ausgezeichneten frischen Fisch, und die Strände hier sind sauber und wenig überlaufen.

Dahinter schließt sich der Strand von **Caños de la Meca** an; bei Ebbe sind die Höhlen der Steilküste zugänglich, in de-

nen Süßwasserquellen austreten. Dieser Küstenabschnitt bietet viele romantische Buchten und ist zum Mekka der FKK-Anhänger geworden. Das **Kap Trafalgar** erinnert an die berühmte Seeschlacht, in der 1805 Lord Nelson fiel, als die englische Flotte gegen Spanier und Franzosen die Vormacht im Mittelmeer erkämpfte.

Vejer de la Frontera hat bis heute seinen arabischen Charakter bewahrt. Über mehrere Hügel ausgebreitet, erinnert es an die marokkanische Stadt Chechaouen. Beide wurden im 11. Jh. von den Almohaden gegründet. Enge Gassen mit weißgetünchten, fast fensterlosen Häusermauern, hinter denen versteckt die *patios* voller Blumen das Zentrum des häuslichen Lebens bilden.

Landeinwärts liegt **Medina Sidonia**, eine Stadt mit klangvollem Namen, einer Geschichte, die bis zu den Phöniziern zurückreicht, und die eine wichtige Rolle bei der *Reconquista* spielte. Die Pl. Mayor, Adelspaläste und der Stammsitz der auch heute noch einflußreichen Adelsfamilie Medina Sidonia zeugen noch von seiner einstigen Größe.

CÁDIZ

Ab Conil häufen sich die neuen *urbanizaciones*, wie etwa **Cabo Roche**; am Strand von **Barrosa** ist ein Golfclub entstanden und zwischen den Salinen von **Sancti Petri** eine Fischzucht. Auf der Landzunge dahinter, zugebaut von neuen Feriensiedlungen, zerfällt in romantischer Dekadenz eine alte Thunfischfang-Anlage. In **Chiclana** gibt es den *chiclanero*, einen Wein, der dem Sherry ähnelt und von den kleinen Kellereien noch an Ort und Stelle verkauft wird.

Hier beginnt der Großraum Cádiz, wo insgesamt etwa eine halbe Million Menschen lebt, ein Durcheinander aus Fischfang, Werften, Marine, Verladehäfen und Industrieanlagen, die alle den natürlichen Hafen der Bucht nutzen. **San Fernando** wird von Marine-Soldaten beherrscht. Es liegt auf der langen Sandbank, die – fast ganz abgetrennt vom Festland – *La Isla*, die Insel heißt; hier ist die Heimat berühmter Flamenco-Sänger wie Camarón de la Isla. Karl III. errichtete hier im 18.

CÁDIZ

Jh. ein Pantheon für Marinehelden, das 52 Denkmäler umfaßt. Anfang des 19. Jh. war die Stadt kurze Zeit Mittelpunkt des nationalen Interesses: Unter der Widerstandsregierung im Kampf gegen die französischen Besatzer tagte hier 1810 und 1813 das Parlament im Teatro de las Cortes. An der Ortsausfahrt Richtung Cádiz liegt das Barrio Gallineras mit kleinen Lokalen. Eine Schnellstraße verläuft 15 km die Küste entlang nach Cádiz.

Cádiz rühmt sich, die älteste Stadt Europas zu sein. Der Taxifahrer weiß es genau: 3017 Jahre ist sie alt, denn vor 17 Jahren hat man ihre Gründung durch den griechischen Sagenhelden Herkules vor 3000 Jahren gefeiert. Durch seine Lage auf der weit ins Meer vorgeschobenen, nur durch eine lange, schmale Sandbank mit dem Festland verbundenen Halbinsel ist Cádiz ein idealer Platz für eine Festung. Die Bucht bildete immer einen geschützten Hafen und eine natürliche Falle für die Fische, besonders Thunfische.

Bei den Aushubarbeiten für den Bau neuer Hochhäuser, wo vorher niedrige Altbauten standen, kommen laufend jahrtausendealte Überreste verschiedener Kulturen zu Tage: phönizische Gräber, tartesische Scherben, römische Amphoren. Bevor das Binnenland besiedelt wurde, hatten sich diese Völker an der Mittelmeerküste bis hierher vorgewagt.

Die wagemutigen Seefahrer aus Cádiz ihrerseits drangen auf der Suche nach Bernstein bis zur Nordsee und ins Baltikum vor, an der afrikanischen Küste hat man ihre Spuren bis zum Senegal gefunden. Ihre Tänzerinnen, die *puellae gaditanae*, wurden von Estrabon und Avieno in römischen Chroniken gerühmt.

Die Zeit der Entdeckungen brachte der Stadt eine neue Blüte. Viele Expeditionen nahmen hier ihren Ausgang, und die Hafenorte knüpften enge Kontakte zu den neuen Kolonien in Südamerika und der Karibik. Die Bewohner von Cádiz sagen, daß ihre Stadt genau wie Havanna sei,

Oben: Tarifa ist der südlichste Ort auf der iberischen Halbinsel.

CÁDIZ

und die Kathedrale von Havanna ist eine Kopie der Kathedrale von Cádiz.

Mit dem aufblühenden Handel ließen sich in der Stadt Kaufleute aus Genua, der Toskana und Flandern nieder und machten den Ort umso attraktiver für Piraten. Francis Drake und Lord Essex nahmen ihn im 16. Jh. ein, und bei den Kämpfen wurden viele Gebäude zerstört. Man erzählt sich, daß sie über 150 *gaditanas* mit sich nahmen, die ihrer Ehemänner und der Pflichten ihrer Religion überdrüssig geworden waren.

Im 18. Jh. stand die Stadt jedoch wieder voll im Zeichen des blühenden Überseehandels. Die Kaufleute bereicherten sich zusätzlich durch eine einfache, aber wirkungsvolle Form der Spekulation: Da die Bucht meist voller Schiffe war, dauerte es eine Weile, bis ein Schiff die Einlauf-Erlaubnis erhielt. Bis es an der Reihe war, blieb es vor der Küste liegen. Die Händler hielten Ausschau von den erhöhten Terrassen ihrer Häuser, ob eines ihrer Schiffe mit einer erwarteten Ladung in Sichtweite kam. Bis es im Hafen einlief, blieb ihnen genügend Zeit, die Preise der Waren in die Höhe zu treiben. Diese Aussichtstürmchen geben den Häusern heute noch ihr charakteristisches Aussehen. Ende des 18. Jh. wurden 90% der Waren aus Übersee im Hafen von Cádiz gelöscht. Damals lebten hier 125.000 Menschen auf engstem Raum.

Heute scheint Cádiz mit 160.000 Einwohnern an die Grenzen seines Wachstums gestoßen zu sein. Doch immer noch entstehen neue Hochhäuser entlang der kilometerlangen Zufahrtsstraße parallel zum Strand. Sie verbauen die Sicht und halten den Wind ab, was u.a. zur Folge hat, daß der natürliche Sandaustausch nicht mehr funktioniert. Deshalb muß der Sand jedes Jahr lastwagenweise an den vier Kilometer langen Stadtstrand transportiert werden.

Die Straße endet am Stadttor, Puerta de Tierra, das in die **Altstadt** führt. Ganz im Gegensatz zur Neustadt ist das alte Cádiz, eine weiße Stadt des 17. Jh., stark geprägt von den vielen italienischen Kaufleuten, die sich hier niedergelassen hatten: enge Gassen, die sich immer wieder zu ruhigen Plätzen öffnen, flache Dächer ohne Ziegel. Jeder Platz hat seinen eigenen Charme: die Pl. de Candelaria klein und heimelig, die Pl. de San Juan freundlich mit Terrassencafés, begrünt die Pl. de Mina, repräsentativ die Pl. de España und die Pl. San Antonio. An den Mauern der alten Zitadelle erstrecken sich die einladenden Parkanlagen Alameda de Apodaca und Parque Genovés mit herrlichem Blick über die Bucht.

Jedes Stadtviertel hat seinen eigenen Charakter: Zwischen der Plaza Juan de Diós und Sta. María liegt das älteste, das **Barrio del Pópulo**; jenseits der Pl. España und der Pl. de Candelaria, Richtung Hafen, sind die klimatischen Bedingungen am besten, und hier wohnen die wohlhabenden Bürger. Das alte Fischerviertel, **Barrio de la Viña**, erstreckt sich vor dem Strand Playa de la Caleta. Es ist der volkstümlichste Teil der Stadt.

Das Zentrum, der Platz **Tío de la Tiza,** ist bei den Osterprozessionen und im Karneval besonders lebendig. Beim Karneval von Cádiz, einem Fest, das seit dem 17. Jh. gefeiert wird, vermischt sich die venezianische mit der karibischen Tradition. Er dauert 10 Tage, und ganz Cádiz ist in diesen Tagen auf den Beinen. Chöre durchziehen die Gassen und nehmen in Versen Tagesgeschehen und Persönlichkeiten auf die Schippe. Das Treiben dauert Tag und Nacht, und die Menschen schlüpfen mit ihrem Kostüm in Rollen, die sie dann die ganze Zeit über spielen.

Die Stadt beeindruckt weniger durch herausragende Einzelbauten als durch ihre Atmosphäre. Ein Bummel durch die Straßen bringt uns zum Kathedralenplatz. Die **Kathedrale** ist ein klassizistischer Bau, dessen goldene Kuppel ihm einen orientalischen Anstrich verleiht. In der Krypta befindet sich das Grab des berühmtesten Sohnes der Stadt, des Musi-

CÁDIZ

kers **Manuel de Falla** (1876-1946). An ihn erinnert auch das große Falla-Theater.

Neben der Barock-Kirche del Rosario gelangt man in die runde Kapelle **Oratorio de la Santa Cueva**. Sie ist mit Fresken Goyas verziert und wurde mit einem eigens dafür komponierten Werk Joseph Haydns eingeweiht: die sieben letzten Worte Christi am Kreuze. Eine Reihe weiterer Barockkirchen können als Anhaltspunkte für den Stadtrundgang dienen: La Castrense, Carmen, la Merced oder San Antonio. Jede birgt innen einen kleinen Schatz. Das Altarbild der Sta. Catalina-Kapelle stammt von Murillo. Als er es malte, stürzte er so schwer vom Gerüst, daß er bald darauf starb.

Eine sehenswerte Sammlung barocker Kunstwerke von Murillo, Zurbarán, Ribera und Cano ist im **Kunstmuseum** zu sehen. Die Ausstellung des archäologischen Museums stellt das Alter der Stadt unter Beweis. Geschichtsträchtig ist schließlich auch der ovale Bau des **Oratorio de San Felipe Neri**, in dem 1812 die liberale Verfassung verkündet wurde.

Das Sherry-Dreieck

Nach Osten kann man Cádiz auf einer Brücke über die Bucht verlassen. **Puerto Real**, von den Katholischen Königen an der Stelle des alten römischen *Portus Gaditanus* erbaut, ist eine planmäßig angelegte Renaissancestadt, deren Grundriß als Vorbild für die neu angelegten Städte in den Kolonien diente. Besonders schön ist die Renaissance-Kirche San Sebastian. Hier im Mündungsgebiet des Guadalete war es, wo die schweren Kanonen Napoleons im feuchten Boden der Salinen einsanken und nicht weiterkamen. Die Kugeln fielen kurz vor Cádiz ins Wasser und ließen die Stadt unversehrt. Heute ist der Ort jedoch von der Krise der Werften gezeichnet.

Direkt an der Flußmündung liegt **El Puerto de Sta. María**. Vom Hafen kann man in einer halbstündigen Dampferfahrt

Oben: Gewitterwolken über der fast exotisch anmutenden Altstadtkulisse von Cádiz.

die Bucht nach Cádiz überqueren. Der Ort gewann im 16. Jh. an Bedeutung, als die Reeder der Überseeschiffe Paläste und stolze Türme bauten. In einem dieser Paläste befindet sich heute das städtische Museum. In der Burg San Marcos, in der eine mozarabische Kapelle erhalten ist, waren Kolumbus und Juan de la Cosa untergebracht. Rafael Alberti, dem hier geborenen Dichter der 27er Generation, ist ein weiteres Museum gewidmet. Außerdem gibt es eine besonders schöne Stierkampfarena.

Eine Vielzahl von Weinkellereien kündigt den Beginn der Sherry-Region an. Der Sherry, wie die Engländer den Wein aus dem Anbaugebiet um Jeréz nennen, ist ein Aperitif-Wein, der nach einem besonderen Verfahren hergestellt wird. Er wird in Fässern in Hallen gelagert, die wegen ihrer Größe und feierlichen Atmosphäre auch Wein-Kathedralen genannt werden. Die *bodegas* prägen die Sihouette der 13 Orte, die in dem Dreieck zwischen Puerto de Sta. María, Trebujena und Sanlucar zusammengeschlossen sind. Auch **Rota**, der umstrittene Nato-Stützpunkt gehört dazu. Dieser Ort bildet den Abschluß der Bucht von Cádiz.

Vom Stadtrand aus scheint **Jeréz de la Frontera** nur aus *bodegas* zu bestehen. Altmodische Kellereien, moderne Beton-Lagerhallen, Weincontainer, alle erdenklichen Formen der Weinlagerung sind zu sehen. Die Namen internationaler Sherry-Exporteure prangen in großen Lettern auf den Lagerhallen. Die königliche *Bodega La Concha* wurde vom französischen Architekten Eiffel gebaut. Die *Gran Bodega Tio Pepe* ist die größte der Welt, mit einer Lagerkapazität von 30.000 Fässern. Auf den Besucher warten Probierstuben und Verkaufsstände.

Jeréz hat jedoch außer Wein noch anderes zu bieten. Es ist mit 180.000 Einwohnern die größte Stadt der Provinz und ein lebhaftes Wirtschaftszentrum. Die Altstadt ist jedoch relativ klein. Von der ehemaligen Residenz des Kalifen von Sevilla, dem Alcázar, sind noch Ruinen und die zur Kirche umgebaute Moschee zu sehen. Von eleganter Leichtigkeit ist die gotisch-isabellinische Kirche San Miguel. Weitere Attraktionen sind die Rennstrecke für den Motorsport, das Uhren-Museum und der Zoo.

Sherry, Flamenco und Pferde sind die Traditionen des Ortes. Hier gibt es eine bekannte Flamenco-Schule, ein Flamenco-Museum, und im **Palacio de Pemartín** ist die andalusische Flamenco-Stiftung untergebracht. Die Stiftskirche, ein eindrucksvoller Bau aus dem 17. Jh. mit fünf Schiffen und einer achteckigen Kuppel, hat eine große Freitreppe, wo im September die offiziellen Feierlichkeiten zur Weinlese mit der Segnung des Mostes beginnen. Es ist dem Schutzheiligen der Weinbauern, San Ginés, geweiht.

Ein weiteres Fest vier Wochen nach Ostern ist den andalusischen Pferden gewidmet. Die prächtigen Tiere, Wagen und Trachten werden in verschiedenen Vorführungen gezeigt. Die alten Klischees leben dabei wieder auf, die den stolzen Caballero als Macho darstellen. Scheinbar mühelos schwingt er die Schöne hinter sich auf den Pferderücken.

Seit 1973 gibt es auch eine Hohe Schule von weißen andalusischen Pferden. Sie wird das ganze Jahr über im **Palacio Recreo de las Cadenas** vorgeführt. Die Dressur ist der der Wiener Hofreitschule verwandt. Die Pferde stammen aus dem Gestüt von **Cartuja,** einem Kartäuserkloster außerhalb der Stadt. Dieses darf nur von Männern besichtigt werden. Die gotische Kirche hat eine prächtig ausgeschmückte Renaissance-Fassade mit Skulpturen von Alonso Cano und mehrere gotische Kreuzgänge.

Den dritten Winkel des Sherry-Dreiecks bildet **Sanlucar de Barrameda**, am linken Ufer der Guadalquivir-Mündung gelegen. Es war schon im 15. Jh. ein wohlhabender Hafenort mit einer starken Verteidigungsmauer. Seine Bedeutung als Handels- und Verladezentrum stieg

DIE SIERRA

mit dem Überseehandel und der Versandung des Flußhafens von Sevilla.

Im oberen Ortsteil sind Turm und Mauern der Santiago-Burg erhalten. Daneben liegt der Palast der Gräfin von Medina Sidonia. Unterhalb des Palastgartens, zum Abhang hin, findet man die *covachas*, verzierte spätgotische Weinkeller. Große *bodegas* prägen auch hier das Ortsbild. In vielen von ihnen ist ein Ausschank oder auch ein Lokal, wo zum Wein herrliche *tapas* angeboten werden. Auf dem Meer abgerungenem Land entstand der neuere Ortsteil mit Plätzen, Kirchen und Barockklöstern. Zum Strand hin erstrecken sich die Feriensiedlungen.

Am Stadtrand liegt das Fischerviertel **Bajo de Guia** mit zahlreichen Restaurants, in denen man mit Blick auf den Strand Langusten essen und dazu den hiesigen Sherry, Manzanilla genannt, trinken kann. Vielleicht tummeln sich auf

Oben: Bei der Feria de Abril in Sevilla zeigt man, was man hat. Rechts: In der Mittagshitze braucht man ein Schattenplätzchen.

dem Sand Reiter, die für die traditionellen Pferderennen trainieren.

Auf der anderen Flußseite empfängt den Besucher unberührte Natur. Hier beginnt der Coto Doñana-Nationalpark, zu dem das gesamte Mündungsgebiet des Guadalquivir gehört. Chipiona, am Ende von 15 km Sandstrand nördlich von Rota, ist ein populärer Badeort.

Die Weißen Dörfer der Sierra

Viele der Dörfer, die in den Bergen westlich von Jeréz verstreut liegen, tragen den Beinamen *de la Frontera*. Große Teile Andalusiens waren im 13. Jh. von Fernando III. und Alfons X. erobert worden. Bis auch die letzte maurische Bastion, Granada, fiel, vergingen über 200 Jahre. Die Orte an der Grenzlinie zwischen Mauren und Christen waren ständig Überfällen durch die eine oder andere Partei ausgesetzt. Sie waren Frontstädte, und man sieht es ihnen auch an. Fast alle liegen auf Berggipfeln, durch Felsabhänge oder steil abfallende Flußtäler geschützt, von einer wehrhaften Burg und der Kirche überragt.

Die Dörfer ähneln einander. Weiße Häuser, die wie Würfel übereinandergeschachtelt liegen und romantische Innenhöfe voller Blumen haben. Die Hauptstraße ist gleichzeitig die einzige Straße, die einigermaßen mühelos auf den Berg führt. An ihren schönen Fassaden fallen riesige Fenstergitter auf. Alle anderen Straßen und Gassen sind steil und mühsam zu erklimmen.

Das Weiß der Wände, das Rot der Dächer und das Grün der umliegenden Berglandschaft verbinden sich in wunderbarer Harmonie. Ein beschaulicher ländlicher Alltag prägt das Dorfleben, und man spürt noch etwas von der jahrhundertelangen Isolation, die erst in den letzten Jahren durch den Straßenbau und den Tourismus langsam gewichen ist. Die Sehenswürdigkeiten beschränken sich meist auf die Burg und die Kirche, den

DIE SIERRA

Schlüssel muß man im Nebenhaus erbitten. Inzwischen gibt es Übernachtungsmöglichkeiten und Restaurants mit den typischen Gerichten der Sierra. Außerhalb der Saison jedoch fallen die Dörfer wieder in ihren gewohnten Schlaf.

Am bekanntesten und am einfachsten zu erreichen ist **Arcos de la Frontera**, einer der schönsten Orte Spaniens. Die schmale, endlose Straße führt immer höher, bis sie auf einem Platz, dem „Platz des Bürgermeisters", endet. Von einem Balkon aus sieht man, wo man gelandet ist: eine Felswand fällt senkrecht 166 m zum Río Guadalete ab.

Alle Straßen von Arcos sind schön, geheimnisvoll, voller Poesie. Viele sind von Bögen überspannt, die seitlich die Häuser abstützen. Zahlreiche Gebäude sind ehemalige Adelspaläste oder Klöster. Der Palast des Bürgermeisters ist in einen der herrlichsten Paradore des Landes umgewandelt worden. Am Platz des Corregidor liegen auch das Rathaus, die Burg und die gotische Kirche mit ihrer platteresken Fassade. Das Chorgestühl wurde im 18. Jh. von Roldán geschnitzt. Chor und Altar sollen aus vier Holzarten bestehen: Zitronenbaum, Ölbaum, Nußbaum und Mahagoni.

Der Guadalete ist hinter Arcos zu zwei Seen aufgestaut. Südlich davon führt die Straße in die Berge und zu den schönsten der weißen Dörfer: El Bosque und Benamahoma, Ubrique, Grazalema, Ronda, Setenil, Olvera, Zahara und, weiter südlich, Jimena de la Frontera.

Über allen wachen die Gipfel der Sierra de Grazalema mit der höchsten Erhebung El Pinar (1654 m). Dieses Bergland ist die niederschlagreichste Region Spaniens. Im Kalkgestein hat das Wasser viele bizarre Tropfsteinhöhlen gebildet, von denen man einige bei Benaoján, westlich von Ronda, besichtigen kann (El Hundidero, La Pileta, El Gato). Auch prähistorische Zeichnungen sind in diesen Höhlen gefunden worden.

Die **Sierra de Grazalema** ist ein Naturpark mit ganz besonderer Vegetation. Im Norden, von der Straße von Grazalema nach Benamahoma aus zu erreichen,

DIE SIERRA

befindet sich der einzige Pinsapo-Wald Europas. Diese Igeltannen sind in Mitteleuropa inzwischen als Zierpflanzen verbreitet. Der geschützte Wald ist ein ideales Refugium für Rehe, Hirsche, Bergziegen und eine große Zahl von Adlern und Geiern.

Ein bevorzugtes Nistgebiet der Geier sind die Felswände der Klamm **Garganta Verde**, die man von dem Sträßchen zwischen Grazalema und Zahara aus erreicht. Während der Aufzucht der Jungen von Januar bis Juni ist der Zutritt jedoch nur mit Führern gestattet.

Auch andere Flüsse haben sich tief in das weiche Gestein eingeschnitten und bilden eindrucksvolle Schluchten, wie **La Butrera**, die nördlich von El Colmenar vom Guadiaro gebildet wird. Der Zug von Algeciras nach Ronda fährt über diese malerische Schluchtenstrecke, durch viele Tunnel, durch enge Täler voller Rhododendren und durch die Sierra de

Oben: Ein Blick in die spektakuläre Schlucht des Tajo in Ronda.

Aljibe mit den großen Korkeichenwäldern. Das Dorf **Setenil**, in der Nähe von Ronda, ist so gewagt in die steilen Felswände hineingebaut, daß es alle Gesetze der Statik zu widerlegen scheint.

Die spektakulärste dieser Schluchten bildet jedoch der Tajo in **Ronda**. Der Ort thront schier uneinnehmbar auf einem Berg, geteilt durch einen fast 100 m tiefen Einschnitt, der seit dem 18. Jh. von einer eindrucksvollen Brückenkonstruktion überspannt wird. In die Brücke eingelassen ist ein kleiner Raum, der als Gefängnis diente. Den Christen gelang es nur durch eine List, den Ort von den Arabern zu erobern. Die lange Geschichte der Stadt dokumentieren Steinzeitzeichnungen, römische Ausgrabungen und arabische Bäder.

Die ereignisreiche Geschichte des Ortes wird in seinen Bauten dokumentiert: Die Katholischen Könige ließen die Sta. María-Kirche auf der alten Moschee errichten und das Kloster Sto. Domingo bauen. Die Kirche Espiritu Santo ist bereits mit dem Wappen der Habsburger geschmückt. Der Palast des Marquis von Salvatierra ist mit interessanten Barock-Dekorationen aus den Kolonien versehen. Unweit des Palastes gibt es eine mittelalterliche und eine arabische Brücke, die die Schlucht in weniger atemberaubender Höhe queren. Im unteren Teil der Altstadt, wo das Barrio San Francisco beginnt, sind noch Reste der Stadtmauer und das Tor Almocábar erhalten.

Das Prachtstück des neuen Ronda ist die Stierkampfarena, die älteste Spaniens aus dem 18. Jh., die Pedro Romero gewidmet ist, dem ersten Torero modernen Stils ohne Pferd. Die Gastronomie der Stadt ist ganz auf Touristen eingerichtet, doch wenige Besucher bleiben länger als ein paar Stunden. Außerhalb der „Stoßzeiten" ist Ronda ein Bergstädtchen mit familiärer Atmosphäre. Die Hälfte der im Stadtführer verzeichneten Sehenswürdigkeiten ist nicht zugänglich, der Ansturm überfordert den kleinen Ort.

Seine malerische Lage hat schon immer auch Dichter angelockt. Die Posada de las Animas beherbergte Cervantes, im Hotel Reina Victoria wohnte Rilke. 12 km außerhalb liegt auf 1000 m Höhe das „alte Ronda", Reste einer römischen Siedlung mit einem Amphitheater.

SEVILLA

Quien no ha visto Sevilla, no ha visto maravilla, wer **Sevilla** nicht gesehen hat, der kennt keine Wunder, sagt das Sprichwort. Sevilla, Hauptstadt Andalusiens mit 700.000 Einwohnern, zehn Meter über dem Meeresspiegel am gemächlich dahinfließenden Guadalquivir gelegen, hat die heißesten Sommer Spaniens und war früher ein wichtiger Flußhafen.

Es wurde von den Phöniziern gegründet, von Julius Cäsar erobert und war unter den Römern und Westgoten Hauptstadt einer betischen Teilprovinz. Damals nannte es sich *Híspalis*, der Fluß hieß *Betis*. Die Spuren der Römer finden sich nördlich der Stadt in *Italica*. Unter den Westgoten nahm hier die offizielle Konversion Spaniens vom arianischen zum katholischen Christentum ihren Ausgang: Der Thronfolger San Hermenegildo und die Bischöfe San Isidoro und San Leandro verbreiteten die neue Lehre im 6. Jh. Die Araber gaben der Stadt ein neues Gepräge, nannten sie *Isbiliat* und gaben dem Fluß seinen heutigen Namen. Sevilla war ab dem 11. Jh. Sitz der Emire der Almohaden-Dynastie. Im 13. Jh. eroberte es Fernando III. von Kastilien, und einige der folgenden christlichen Herrscher genossen hier den Luxus der arabischen Stadtanlage.

Im 16. Jh. war Sevilla die reichste Stadt Spaniens. Handel und Hafen zogen in- und ausländische Händler an, aber auch Gaukler, Vagabunden und Gauner, Gelehrte und Abenteurer. Es wurde zum Umschlagplatz für Waren aus den Kolonien und Europa, für Gold und Silber.

Gleichzeitig entwickelte es sich zu einem bedeutenden Kulturzentrum. Damals ging man daran, die große Kathedrale zu bauen. In der Stadt arbeiteten Martínez Montañés und Nuño Delgado, die großen Bildhauer, und der Holzschnitzer Rodrigo Alemán, Meister der Renaissance; Maler wie Murillo, Zurbarán, Valdés Leal und Velázquez machten sich einen Namen. In der Literatur entstand die Dichterschule von Sevilla, gefördert von den Mäzenen des Hauses Gelves, Nachfahren von Kolumbus. Die besten Dichter der Renaissance arbeiteten in der Stadt: F. de Herrera, Aldana, de la Torre. 400 Jahre später knüpfte die 27er Generation an diese Tradition an.

Unter den Bourbonen war das erste Entdeckungsfieber abgeklungen. Karl III. dachte im 18. Jh. bereits an die Dokumentation und ließ im 1. Stock der alten im 16. Jh. von Juan de Herrera gebauten Handelsbörse das **Archivo de Indias** einrichten, in dem heute noch so manches Schriftstück aus den Kolonien verstaubt und ungesichtet verstaut ist. Durch die Versandung des Flußhafens verlor die

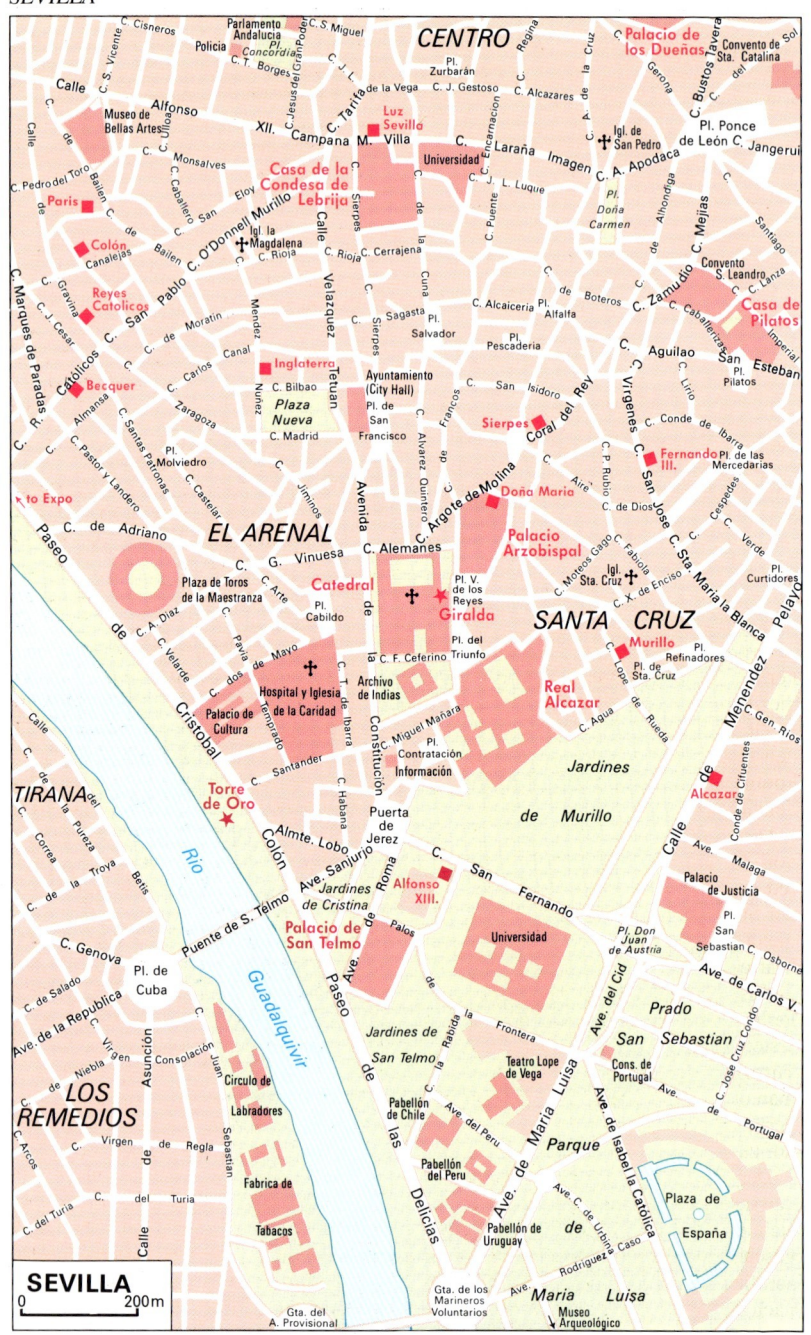

Stadt in dieser Zeit an Bedeutung, die sie erst mit der Industrialisierung wiedergewann.

Die Stadt von heute

Von außen präsentiert sich Sevilla, wie alle spanischen Großstädte, mit riesigen Neubau-Wohnvierteln und Industrieanlagen. Der Besucher wird jedoch ins Zentrum geleitet, an den Südrand des großen Innenstadtovals in der Flußbiegung, wo sich auf engem Raum die bekanntesten Sehenswürdigkeiten befinden.

Das stimmungsvolle Sevilla, die Sträßchen und Gassen mit weiß und gelb gestrichenen Häusern, die Innenhöfe, *patios* mit liebevoll bewässerten Pflanzen, die hübschen, von Bäumen überschatteten Plätze, die in den heißen Sommernächten zu Freiluft-Lokalen werden, die malerischen Winkel mit einer auf Kacheln gemalten Jungfrau, vor der immer eine Kerze brennt, oder die Lokale, in denen einem die vielen Leckereien auf der Theke, die *tapas*, die Wahl schwer machen, all das muß man zu Fuß erkunden; man muß den Fluß überqueren, um nach Triana zu kommen, oder den Einschlupf ins alte Judenviertel finden.

Den besten Überblick bekommt man von der **Giralda** aus, dem Haupt-Minarett der alten Moschee und Wahrzeichen der Stadt; in mauretanischem Stil erbaut, gleicht sie den Minaretten von Rabat und Marrakesch. Sie stammt aus dem 12. Jh. und ist auf einem westgotischen Vorgängerbau errichtet, dessen Steine noch die ersten Meter bilden. Man erreicht den Turmaufgang durch die Kathedrale, die man durch die Puerta de los Palos wieder verlassen muß, um einen kleinen Außenhof zu queren.

Der arabische Bau hat durch die Renaissance-Zusätze sein ganz eigenes Gesicht erhalten: die Balkone, das Glockengeschoß oder die Wetterfahne, eine Personifizierung des Glaubens, *giraldillo*, nach der Turm benannt ist. Insgesamt mißt er fast 100 m, und bis in eine Höhe von 70 m kann man ihn über eine Rampe erklimmen, die Fernando III. zu Pferd überwand, als er 1248 die Stadt erobert hatte. Die über 140 Säulen, die die Außenseite schmücken, stammen vom Medina Azahara-Palast in Cordoba.

Von oben hat man einen Rundblick über die ganze Stadt: die Insel der Cartuja mit dem Gelände der Weltausstellung 1992 zwischen Kanal und Fluß im Nordwesten; im Westen auf der anderen Kanalseite das alte Fischerviertel Triana, südlich davon das moderne Wohnviertel Remedios; auf dem freien Gelände daneben findet alljährlich die berühmte Feria de Abril statt.

Im Süden sieht man die **Universität** liegen, die in der alten Tabakfabrik (18. Jh.) untergebracht ist, in der *Carmen* und mit ihr über 10.000 *cigarreras* arbeiteten; sie soll nach dem Escorial das zweitgrößte Gebäude Spaniens sein; dahinter liegen die Parkanlagen María Luisa und Prado de San Sebastian mit dem Ausstellungsgelände der hispano-amerikanischen Ausstellung von 1929: das Halbrund der Pl. de España mit den beiden schlanken Neomudejar-Türmen und die modernistischen Ausstellungspavillons. Noch weiter südlich liegen die Hafenanlagen, die zur Entlastung der großen Häfen von Cádiz und Huelva dienen.

Im Osten befinden sich direkt vor der **Kathedrale** die Gebäude des königlichen **Alcázars** mit seinen Innenhöfen und Gärten, von hohen Mauern umgeben. Daneben schaut man von oben auf die Terrassen und Gassen des Stadtviertels Santa Cruz, des ehemaligen jüdischen Ghettos. Jenseits davon erstreckt sich das Gelände des neuen Bahnhofs und im Hintergrund bis zum Horizont das Sevilla des 20. Jh., ein Moloch aus Verkehr und Industrie mit großen, modernen Wohnanlagen, wie der Gartenstadt Ciudad Jardín oder der Universidad Laboral.

Im Norden schließlich breitet sich der gesamte Innenstadtbereich aus, ein Ge-

SEVILLA

wirr von Straßen, Gassen und Plätzen, roten Dächern, Kuppeln und zahllosen Kirchtürmen, ein paar großen, oft verstopften Verkehrsadern und einem Meer aus weißen Häusern.

Zeugen der Vergangenheit

Die wichtigsten Gebäude aus Sevillas Blütezeit sind die Kathedrale, das Alcázar, das Haus des Pilatus, der Torre de Oro und das Archiv. Die **Kathedrale**, so verkündet stolz ein Schild, steht im Guiness-Buch der Rekorde als drittgrößte der Welt, mit der größten Grundfläche. Sie mißt 116 x 76 m, hat neun Portale, fünf Schiffe mit bis zu 36 m Höhe, 45 Seitenkapellen und den größten Altaraufsatz der Christenheit, so übervoll dekoriert, daß man kaum noch Details erkennen kann. Der Altar und das Chorgestühl von Nufro Sánchez aus dem 15. Jh. sind hinter

Oben: Wie in Gold gebadet – der Altar der Kathedrale von Sevilla. Rechts: Den besten Flamenco singen die Zigeuner.

schweren Gittern verschlossen. In der platereresken Königskapelle im Chorumgang befinden sich die Gräber von König Fernando III. dem Heiligen, von seinem Sohn, Alfons X. dem Weisen, und seiner Frau Beatriz de Suavia. Hier wird auch die Schutzpatronin der Stadt verehrt, die kleine gotische Figur der Virgen de los Reyes aus dem 13. Jh.

In der Sakristei sind Bilder von Murillo, Goya, Valdés Leal, Zurbarán, Ribera und Alonso Cano zu sehen. Daneben einer der ausgefallensten Kapitelsäle (16. Jh.), oval mit barocken Kuppelmalereien. Durch das Vergebungsportal gelangt man in den Orangenhof, der wie die Giralda von der alten Moschee übriggeblieben ist. An diesem Hof liegt die Columbinische Bibliothek, eine Stiftung des Sohnes von Kolumbus, zusammen mit der Kapitelbibliothek eine stattliche Sammlung antiker Werke.

Der **Alcázar**, die ehemalige Residenz der Emire, ließ Pedro der Grausame im 14. Jh. umbauen; er schätzte die hochentwickelte Baukunst der Mauren und lebte

SEVILLA

dort wie ein Sultan. Was man heute sieht, sind die Reste der ausgedehnten Palastanlage, die nach Zerstörungen und Bränden übriggeblieben sind – eine Mischung aus Mudéjar- und maurischem Stil.

Die Kacheln, Stuckarabesken und Artesonado-Decken der Innenhöfe sind Beispiele für die Perfektion arabischer Baumeister: der Patio de Doncellas (Jungfrauen-Hof) des Harems und der Patio der Muñecas.

Die Räume, die an die Alhambra erinnern, sind Zeugnis des erlesenen Geschmacks von Pedro I. von Kastilien, der, um seine Herrschaft zu sichern, seine Stiefbrüder ermorden ließ; im Botschafter-Salon heißt es von einem Fleck auf den Boden, daß hier das Blut des Stiefbruders Don Fadrique geflossen sei; der Raum mit den eleganten Bogen-Öffnungen hat eine der typischen *almocárabe*-Decken, plastische Holzschnitzereien, die tropfen- oder zapfenförmig herausragen und den Eindruck erwecken, in einer Höhle zu sein. An den Wänden sind die kastilischen Könige dargestellt.

Auch die nachfolgenden Regenten haben den Bau geprägt, wie man in den Räumen von Isabel der Katholischen, der gotischen Kapelle und dem Saal von Karl V. sieht. Die Gärten haben im Laufe der Jahrhunderte viele Veränderungen erfahren und bilden heute mit ihren Brunnen und Terrassen voller Orangenbäume und Palmen eine Oase in der Großstadthitze. Ein beschauliches Plätzchen für eine Ruhepause ist auch die **Plaza Sta. Marta**, die, üppig von Jasmin und Orangenbäumen begrünt, Schatten und Bänke bietet. Den Zugang findet man gleich gegenüber der Kathedrale.

Hinter dem Alcázar liegt das ehemalige Judenviertel, das **Barrio Sta. Cruz**. In den schattigen Gassen befinden sich heute einfache Pensionen, Touristenläden und gemütliche Lokale. Es gibt zwei größere Plätze: die Pl. de Doña Elvira, auf der im 16. Jh. die Theaterstücke von Lope de Rueda und seinen Zeitgenossen aufgeführt wurden, und die Plaza Sta. Cruz mit ihrem barocken Eisenkreuz. In der Straße Mesón del Moro siedelte Cer-

vantes seinen Hof des Monipodio an, eine zeitgenössische Milieuschilderung, die bis heute nichts an Aktualität eingebüßt hat.

In der C/ Sta. Teresa befindet sich der gleichnamige Konvent, den diese Reformerin des Karmeliterordens im 16. Jh. gegründet hat. Sie soll gesagt haben, daß jeder besondere Achtung verdiene, dem es in Sevilla, dieser sinnlichen Stadt, gelänge, ohne Sünde zu leben. Und die C/ Susona trägt den Namen jener Jüdin, die aus Liebe zu einem Christen den eigenen Glauben verriet und den dagegen opponierenden Vater der Inquisition auslieferte; der Kopf des enthaupteten Vaters soll bis ins 18. Jh. vor ihrem Haus gehangen haben.

Heute erinnert hier nichts mehr an die jüdischen Bewohner, die in einem Pogrom (1391) zu Tausenden ermordet wurden. Die Synagoge hat man in eine Kirche umgewandelt, **Sta. María la Blanca**, in der man von westgotischen Kapitellen über arabische Dekore bis zum *Abendmahl* von Murillo die gesamte Kunstgeschichte repräsentiert findet.

Nördlich des Barrio Sta. Cruz gelangt man zur **Casa de Pilatos**, dem Palast des Pilatus im Heiligen Land nachempfunden, der Anfang des 16. Jh. für die Herzöge von Medinaceli errichtet wurde. Das Gebäude mit seinem prächtigen Arkadenhof vereint Stilelemente aus Renaissance, gotischem Flamboyant und Mudéjar; einige Räume sind von Pacheco ausgemalt, dem Schwiegervater von Velázquez. Die Original-Kacheln aus dem 16. Jh. zeigen dem Besucher den echten Sevillaner Stil, der wenig mit den modernen Kachel-Nachbildungen gemein hat. Griechische und römische Statuen schmücken das Gebäude, in das auch ein römisches Museum integriert ist. Ein ähnlich prächtiger Palast aus dem 16. Jh. mit ebenfalls beachtlichen archäologischen Funden, besonders römischen Mosaiken, ist der **Palacio de Lebrija**.

Oben: Rundum mit Kacheln verziert – die Plaza de España. Rechts: Der Torre de Oro ist das Wahrzeichen von Sevilla.

SEVILLA

Der **Torre de Oro**, sicher deswegen zu einem Wahrzeichen der Stadt geworden, weil er auf Fotos der Stadtsilhouette im Abendlicht immer im Vordergrund erscheint, war ein Befestigungsturm der Stadtmauer der Almohaden. Seinen Namen verdankt er seiner früheren goldenen Kacheldekoration. In dem zwölfeckigen Turm befindet sich ein kleines Schifffahrtsmuseum.

Abseits der großen Monumente

Ein Spaziergang entlang der Tabakfabrik, der heutigen Universität, führt zunächst zu den Gartenanlagen des Ausstellungsgeländes von 1929. Mittelpunkt ist die **Plaza de España**. Am Halbrund des Gebäudes zeigen Kachelbilder typische Szenen aus allen spanischen Provinzen; zierliche Brücken mit Keramikgeländern führen über einen kleinen Wassergraben.

Am Ende des **María-Luisa-Parks**, durch den man mit der Pferdekutsche fahren kann, findet man in den modernistischen Ausstellungspavillons das **archäologische** und das **Völkerkundemuseum**, umgeben von Orangenbäumen und Schwärmen weißer Tauben. Ersteres zeigt neben Funden aus der iberischen Frühzeit römische Skulpturen, Mosaiken, Töpferwaren und Schmuck aus dem römischen *Italica*. Das Museo de Artes y Costumbres Populares stellt Werkzeug und Trachten aus. Im Kellergeschoß sind Werkstätten nachgebaut.

Das Zentrum der Innenstadt liegt heute um die Pl. Nueva und die Pl. San Francisco mit dem Rathaus, auf der früher Veranstaltungen, Stierkämpfe und Autodafés, abgehalten wurden. Von hier schlängelt sich, ihrem Namen entsprechend, die Fußgänger-Einkaufsstraße **Sierpes**; im Sommer wird sie zum Schutz gegen die Hitze mit Baldachinen überspannt.

Am westlichen Rand des Zentrums, unweit des Flusses und des aufgelassenen Cordoba-Bahnhofs, der zum Kulturzentrum umgebaut wird, befindet sich das

Kunstmuseum von Sevilla. Es soll die zweitgrößte Pinakothek Spaniens sein, ist aber seit Jahren im Umbau, so daß nur wenige Säle zugänglich sind.

Ein Besuch lohnt sich dennoch. Das Gebäude ist ein ehemaliges barockes Kloster, und die Ausstellungsräume um die Innenhöfe sind schon eine Sehenswürdigkeit für sich.

Die Sammlung umfaßt die Werke spanischer und italienischer Maler vom 15. bis 18. Jh., besonders jedoch der barokken Andalusier, wie Murillo, Valdés Leal und Zurbarán. Von hier ist es nicht weit zur Barockkirche **La Magdalena** mit Bildern von Zurbarán, Fresken von Valdés Leal, aber auch sehenswertem Kachelschmuck.

Überquert man hier den Flußarm, so liegt zur Rechten die **Cartuja**, das Kartäuserkloster, das ab dem 19. Jh. als Keramikfabrik zweckentfremdet wurde. Hier ist das Weltausstellungsgelände entstanden, das die Cartuja einschließt und die unwirtliche Insel in einen von Kanälen durchflossenen Park verwandelt hat.

SEVILLA

Zur Linken beginnt **Triana**, früher ein Fischerviertel, später ein Armenviertel, heute restauriertes Kneipenviertel. Bescheidene, zweigeschossige Häuser säumen die Straßen. Das Keramik-Handwerk hat hier ganz besonders Tradition. Zwei Töpferinnen, Santa Justa und Santa Rufina, weigerten sich, ihre Gefäße für heidnische Opfergaben herzugeben und setzten damit ihr Leben aufs Spiel. Seither sind sie die Schutzheiligen der Stadt Sevilla. In diesem Viertel liegen auch die gotische **Sta. Ana**-Kirche mit einem romanischen Portal und der ehemalige Sitz der Inquisition.

Ein anderes volkstümliches Stadtviertel ist das **Barrio de la Macarena** nördlich des Zentrums, um die gleichnamige Basilika gelegen, wo noch Reste der alten maurischen Stadtmauer zu finden sind.

Auch das Viertel nördlich der Pl. de la Encarnación und das Barrio **San Lorenzo** um die gleichnamige Kirche westlich der Alameda de Hercules, wo sonntags der Flohmarkt abgehalten wird, sind volkstümliche Wohngegenden. Hier findet man noch am ehesten das Sevilla der Sevillaner, Hausfrauen, die im Arbeitskittel vor der Haustüre miteinander schwatzen, an der Ecke ein paar gelangweilte Prostituierte, den Postboten, den jeder kennt und der in jeder zweiten Bar halt macht, und den Pfarrer mit einer Einkaufstüte im Bäckerladen.

In allen Stadtvierteln strömen in den heißen Sommernächten die Menschen auf die Straßen, bummeln durch die Nachbarschaft, in Parks und über Plätze. Die Kinder spielen bis in die frühen Morgenstunden in den Straßen, während die Erwachsenen in den Bars der Umgebung einkehren und ein Gläschen Wein und die überall angebotenen *tapas* genießen.

Beliebte Gegenden für Nachtschwärmer sind das ehemalige Fischerviertel Triana, die Straßen um die Pl. Nueva, *El Postigo* genannt, die Umgebung des Alfalfa-Platzes und das immer von Touristen bevölkerte Barrio Sta. Cruz

Brauchtum

Die traditionellen Lebensformen gehen selbst im bodenständigen Andalusien langsam verloren, aber in den Festen leben alte Bräuche fort. Die *fiestas* waren immer nicht nur kirchliche Feiertage, sondern ein gesellschaftliches Ereignis, Flucht aus dem Alltag, lebendiger Ausdruck des tief verwurzelten Brauchtums.

Die größte dieser *fiestas* ist die **Feria de Abril**, bei der an die 1000 *casetas* aufgebaut werden, dekorierte Festzelte, in denen getrunken, gesungen und getanzt wird. Dazu werden die prächtigsten Kostüme und Trachten angelegt, und das bunte Treiben von lautstarken *sevillanas* aus Hunderten von Lautsprechern überschallt alles.

Das zweite große Ereignis ist die **Karwoche**, weit von religiöser Einkehr und Buße entfernt. Im Mittelpunkt stehen die Prozessionen, und besonders in der Nähe der Kirchentüren ist kaum ein Stehplatz zu ergattern. Bruderschaften, *cofradías*, unterschiedlich gekleidet, oft im Büßergewand der Inquisition, das mit den hohen Kapuzen Anonymität gewährt, Zünfte und Kapellen mit ihren düsteren Trommelwirbeln begleiten die *pasos*, wie die Marien- oder Christusfiguren, die Szenen der Leidensgeschichte darstellen, genannt werden. In der Luft liegt der Duft von Orangenblüten und Weihrauch. Bis zu 50 Träger, *costaleros*, schleppen die tonnenschweren Podeste, und wenn sie den *paso* „tanzen" lassen, applaudiert das Publikum. Büßer wandeln mit Ketten, Kreuzen, Kerzen und Büßerhemden barfuß über Blumenteppiche. Schweigeprozessionen trotten durch die Gassen, nur unterbrochen von *saetas*, Flamenco-Gesängen, die von Gläubigen unter dem Beifall der Massen dargeboten werden. Danach sprechen Teilnehmer und Zuschauer dem Angebot der Lokale zu, die die ganze Nacht über geöffnet haben.

Ein weiteres festliches Ereignis ist die Wallfahrt zur **Jungfrau von El Rocío**.

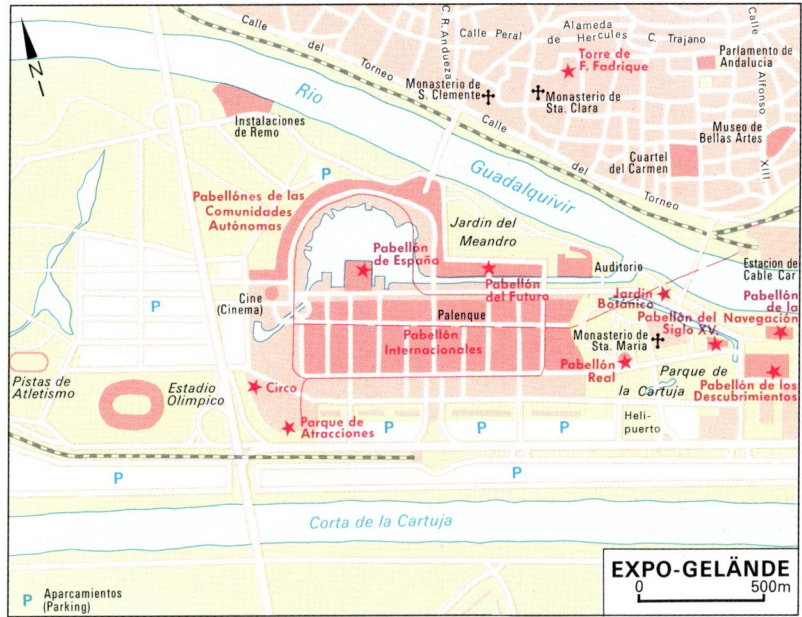

Am Donnerstag vor Pfingsten, um 11 Uhr morgens, verläßt die sevillanische Bruderschaft des Rocío mit geschmückten Wagen, von Ochsengespannen gezogen, die Kirche San Jacinto in Triana, und macht sich auf den weiten Weg nach El Rocío; acht Tage später kommt sie zurück. Zuerst ziehen die Reiter auf ihren stolzen Pferden aus der Stadt, gefolgt vom *simpecado*, dem Wagen mit der Standarte der Bruderschaft, dann die anderen Wagen. Die Verabschiedung und Begrüßung sind Volksfeste in der Stadt, wozu eine Messe mit Flamenco-Gesängen gefeiert wird.

Die Expo '92

Seit einigen Jahren dreht sich in Sevilla alles um die Expo '92, womit gleichzeitig die Entdeckung Amerikas vor 500 Jahren gefeiert wird. Kritische Bemerkungen zu den Folgen der Ereignisse von 1492 – Judenverfolgung, Vertreibung der Mauren, Zerstörung der indianischen Kulturen – sind nicht zu hören.

Für die Sevillaner soll die Weltausstellung kein Beweis regionaler Größe und Fortschrittlichkeit sein, so wie die Katalanen die Olympiade in Barcelona im selben Jahr auffassen. Sie soll vielmehr ein ökonomischer Impuls sein, von dem man Einnahmen und Arbeitsplätze, eine Imageverbesserung im Fremdenverkehr, den Ausbau der Infrastruktur, Investitionen in Wirtschaft und Hotellerie erhofft. Die Expo bringt Sevilla neue Straßen, einen neuen Bahnhof, wo der Hochgeschwindigkeitszug aus Madrid ankommt, sieben neue Brücken, viele Millionen Besucher aus dem In- und Ausland und ein halbes Jahr garantierte Sendezeiten auf allen Fernsehkanälen.

Auf 215 ha stellen 105 Länder ihre Beiträge zum 21. Jh. dar, und auch die spanischen 17 *Comunidades Autónomas* präsentieren sich jede in einem eigenen Pavillon. Der zentrale Komplex um das Kloster, der königliche Pavillon und der des 15. Jh., wird mit Park, Botanischem Garten und künstlichem See auch nach 1992 erhalten bleiben.

SEVILLA

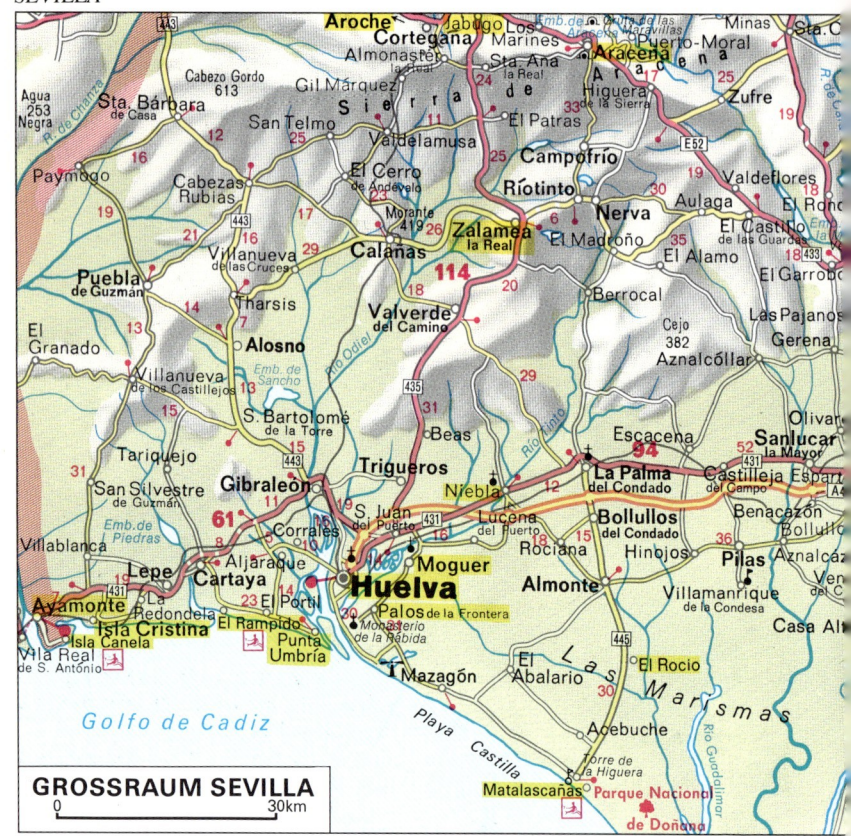

GROSSRAUM SEVILLA

Die Ruinen von Itálica

Im Norden Sevillas ist in **Santiponce** das frühere Zisterzienserkloster San Isidoro del Campo zu besichtigen. Der mächtige Wehrbau, Grablege der einflußreichen Familie von Guzman el Bueno, steht seit der Säkularisierung leer. Aber der doppelte Kirchenbau – ein früh- und ein spätgotischer – und die Mudéjar-Kreuzgänge mit schönen alten Kacheln sind in gutem Zustand.

In der Nähe befindet sich die Ausgrabungsstätte der römischen Siedlung *Colonia Aelia Augusta Italica*. Sie wurde 206 v. Chr. für die Legionäre des 2. Punischen Krieges gegründet und im 8. Jh. von den Mauren zerstört, nachdem sie seit dem 6. Jh. bereits an Einwohnern und Pracht verloren hatte. Die offenbar recht wohlhabende römische Stadt hatte ein heute noch gut erhaltenes Amphitheater, ein Theater, Paläste und Thermen. Ausgegrabene Schätze und Mosaiken werden in einem Museum ausgestellt, weitere Funde in den archäologischen Museen von Sevilla und Madrid.

HUELVA

Über die neue Autobahn gelangt man von Sevilla schnell nach Huelva. Auf halbem Weg liegt die Grafschaft Niebla, ein Geschenk von Enrique II. von Kastilien an seine uneheliche Tochter Beatriz. Der Ort **Niebla** ist ein hübscher Weinbauern-

ort, von einer großen arabischen Mauer umgeben und von einem Alcázar gekrönt. Die Grafschaft, das *condado*, hat ihren eigenen Wein, dem Sherry ähnlich, aber nicht ganz so berühmt.

Südlich der Autobahn und westlich des Guadalquivir liegt der 50.000 ha große Nationalpark **Coto Doñana**. Das Gebiet ist durch Ablagerungen des Flusses im früheren römischen See *Ligustinus* entstanden. Später wurde es königliches Jagdgelände mit verstreuten Jagdpalästen. Das Marschland mit den zahllosen Mündungsarmen des Flusses ist eines der bedeutendsten Wasservogelreservate Europas und durch seine Lage an der Grenze zweier Kontinente eine wichtige Zugvogel-Station für 250 Arten.

Seit die Marschbauern versuchen, Teile des Landes trockenzulegen, und den Ostteil in Reisfelder verwandelt haben, hat eine Austrocknung eingesetzt, die auch Tiere und Pflanzen gefährden könnte. Die Einengung durch Feriensiedlungen auf allen Seiten schafft eine weitere Bedrohung. Der Nordteil des Parks ist eine trockene, sandige Geestlandschaft mit Pinienwäldern. Dort gibt es Luchse, Rehe, Hirsche und Wildschweine.

Das flimmernde, gleißende Licht und die Monotonie der Ebene erzeugen in diesem Landstrich eine ganz ungewöhnliche Stimmung. Das Gebiet ist mit dem Auto gar nicht und zu Fuß nur an wenigen Stellen zugänglich. Für einen Besuch im Inneren des Parkes muß man sich zu einer kostspieligen Landroverfahrt voranmelden. Kleine Wanderungen sind in der Nähe der Informationszentren entlang der Straße von Almonte zur Küste möglich. Dort sind Lehrpfade mit gut ausgeschilderten Wegen angelegt und Aussichtsplattformen in den Sümpfen angelegt, von denen man die Wasservögel beobachten kann.

Auf derselben Straße kommt man durch **El Rocío**, das sich um eine moderne Wallfahrtskirche schart, die eine berühmte Jungfrau aus dem 13. Jh. birgt und einmal im Jahr, zu Pfingsten, Ziel von einer Million Besuchern wird, die größte Wallfahrts-Show der westlichen Welt. Die Häuser der Bruderschaften stehen das ganze Jahr über leer und lassen den Ort wie eine texanische Geisterstadt erscheinen.

Auch näher an der Küste, in **Matalascañas**, fühlt man sich an den Wilden Westen erinnert. Wie aus dem Nichts sind hier die Feriensiedlungen aus dem Boden geschossen, bis eine vermehrte Ausweisung von Schutzgebieten im Umkreis des Nationalparks der Spekulation Grenzen setzte. Dahinter führt die Küstenstraße zwischen Dünen und Marschland durch eine relativ unberührte Landschaft bis nach Huelva.

HUELVA

Huelvas Ursprung geht zwar auf das mythologische *Tartessos* zurück, bewahrt aber kaum Andenken an seine Vergangenheit, da es 1755 bei einem Erdbeben völlig zerstört wurde. Seit der Römerzeit war es ein bedeutender Hafenort, wo Kupfer und Zinn aus den Minen des Río Tinto verschifft wurden. Auch heute werden hier Bodenschätze verarbeitet, und die petrochemische und die Papierindustrie tun das Ihre dazu, die Bucht in eine Kloake zu verwandeln. Wenn der Wind in die andere Richtung weht, ist der Ort jedoch angenehm, ruhig, mit einigen hübschen Fußgängerstraßen.

Die monumentale Kolumbusstatue der Amerikanerin Whitney (1929) hinter sich lassend, kann man über eine Brücke die Bucht überqueren und gelangt dorthin, wo 1492 die Entdeckungen wirklich ihren Anfang nahmen. **La Rábida** ist ein schlichtes Kloster über der Bucht, wo Kolumbus Aufnahme fand. Es ist mit farbenfrohen Bildern von Vázquez Díaz geschmückt. Aus **Palos de la Frontera** stammten die Brüder Pinzón, die Kolumbus die Schiffe für die Expedition zur Verfügung stellten. Der Hafen, von dem die Entdeckungsreise startete und in dem sie auch endete, existiert heute leider nicht mehr.

Etwas weiter landeinwärts liegt **Moguer**. In der Kirche des Sta. Clara-Klosters soll Kolumbus vor der Reise gebetet haben. Das Kloster aus dem 14. Jh. stellt sich in romantischer Dekadenz dar und wird derzeit in ein Museum verwandelt. Die bereits restaurierte Kirche ist ein schönes Beispiel eines schlichten Mudéjar-Stils. Eine kleine Jesusfigur stammt von Luisa Roldan, *La Roldana*, deren wenig bekannte Barock-Skulpturen in den Kirchen dieser Gegend zu finden sind. Ihren Spuren zu folgen, ist ein Geheimtip für Liebhaber.

Rechts: Der Nationalpark Coto Doñana schützt auch den herrlichen Strand vor allzuvielen Besuchern.

In Moguer ist auch der Nobelpreisträger Juan Ramón Jiménez geboren, dessen philosophische Gespräche mit dem Esel Platero Weltruhm erreicht haben. Sein Geburtshaus ist ein kleines Museum.

Diese Orte, die vom Ruhm Kolumbus' zehren, leben ansonsten von der Landwirtschaft. Wie viele andere um Huelva, züchten sie Frühgemüse und besonders Erdbeeren. Die versandeten Häfen von damals glitzern heute wieder, allerdings durch Plastiktunnel.

Von den Marismas bis Portugal

Auf der westlichen Landspitze der großen Mündungsbucht des Río Tinto und des Río Odiel liegt **Punta Umbría**. Von hier bis zur portugiesischen Grenze reihen sich weite Strände, kleinere Feriensiedlungen, Dünen und Pinienwälder aneinander.

Oberhalb von Punta Umbría erstreckt sich das Sumpfgebiet des Odiel, *marismas* genannt, eine ähnliche Landschaft wie die Coto Doñana. Das von den Gezeiten immer wieder unter Wasser gesetzte Terrain verändert seine Oberfläche ständig und schafft Lebensraum für eine ganz eigene Sumpf-Flora und Fauna. Auch hier machen Zugvögel Rast.

Die Meeresströmung sorgt dafür, daß sich die Flußsedimente als lange Sandbänke parallel zur Küste ablagern. Die Sandbank vor der Mündung des Río Piedras ist über 10 km lang und ein echtes Badeparadies; sie ist vom Ort **El Rompido** aus zu erreichen, der den Gezeitenunterschied in der langgezogenen Mündungszone für die Fisch- und Muschelzucht nutzt.

Isla Cristina und **Isla Canela** sind weitere beliebte Badeorte mit schönen Stränden und guten Fischlokalen. An der Mündung des Guadiana, der hier die Grenze zu Portugal bildet, liegt der letzte spanische Ort, **Ayamonte**, ein bedeutender Fischereihafen. Die weißen Häuser staffeln sich in Terrassen über die kleine

Anhöhe; oben befindet sich der Parador in einem alten Kloster mit Blick aufs Meer und die zahllosen Buchten und Sandbänke der Flußmündung. Über eine neue Brücke kann der Reisende jetzt den Guadiana nach Portugal überqueren.

Sierra de Aracena

Von Huelva führen wenig befahrene Wege parallel zur portugiesischen Grenze nach Norden. Nach Valverde del Camino steigt die Straße in die Ausläufer der Sierra Morena an. In der Hügelkette liegen kleine Dörfer verstreut, teils Bergbauorte, teils Wochenendziele der Städter aus Huelva und Sevilla. Stein- und Korkeichenwälder, Mimosen, Eßkastanien und große Buschbestände mit klebrigen Zistrosen bilden die Vegetation. Das relativ dünn besiedelte Gebiet bildet ein Refugium für Geier und Kaiseradler, und sogar die sonst recht selten gewordenen Luchse kommen hier noch vor.

Bei **Zalamea la Real** wird im Tagebau Kupfer abgebaut. Die roten Terrassen sind die Ursache für Färbung und Name des Río Tinto. Hauptort der Sierra ist **Aracena**, überragt von einer arabischen Festung und einer gotischen Kirche mit einem Mudéjar-Turm. Die zwei Casinos, eines für Reiche und eines für Arme, sind lebendiger Beweis für die Zwei-Klassen-Gesellschaft, die Andalusien seit jeher dominiert. Interessant ist auch das Museum mit Brauchtum der Sierra Morena.

Unweit des Ortes befinden sich die **Grutas de las Maravillas**, weitverzweigte Tropfsteinhöhlen mit unterirdischen Seen und den erstaunlichsten Formationen. Auch die angenehme Kühle ist im Sommer nicht zu verachten.

Der Ort **Jabugo** gibt einem der besten Bergschinken Spaniens seinen Namen, der hier aus den halbwild gezogenen schwarzen Schweinen, die sich nur von Eicheln ernähren, hergestellt wird. **Aroche** schließlich hat neben prähistorischen Funden und einer gut erhaltenen Stadtmauer ein kurioses Rosenkranz-Museum. Hier öffnen sich nach Norden bereits die Weiten der Meseta und der Extremadura.

INFO: ALTANTISCHES ANDALUSIEN

PROVINZ CÁDIZ
(Telefonvorwahl: 956-)
Unterkunft
TARIFA: *MITTELKL:* **Hostería Tarifa**, Amador de los Ríos 22, Tel: 684076. **VEJER**: *LUXUS:* **Hospedería del Convento San Francisco**, Plazuela, Tel: 451001. *EINFACH:* **La Posada**, Los Remedios 21, Tel: 450258. **CÁDIZ**: *LUXUS:* **Atlántico**, Parque Genovés 9, Tel: 226905. *MITTELKL:* **San Remo**, Paseo Marítimo 3, Tel: 252202. *EINFACH:* **Imares**, C/ San Francisco 9, Tel: 212257. **SANLUCAR DE B**: *LUXUS:* **Tartaneros**, C/ Tartaneros 8, Tel: 362044. *MITTELKL:* **Las Marismas**, Pl. la Salle 2, Tel: 366008. **PTO. DE STA. MARÍA**: *LUXUS:* **Los Cántaros**, C/ Curva 6, Tel: 864242. **Santa María**, Av. de la Baja Mar, Tel: 873211. *MITTELKL:* **Hostal Gazpacho**, C/ Tortolas 10, Tel: 854611. *EINFACH:* **Bahía del Sol**, Dunas de San Antón, Tel: 850250. **JEREZ**: *LUXUS:* **Royal Sherry Park**, C/ Alvaro Domecq 11, Tel: 303011. *MITTELKL:* **Nuevo Hostal**, C/ Caballeros 23, Tel: 331600. *EINFACH:* **Torres**, C/ Arcos 29, Tel: 323400. **ARCOS DE LA FRONTERA**: *LUXUS:* **Parador Casa del Corregidor**, Tel: 700500. *MITTELKL:* **El Convento**, C/ Maldonado 2, Tel: 702333. **Marqués de Torresoto**, C/ M. de Torresoto 4, Tel: 700517. **OLVERA**: *MITTELKL:* **Sierra y Cal**, Av. N. Sra. de los Remedios 2, Tel: 130303. **ZAHARA**: *MITTELKL:* **Marqués de Zahara**, C/ San Juan 3, Tel: 137261. **Hotel Gran Sol**, Av. de la Playa. **RONDA** (Prov. Malaga): *LUXUS:* **Reina Victoria**, C/ Jeréz 25, Tel: 952-871240. *MITTELKL:* **El Tajo**, C/ Doctor Cajal 7, Tel: 952-876236. *EINFACH:* **Hostal Rondasol**, C/ Cristo 11, Tel: 952-874497.

Museen / Sehenswürdigkeiten
SANLUCAR DE B: Besuche im **Nationalpark Coto de Doñana** über Agencia de Viajes Ocio y Vacaciones, Calzada del Ejército, Tel: 360225, Info-Zentrum im Ortsviertel Bajo de Guia.
RONDA: Palacio del **Marqués de Salvatierra**, 11-14 und 16-18 Uhr, Do. geschl. **Sta. María la Mayor**, 10.30-18 Uhr. **Pl. de Toros**, 10-19 Uhr.
JEREZ: Museo Flamenco, C/ Quintos 1. **Museo de los Relojes**, C/ Lealas. **La Atalaya**, 10-13.30 Uhr. **Cartuja Sta. Ma. de la Defensión**, 16-18 Uhr, montags geschl. (nur Männer). **Alcázar** mit Moschee, 10-13 Uhr.
PTO. STA. MARÍA: **Iglesia Mayor Prioral**, 7.30-12.30 und 10-20.30 Uhr. **Castillo San Marcos**, Samstag 11-13 Uhr.
CÁDIZ: **Museo de Bellas Artes und Museo Arqueologico**, Di-So 9.30-14 Uhr. **Museo Historico Municipal**, Di-Fr 9-13 und 16-19 Uhr, Sa und So nur 9-13 Uhr. **Oratorio de San Felipe Neri**, 10-11 und 19.30-21.30 Uhr. **Kathedrale**, 18-19 Uhr, **Kathedralenmuseum**, 10-13 Uhr, Sonntag geschl. **Oratorio de la Santa Cueva**, 10-13 Uhr, sonntags geschl. **Museo del Mar**, 10-13.30 und 17-18.30 Uhr.

Diverses
EL BOSQUE: Informationszentrum **Naturpark Sierra de Grazalema**, Tel: 716063. **Cuevas de la Pileta** (25 km) 9-14 und 16-19 Uhr.
JEREZ: **Real Escuela Andaluza del Arte Ecuestre**, Av. Duque de Abrantes, Tel: 311111. Vorführung Do 12 Uhr, Traíning Mo-Fr 11-13 Uhr. **Fundación Andaluza de Flamenco** (Flamencoseminare), Pl. de San Juan 1, 10-13 Uhr. **Flamenco-Lokale**: Peña Tio José de Paula, C/ La Merced. Camino del Rocío, C/ Velázquez 20. **Bodega-Besichtigungen** (werktags): Sandeman, 12 und 13 Uhr; Williams 12 und 13.30 Uhr; Harveys 12 Uhr. **PTO. STA. MARÍA**: Bodega-Besichtigungen mit tel. Voranmeldung, Osborne Tel: 855211. Terry Tel: 483000.

Information / Oficina de Turismo
Sanlucar de B.: Calzada del Ejército, Mo-Fr 10-14 und 17-19 Uhr, Tel: 366110. **Ronda**: Pl. de España 1, Tel: 871272. **Arcos**: C/ Belén, Tel: 702264. **Jerez**: Alameda Cristina 7, Mo-Fr 9-15 und 17-19 Uhr, samstags 10-13.30 Uhr. **Pto. Sta. María**: C/ Guadalete 1 (Ecke Av. Bajamar), 10-14 und 17.30-19.30 Uhr, Tel: 483144.

SEVILLA
(Telefonvorwahl 954-)
Unterkunft
LUXUS: **Canela**, C/ Pagés de Corro 90, Tel: 4342412. **Becquer**, C/ Reyes Católicos 4, Tel: 4228900. *MITTELK:* **Hostal Sierpes**, Corral del Rey 22, Tel: 4224948. **Hotel Murillo**, C/Lope de Rueda 7+9, Tel: 216095. **Hostal Arias**, C/ Mariana de Pineda 9, Tel: 4218389. *EINFACH*: **Pension Sta Cruz**, C/ Lope de Rueda 12. **Hostal Paris**, C/ San Pedro Martyr. **Pension Alcázar**, C/ Mariana de Pineda.

Bars / Tapas / Tanz / Flamenco
Bei den Einheimischen ist es üblich, sich ein Stadtviertel für den Kneipenbummel herauszusuchen. In vielen Bars gibt es reichlich *tapas*, die das Abendessen ersetzen:
Triana: Die Uferstraße, die C/ Betis und die Parallele, C/ Pureza, sind voller Bars (z.B. Napoleón), guter Restaurants, und auch die „beste" Disco Sevillas befindet sich hier: Disco Río. In der C/Castilla und C/ Salado: Bars in denen die Besucher Sevillanas tanzen. Tapa Bars: Casa Manolo, San Jorge, 16. La Albariza, C/ Betis 6. Dulcinea, C/ San Jacinto. **El Rinconcillo**, Pagés del Corro 84.

INFO: ATLANTISCHES ANDALUSIEN

Los Remedios: C/ Sebastian Elcano, viele Bars, die besonders an Wochenend-Nächten von Jugendlichen besucht werden, die dann die gesamte Straße füllen. Tapa-Bars: Sebastian und El Riojano, C/ Virgen de las Montañas.
Zentrum: Tabernitas in den Straßen C/ Argote de Molina und C/ de los Alemanes.
El Postigo (Zone hinter Correos zwischen Puerta de Jerez und Pl. Nueva): Bodegas Barbiana, C/ Zaragoza. Rincón del Postigo, C/ Tomás de Ibarra 2.
Barrio Sta. Cruz: Casa Sergio, C/ Lope de Rueda 18A. Bar - Café Las Teresas, C/ Sta. Teresa 2. Mesón del Tenorio, C/ Mateos Gago 9. La Giralda, Mateos Gago 1., La Gitanilla, C/ Mesón del Moro. Bar La Carbonería, C/Levies. Bar Los Abades, C/ Abades.
Pl. Sta. Catalina: Taberna Quitapesares (Bar del Perejil = Spitzname des Wirts, Flamenco-Sänger). El Rinconcito (älteste Bar Sevillas).
Alfalfa: (Zone um die Pl. de la Alfalfa und die Straßen C/ 7 Revueltas, C/ Empecinado): Bar Sopa de Ganso. Café Boteros, C/ Boteros. La Antigua Bodeguita, Pl. del Salvador. La Bodega, C/ Imgaen 8. Bar Pilar, C/ Morería 5. Bar Manolo, Pl. de la Alfalfa. Mesón la Fuente, C/ Odrero 4-6. El Refugio C/ Huelva 5 (*tapas*).
Flamenco: El Semáforo, C/Bormujos, 11. Casa Anselma, C/ Pagés del Corro 49. El Arenal, C/ Rodo 7. Patio Sevillano, Paseo de Colón 11. Kenner fahren nach El Aljarafe, außerhalb.

Diverses
Stierkampf: Eintrittskarten im Vorverkauf, C/ Sierpes 50 A.

Post / Information / Transport
Oficina de Turismo: Montag-Freitag 9.30-19.30, Samstag 9.30 - 14.00 Uhr. Av. de la Constitución 21 B, Tel: 4221404. Paseo de las Delicias, Costurero de la Reina, Tel: 4234465.
Post: Av. de la Constitución 32. **Telefonica**: Pl. de la Gavidia. **Autoverleih**: Budget, Av. San Francisco Javier 9, Edificio Sevilla 2, Tel: 650703. Triana Rent a Car, C/ Pagés del Corro 159, Tel: 4282979. Sevilla Car, C/ Almirante Lobo, Edificio Cristina, Tel: 4222587. Hertz, Flughafen und Av. Rep. Argentina 3, Tel: 4514720 und 4278887. Avis, Flughafen und Av. de la Constitución 15, Tel: 4514314 und 4216549.
Bahnhöfe: Estación von Cordoba, Pl. de Armas geschl. Estación San Bernardo. Estación de Santa Justa (ab April 1992).
Busbahnhof: C/ Manuel Vázquez Sagastizábal.
Flughafen: San Pablo, 12 km außerhalb, Zubringerbus ab Bar Iberia, C/ Almirante Lobo.
Mitfahrzentrale: Compartecoche S.A. C/ Amparo 22, 2º D, Tel: 4215494.

Cruceros del Sur, **Dampferrundfahrt**, Anlegestelle unterhalb des Torre de Oro.

Museen / Sehenswürdigkeiten
Museo de Bellas Artes, Dienstag-Freitag 10-14, 16-19 Uhr, samstags und sonntags 10-14 Uhr, an Feiertagen geschl. **Casa de Pilatos**, tgl. 9-18 Uhr. **Museo Arqueologico**, 10-14 Uhr, montags geschl. **Museo de Arte Contemporaneo**, 10-14 Uhr, montags geschl. **Museo de Artes y Costumbres Populares**, 10-14 Uhr, sonntags und montags geschl. **Reales Alcázares**, 10.30-17.30 Uhr, sonntags 10-13.30 Uhr, montags geschl.
Casa Murillo (in Renovierung).
Kathedrale und Giralda, 11-17 Uhr, sonntags 14-16 Uhr. **Torre de Oror/Museo Naval**, Dienstag-Freitag 10-14 Uhr, samstags und sonntags 10-13 Uhr. **Archivo de las Indias**, 10-13 Uhr, sonntags geschl. **Convento de Sta. Paula**, 9-13 und 16.30-18.30 Uhr. **Basilica de la Macarena**, 9-13 und 17-21 Uhr. **Iglesia del Salvador**, 18.30-21 Uhr, sonntags auch 10-13.30 Uhr. **Museo de Cofradías** (Bruderschaften, die bei den Prozessionen mitgehen), C/ de Jamerdana 9-12 und 16.30-20 Uhr. **Italica** (außerhalb), Dienstag-Samstag 9-17.30, sonntags 10-16 Uhr.

PROVINZ HUELVA
(Telefonvorwahl: 955-)

Unterkunft
HUELVA: *LUXUS:* **Tartessos**, Av. M. Alonso Pinzón 13, Tel: 245611. *MITTELKL:* **Hostería de la la Rábida** (außerhalb), Tel: 350312. *EINFACH:* **Hostal Andalucía**, C/ Vázquez López 22, Tel: 245667. **ALMONTE**: *LUXUS:* **El Flamero**, Rd. Maestro Alonso, Tel: 430000. **AYAMONTE**: *LUXUS:* **Parador Costa de la Luz**, El Castillito, Tel: 320700. *MITTELKL:* **Don Diego**, C/ Ramón y Cajál, Tel: 320250. *EINFACH:* **Marqués de Ayamonte**, Av. Gral. Mola 14, Tel: 320125. **MATALASCAÑAS**: *MITTELKL:* **El Cortijo**, Sector E 159, Tel: 430259. **ISLA CRISTINA**: *MITTELKL:* **Paraíso Playa Hotel**, Camino de la Playa, Tel: 331873. **EL ROMPIDO**: *MITTELKL:* **La Galera**, Ctra. nach Cartaya, Tel: 390276. **ARACENA**: *MITTELKL:* **Sierra de Aracena**, Gran Vía 21, Tel: 110775. **JABUGO**: *EINFACH:* **Aurora**, C/ Barco 9, Tel: 121146.

Museen / Sehenswürdigkeiten
HUELVA: **Museo Provincial**, Alameda Sundheim. **Kloster de la Rábida** (außerhalb).
COTO DOÑANA: Reservierung für Landroverfahrten, Besucherzentrum El Acebuche, 8-19 Uhr, Tel: 430432. **Palacio del Acebrón**, 9-18 Uhr. Informationszentrum **La Rocina** 8-19 Uhr.

Information / Oficina de Turismo
Huelva: Av. de Alemania 1, Tel: 257403.

EXTREMADURA

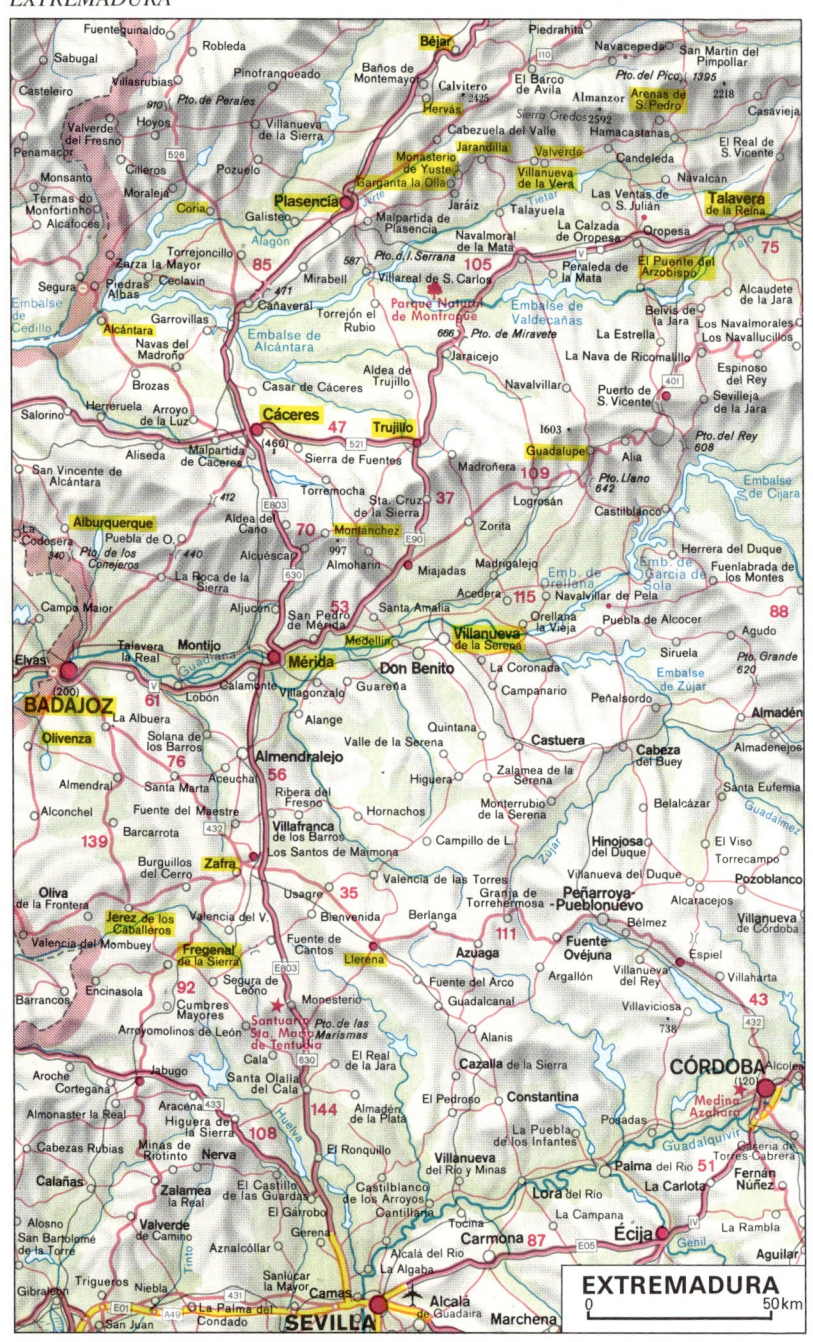

DIE EXTREMADURA

BADAJOZ

CÁCERES

SIERRA DE GREDOS

Extremadura, so nannte man die Territorien, die im Mittelalter Frontlinien im Kampf der verschiedenen christlichen Königreiche gegen die Mauren waren. Der Landstrich, der heute diesen Namen trägt, bildete den Südrand des Königreiches León und war das südlichste Ziel der *Transhumance*, der saisonalen Wanderung der Viehherden, die im Winter in der Ebene, im Sommer in den kühlen Bergen ihre Weidegründe suchten. *Ya se van los pastores a la Extremadura, ya se queda la sierra triste y oscura*..., singt man auch heute noch im Norden: Die Hirten ziehen schon in die Extremadura, und die Sierra bleibt traurig und dunkel zurück.

Auch heute noch ist die ganze Region von der Viehzucht geprägt. Die tapferen Kampfstiere, die *toros bravos*, schwarze Schweine und Schafe grasen auf den weiten *dehesas*, wie die Latifundien mit dem lichten Baumbestand aus Stein- oder Korkeichen hier heißen. Die großen Besitzungen gehen ebenfalls auf das Mittelalter zurück, als das Gebiet von den Ritterorden beherrscht wurde.

Noch immer liegt die Extremadura abseits aller ausgetretenen Touristenpfade, doch sie ist es wert, entdeckt zu werden.

Vorherige Seiten: Kunstvolle maurische Bögen in der Mezquita von Córdoba.

Zwar fehlen die Superlative, man findet kaum hohe Berge oder tiefe Schluchten, die Ortschaften liegen weit auseinander, aber so manch unscheinbares Städtchen birgt eine unvorhergesehene Überraschung, manch kleiner Bach entpuppt sich als Naturparadies.

Auch auf das Klima trifft der Name zu: Die Temperaturen sind extrem, die Winter hart, die Sommer heiß. Für die frühen Nachmittagsstunden sollte man die Sonne meiden und sich ein schattiges Refugium suchen: eine weinüberrankte Terrasse, einen Stausee, einen Eichenwald, ein Flußufer...

Die beiden Provinzen, die die autonome Region Extremadura bilden, Cáceres und Badajoz, sind die größten Spaniens, haben aber zusammen nur knapp eine Million Einwohner. Beide sind sie von großen Flußsystemen durchzogen, dem Tajo und dem Guadiana, die oft gestaut werden und hier bereits Wasser- und Atomkraftwerke hinter sich gelassen haben und den Dünger der Felder, durch die sie geflossen sind, mit sich führen. In diesen Flüssen empfiehlt es sich also nicht, ein Bad zu nehmen – mag die große Hitze in dieses Landstrichs auch noch so sehr dazu verführen.

Die Bewohner der Extremadura sind liebenswert und gastfreundlich, so als seien sie der Fremden noch nicht über-

UMGEBUNG VON BADAJOZ

drüssig. Viele von ihnen sind selber nur zu Besuch, verbringen den Sommer in ihrem Heimatdorf und fahren danach wieder zu ihren Arbeitsplätzen in Frankreich oder der Schweiz.

BADAJOZ

Der Süden der Extremadura unterscheidet sich kaum von Andalusien. Die gleichen weißen Dörfer mit niedrigen Häusern, relativ schmucklos, mit Innenhöfen, in der Mittagshitze gleißend, leer, abweisend, gegen Abend jedoch voller Menschen und Geschäftigkeit; die Kirchen ein Gemisch aus Gotik, andalusischem Barock und maurischer Baukunst, deren Elemente der Betrachter besonders an den Turmbauten entdecken kann; integriert in den alten Ortskern mehrere Klöster, manchmal verfallen, meist ärmlich, kaum noch ein Dutzend Mönche oder Nonnen, die selten ihre Gemäuer verlassen; ein zentraler Platz, um den meist ein oder zwei Casinos liegen, ländliche Clubs, eine Mischung aus Sozialeinrichtung und Caféhaus, eine Funktion, die auch die Bars erfüllen. Diese Dörfer erscheinen so friedlich und ruhig wie die Bilder Zurbaráns, der aus dieser Gegend stammte.

Fregenal de la Sierra, im Schatten einer alten Templerburg, ist eines davon: ein kleiner Park, das Geburtshaus des Malers Eugenio Hermoso, der Platz vor der Kirche voll tobender Kinder, die schlichte gotische Kirche Sta. Catalina, Bars um die Plaza, die liebevoll zubereitete *tapas* und den trüben, harzhaltigen Wein, den *pitarra*, servieren. Die Reste der römischen Siedlung *Nertobriga* (6 km außerhalb) sind fast ganz von Macchia-Gestrüpp überwuchert.

Die Straße nach Jerez de los Caballeros führt durch kleine Täler und Weingärten, gesäumt von Korkeichen. Die Rinde dieser Bäume wird alle 7 bis 10 Jahre geschält, wonach der Stamm zuerst gelb ist,

Oben: Ein ungewöhnliches Bild – Schnee auf südlichen Feldern. Rechts: Vom Balkon aus entgeht ihnen nichts.

dann leuchtend rotbraun wird, bis er wieder die ursprüngliche Farbe angenommen hat. Die *dehesas* um Fregenal haben den größten Baumbestand der gesamten Extremadura; er wird von Naturschützern als Vogelreservat besonders geschätzt, seit man in anderen Gegenden wegen der einfacheren maschinellen Bewirtschaftung dazu übergegangen ist, die Bäume zu roden.

Jerez de los Caballeros blickt auf eine lange Geschichte zurück, die durch den Dolmen von Toriñuelo und die Römerstraße und -siedlung belegt ist. Eine Säule der Kirche San Bartolomé trägt noch die Jahreszahl der frühchristlichen Basilika, die hier einmal stand: 556.

Die umliegenden Ländereien wurden nach ihrer Rückeroberung durch Fernando III. den Templern anvertraut, von denen der Ort seinen Beinamen hat. Die letzten *Caballeros* wurden nach dem Verbot des Ordens im 14. Jh. hier in der Torre Sangrienta der Templerburg geköpft. Die Kirchen, überwiegend in churrigueresken Barock gehalten, sind einen Besuch wert, und vielleicht läßt der Küster den Besucher sogar auf einen der reich verzierten Glockentürme steigen - es lohnt sich. Aus vielen der Orte der südlichen Extremadura stammen große Seefahrer und Entdecker, die *decubridores*. Aus Jerez kamen Nuñez de Balboa und Hernando de Soto.

Westlich von Fregenal, in der Sierra, nicht weit von Monesterio, liegt **Sta. María de Tentudia**, ein Kloster des Santiago-Ritterordens mit einem schönen Mudéjar-Kreuzgang und einer schlichten Kirche. Auf Kacheln wird die Geschichte des Pelayo Pérez erzählt, der hier gegen die Mauren kämpfte. Der Legende nach soll die Sonne stehengeblieben sein und den Tag verlängert haben, bis die Schlacht gewonnen war.

Llerena war Sitz der Inquisition, und der Palast des *Santo oficio* ist noch erhalten. Durch das Monleón-Tor kommt man auf den stattlichen Hauptplatz, an dem das Rathaus und die Kirche liegen, letztere eine Mischung aller möglichen Stilrichtungen. An diesem Platz hatte Francisco **Zurbarán** (1598-1664) einst seine Werkstatt.

Im 17. Jh. fand in dieser Gegend die Sekte der Erleuchteten große Anhängerschaft. In Llerena waren es acht Mönche, die die Mystik auf ihre Weise interpretierten und es zu ihrem Ziel erklärten, sich „in libidinöser Ekstase in der Liebe zu Gott auflösen zu lassen". Durch Körperkontakt wurde den Bußfertigen der Heilige Geist übermittelt.

Eine Mari-Gómez de Barcarrota eröffnete in Llerena ein „Kloster", das von der Bourgeoisie und dem Klerus eifrig besucht wurde. All dies endete mit einem der berüchtigtsten Autodafés durch das Tribunal der Inquisition.

Zafra wird auch Klein-Sevilla genannt und ist einer der ältesten Orte der Extremadura. Schon bei den Römern war es ein bedeutender Verkehrsknotenpunkt der Silberstraße, heute werden hier große Viehmärkte abgehalten. Gleich am Ortseingang liegt die ursprünglich arabische Burg, heute einer der schönsten historischen Paradore. Ihre Erbauer waren die Herzöge von Feria, die in der Kirche des Santa Clara-Konvents beigesetzt und als Alabasterfiguren verewigt sind (15. Jh.). Daneben gibt es hier auch eine vom Boden bis zur Decke gekachelte Reliquienkammer, in der mumifizierte Körperteile verschiedener Heiliger in kostbaren Schreinen aufbewahrt werden. Durch das Drehkreuz am Klostereingang verkaufen die Nonnen köstliches Gebäck. Besonders beachtenswert ist auch das reich verzierte gotische Portal des Hospital de Santiago, auf das man am Ende einer Sackgasse stößt.

Doch das Schönste in diesem Ort sind die beiden Plätze, die Plaza Grande und die Plaza Chica, auch Plaza Vieja genannt. Während der große Platz betriebsam ist, von Palmen überschattet, mit Geschäften, Straßencafés und Arkaden aus dem 18. Jh., wirkt der kleine direkt daneben ruhiger, mit klaren Formen, fast verschlafen. Hier fanden früher Stierkämpfe und Märkte statt, und an einer der Säulen sieht man noch das geeichte Metermaß.

Das Guadiana-Tal

Von Zafra bis zum Guadianatal erstreckt sich eine eintönige Ebene, in der Weizen und Wein angebaut wird. Die klangvollen Namen ihrer Orte bieten die einzige Abwechslung: Salvatierra de los Barros mit seinen Töpferwaren, Villafranca de los Barros mit seinen kunstvollen Stickereien, der Kurort Alange mit römischen Bädern und schließlich **Mérida**.

Über eine römische Brücke mit 60 Bögen erreicht man die unsterbliche *Emerita Augusta*, 25 v. Chr. als Alterssitz für verdiente Legionäre von Augustus gegründet. Später war es Hauptstadt Lusitaniens, der dritten römischen Provinz auf der iberischen Halbinsel, des heutigen Portugal. Mérida hat die meisten und am besten erhaltenen römischen Bauwerke Spaniens. Neben der großen Brücke über den Guadiana, über die die betische Straße führte, gibt es noch eine weitere über den Albarregas, wo einst die Silberstraße verlief.

Am Ortseingang sieht man zuerst das maurische Alcázar, das hier auf den Mauern eines römischen Deiches erbaut wurde. Dahinter befindet sich der Triumphbogen Arco de Trajano. Das Zentrum Méridas erscheint wie ein zu groß gewordenes weißes Dorf. In seiner Mitte liegt, in einem alten Kloster, der Parador, um die Plaza de España gruppieren sich Rathaus, Lokale und Kirche. Das archäologische Museum trägt der gesamten Geschichte des Ortes Rechnung und enthält auch Funde aus der Zeit der Westgoten, im wesentlichen Architekturfragmente: Friese, Pfeiler und Stelen.

Das Zentrum der Römerstadt lag im Norden der Altstadt. Nebeneinander sieht man hier das Theater, das Amphitheater,

Rechts: Die Plaza Grande, der lebhaftere der beiden Plätze von Zafra.

Ausgrabungen von Villen und den Circus Maximus, in dem die Wagenrennen abgehalten wurden; aber auch Schlachten mit Schiffen wurden hier veranstaltet, nachdem die Kampfbahn mit Wasser gefüllt worden war. Das Theater faßte etwa 6000 Zuschauer. Die Bühne mit zwei Geschossen, denen je 16 korinthische Marmorsäulen vorgesetzt sind, ist gut erhalten. Dahinter kann man die Räume der Künstler und die kaiserliche Kultstätte besichtigen. Im elliptischen Amphitheater konnten 14.000 Zuschauer Gladiatorenkämpfe mit wilden Tieren verfolgen, deren Käfige sich unter den Tribünen befanden. In beiden Theatern findet im Juli das Festival des klassischen Theaters statt. Selbst wenn man die Sprache nicht versteht, lohnt die Atmosphäre in den heißen Sommernächten einen Besuch.

Außerdem hat die Stadt ein ausgezeichnetes Museum für römische Kunst, das neben den gut präsentierten Funden und überzeugenden Rekonstruktionen durch seine vorbildliche moderne Architektur beeindruckt.

Das heutige Mérida ist ein Handelszentrum, hat eine Korkfabrik und lebt von einem bescheidenen Tourismus. Seit der Verwaltungsreform 1983 ist es Bezirkshauptstadt und Sitz der Junta der Extremadura, ein Zugeständnis der beiden Provinzhauptstädte Cáceres und Badajoz.

Am nördlichen Stadtrand sind Reste eines einst dreistöckigen Aquäduktes zu sehen, das bis zum **Proserpina-Stausee** führte und die Stadt Mérida mit Wasser versorgte. Nach 2000 Jahren ist der Stausee immer noch intakt und bietet eine willkommene Erfrischung. Ein weiterer römischer Stausee, der **Embalse de Cornalvo**, liegt in einem kleinen, zum Naturpark erklärten Korkeichenwald ca. 15 km nordöstlich der Stadt.

Das Tal des Guadiana zwischen Badajoz und Don Benito ist in den 60er Jahren zu einem der größten künstlich bewässerten Gebiete des Landes geworden. Der 1952 verabschiedete **Plan Badajoz** sah vor, durch den Bau von Staudämmen, Bewässerungskanälen und neuen Dörfern in den Flußauen die Landwirtschaft zu fördern, der Abwanderung entgegenzuwirken und Energie zu erzeugen. Unbewirtschaftetes Land wurde enteignet und in Parzellen von 4 ha neu verteilt, eine Größe, die sich schnell als zu klein erwies; Landarbeiter erhielten 1/2 ha für den Eigenbedarf; für das Wasser mußte bezahlt werden. Da die Vermarktung der empfohlenen neuen Kulturen nicht sichergestellt war, bauten die Landwirte bald die herkömmlichen Trockenkulturen wie Weizen und Gerste auf bewässertem Land an; damit einher ging die Zusammenlegung von Parzellen, da der Getreideanbau unter 30 ha kaum rentabel ist. Heute sind drei Viertel der Fläche wieder in der Hand von 6% der Eigentümer. Von den geplanten 150.000 ha sind etwa 100.000 bewässert, ganze Dörfer – im Einheitsstil erbaut – stehen leer.

Siberia – der Osten der Extremadura

Im Nordosten der Provinz Badajoz, das Sibirien der Extremadura genannt, liegen die großen **Stauseen Orellana, Zújar, García de Sola** und **Cijara**, die je nach Wasserstand und Temperatur mehr oder weniger zum Baden einladen; doch in jedem Fall sind sie für den Wassersport geeignet und bereichern das Landschaftsbild. In den letzten Jahren sind hübsche Feriendörfer und Strände entstanden. Es lohnt sich, für die Fahrt Richtung Guadalupe den längeren Weg entlang des Guadiana (N-430) zu wählen.

Die Orte dieser Region sind ganz von der Landwirtschaft geprägt, haben jedoch eine Reihe alter Adelspaläste, schöne Kirchen mit oft ungeahnten Kunstschätzen und hübsche Plätze.

Medellín ist Geburtsort von Hernán Cortés, Eroberer Mexikos und Zerstörer des Aztekenreiches. Der relativ kleine Ort wird von einer mächtigen mittelalterlichen Burg des Santiago-Ritterordens beherrscht, und die römische Brücke weist darauf hin, daß er vor 2000 Jahren mehr Bedeutung hatte als heute. Im November wird hier ein Wettbewerb im Kirchenglocken-Läuten ausgetragen.

Villanueva de la Serena, ein Städtchen mit interessanter Renaissance-Architektur, ist Heimatort von Pedro de Valdivia, dem Entdecker Chiles.

Mitten in der gleichnamigen Sierra sieht man schon von weitem die riesige Klosteranlage von **Nuestra Señora de Guadalupe** – einem der wichtigsten Wallfahrtsorte der hispano-amerikanischen Welt. Guadalupe ist ein kleines, malerisches Dorf im Morisco-Stil, das ganz auf den Tourismus eingestellt ist, aber seine typische Architektur (15. Jh) vollständig erhalten hat. Direkt von der Plaza mit ihren Lokalen unter den *porches*, den Arkaden, führt die große Freitreppe zum Klostereingang. Das mächtige Gebäude aus dem 14. Jh. ist im Mudéjar-Stil erbaut, mit Elementen der Gotik, der Renaissance und des Barock. Die romanische schwarze Jungfrau von Guadalupe wurde der Legende nach vom Apostel Lukas geschnitzt und von einem Hirten gefunden.

Die Eroberer Amerikas erbaten vor ihren Reisen den Segen der Jungfrau und brachten ihren Namen in die Kolonien mit, wo sie heute als Schutzheilige der *Hispanidad* gilt. Kolumbus kam nach seiner glücklichen Rückkehr aus Amerika hierher und ließ die mitgebrachten Indianer hier taufen. Die schier unermeßlichen Schätze des Hieronymiten-Klosters wurden 1808 von den napoleonischen Truppen geplündert. Mit der Säkularisierung 1836 wurde es ganz aufgelöst und erst im 20. Jh. als Franziskanerkloster wieder eröffnet.

Teile des Klosters kann man besichtigen sowie Kirche und Mudéjar-Kreuzgang mit dem „Brunnen-Tempelchen", den kleinen spätgotischen Kreuzgang, die Sakristei mit Bildern u.a. von Zurba-

Rechts: Während der Prozession wird die Figur der hl. Jungfrau mit ihrem prächtigen Umhang geschmückt.

rán, diverse Museen, die Reliquienkapelle, den Bibliothekspavillon und das „Kämmerchen" der Jungfrau mit Barockgemälden von Luca Giordano. Die Hospedería Real mit einem Kreuzgang im Mudéjar-Stil, 1512 erbaut, und das Pilgerhospital sind heute noble Quartiere neben dem Kloster.

Von Guadalupe kann man seine Reise Richtung Toledo fortsetzen und auf dem Weg Abstecher in die Orte **Talavera** oder nach **Puente del Arzobispo** machen, beide für ihre einzigartige Keramik bekannt: die von Puente grün, meist mit Jagdszenen, die von Talavera mit feinem, buntem Dekor, vor allem für Haushaltsgeschirr wie Teller, Schüsseln und Krüge.

Die Grenze zu Portugal

Die Orte entlang der portugiesischen Grenze, gleich welcher Größe, haben alle die gleiche Atmosphäre: Man meint, schon das Meer in der Ferne zu riechen, der Geschmack von *viño verde* und Stockfisch-Gerichten liegt auf der Zunge, und alte Legenden von Zigeunern und Grenzschmugglern kommen einem in den Sinn.

Badajoz, das maurische Königreich *Batalvoz*, ist die größte Stadt der Extremadura und kann auf eine bewegte Geschichte zurückblicken, in der es mehrfach zwischen Portugal und Spanien den Besitzer wechselte.

Aus Badajoz stammte Luis Morales, der Göttliche (17. Jh.), dessen Bilder in den wichtigsten Galerien des Landes, aber auch in den kleinen Kirchen der Extremadura zu finden sind; auch im Kunstmuseum der Stadt sind seine Werke und die von Zurbarán vertreten.

Wahrzeichen der Stadt ist das zinnengekrönte Stadttor Puerta de Palmas, das zur Brücke über den Guadiana führt. Die langgezogene Renaissancebrücke von Juan de Herrera ruht auf römischen Fundamenten. Auf der anderen Seite, zwischen Fluß und Grenze, befindet sich der moderne Campus der neuen Universität, eine weitere Bemühung, die Abwanderung zu bremsen.

CÁCERES

Der mächtige Wehrbau der spätromanischen Kathedrale liegt im Zentrum der Altstadt; das Innere, in dem alle Stilepochen vertreten sind, ist voller prächtiger Dekorationen: ein schön geschnitztes Chorgestühl, ein gotischer Kreuzgang, ein Morales-Bild in der Seitenkapelle der Herzöge, weitere Kunstschätze im Diözesans-Museum.

Schmale Gassen ziehen sich von hier aus den Berg hinauf in das frühere Altstadtzentrum. Die Häuser werden ärmlicher, unterhalb der Burg dann der einst herrliche Platz San José: Die Häuser sind leer, die Türen vernagelt, man befindet sich in einer Geisterstadt; in Torbögen wohnen die Ärmsten der Armen, bettelnde Kinder umringen die Touristen. Darüber die Alcazaba, in der auch das archäologische Museum untergebracht ist.

Südlich liegt der weiße, schmucklose Ort **Olivenza**, seit dem Orangenkrieg in spanischer Hand, aber mit portugiesischer Seele. Kirchen und Sakralbauten sind im manuelinischen Stil gehalten, wofür das von Manuel I. gestiftete Armenhospital (1501) oder die Santa María Magdalena-Kirche mit ihren gedrehten Säulen und der portugiesischen Kachelverkleidung gute Beispiele sind.

Die Grenzorte weiter im Norden sind alle gut befestigt und waren in Besitz des Alcántara-Ritterordens: **Albuquerque** bietet mit seiner trutzigen Burg aus der Ferne einen Bilderbuch-Anblick und kann mit reicher gotischer Architektur aufwarten.

Noch malerischer ist **Alcántara**, an der Schlucht des Tajo gelegen. Die berühmte römische Wehrbrücke, 71 m über dem Fluß, mit einem Tempel am Ende, steht in Kontrast zu dem dahinter aufragenden Wehr des Alcántara-Staudamms.

Eine Festung aus dem 16. Jh., eine Stadtmauer, die Reste des San Benito-Klosters mit Außen-Kreuzgang, das im 16. Jh. als Sitz des Alcántara-Ordens erbaut und im 19. Jh. von den Franzosen in eine Kaserne verwandelt wurde, die romanisch-gotische Kirche Santa María mit einem Morales-Bild, all das lohnt den weiten Weg, der durch die neue Autobahn bald kürzer sein wird.

CÁCERES

Nördlich von Mérida, auf einer kleinen Nebenstraße Richtung Trujillo, grüßt ein weißes Dorf von einer Bergspitze. **Montánchez** hat den besten Schinken der Gegend, den berühmten *pata negra jamón*. In den Dorfkneipen gibt es den schweren Weißwein aus eigenem Anbau, den *vino de pitarra*. Das Castillo ist verfallen, aber von diesem „Balkon der Extremadura" sieht man bis Portugal und Cáceres.

Cáceres wurde von den Arabern *Al-Kazris* genannt, Alcázar, und entsprechend befestigten sie es auch. Trotzdem wurde es 1229 von Alfons IX. erobert. Von der Kapelle der Virgen de la Montaña, südlich der Stadt, überblickt man die

Rechts: Trutzige Türme und enge Gassen prägen die Altstadt von Cáceres.

CÁCERES

drei Teile des heutigen Cáceres: das Viertel um den Platz Calvo Sotelo, die Neustadt vor den Stadtmauern um die Plaza Mayor, auf die die geschäftigen Fußgängergassen münden, und schließlich auf einer Anhöhe die befestigte Altstadt, die man durch den Arco de la Estrella betritt.

Die **Altstadt** ist ein einheitliches Ensemble und wird dominiert von den stolzen Palästen des Landadels, der mit Türmen seine Macht demonstrierte. Die reizvolle mittelalterliche Stadt ist umgeben von einer durchgehenden Stadtmauer mit 12 Türmen. Jeder der alten Adelspaläste hat seine eigene Geschichte. In der Casa de las Veletas befinden sich das Provinzmuseum und die arabische Zisterne, von der man sagt, sie sei fast so groß wie die von Konstantinopel gewesen. Die Casa del Comendador de Alcuéscar ist Parador. Im Palacio de los Golfines wurde am 29.10.1936 General Franco nach den ersten Siegen im Bürgerkrieg zum Staatschef erklärt. Die Casa de las Cigüeñas hat als einzige ihre Zinnen bewahrt, die die Katholischen Könige als Zeichen der Unterwerfung von allen anderen Gebäuden entfernen ließen. Die Kirchen Sta. María, San Mateo und das Kloster San Francisco sind in gotischem Stil belassen und haben später weniger Veränderungen als andere spanische Kirchen erfahren. Außerhalb der Mauer liegt neben weiteren Palästen die Santiago-Kirche mit einem Altar von Alonso Berruguete, die daran erinnert, daß sich in Cáceres der Santiago-Ritterorden konstituierte.

Ein Bummel durch die engen Gassen der Stadt, immer mit dem Kopf nach oben, zeigt die wunderbaren Dekorationen der mächtigen Gebäude. Gegen Abend leert sich die Altstadt, das Leben konzentriert sich auf der Plaza Mayor mit ihren Lokalen, Straßencafés und kleinen Läden.

Es fällt nicht schwer, sich vorzustellen, wie der Geist einer Maurin durch die verlassenen Gemäuer spukt, die hier vor langer Zeit ihrem christlichen Liebhaber die Türen öffnete und den eigenen Vater ermordete, der sich gegen diese Verbindung gestellt hatte. In der Johannisnacht

soll sie als Huhn immer wiederkehren, so erzählt man sich.

Noch eine Attraktion hat Cáceres zu bieten. Es ist eines der größten Storchreservate, und die Vögel können hier auch heute noch ungestört auf allen Dächern nisten.

Ähnlich wie in Cáceres liegt auch in **Trujillo** die Plaza Mayor am Fuße eines ummauerten Bezirkes. Durch eines der sieben Tore betritt man die Altstadt über steile Gassen, doch sind die Paläste und Kirchen weniger monumental. In ihr ist ein ruhiges spätmittelalterliches Wohnviertel erhalten. Um die romanische Kirche Sta. María zu besichtigen, muß man an der Haustür nebenan klopfen, und die Klöster öffnen ihre Türen nur gelegentlich. Ganz oben befindet sich der Mauerring der arabischen Alcazaba, und im ehemaligen Franziskanerinnen-Kloster ist ein Museum zur Geschichte der Eroberung Amerikas eingerichtet.

Oben: Nachmittags auf dem Dorfplatz von Garganta la Olla in der Vera.

Die Plaza Mayor liegt unterhalb der Altstadt und ist heute Dreh- und Angelpunkt des Städtchens. Sie säumen eine Barockkirche und eine gotische Kirche, das alte Rathaus und einige Renaissance-Paläste. Das Pizarro-Denkmal erinnert an den berühmtesten Sohn der Stadt. Die Legende sagt, daß Pizarro Schweinehirt gewesen sei. Als er eines der Tiere verloren hatte, soll er aus Angst vor der Strafe zur See gegangen sein und Peru entdeckt haben. Auch der Entdecker des Amazonas, Francisco de Orellana, stammte von hier. In Trujillo sieht man ebenfalls viele Storchennester auf den Dächern.

Der Zwickel zwischen Tajo und Tietar ist zum **Naturschutzpark Monfragüe** erklärt worden. Ihn durchqueren die Straße von Cáceres nach Plasencia und ein kleines Sträßchen, das den Tietar begleitet. Den besten Blick hat man vom Santuario de Monfragüe aus, wo früher der Monfragüe-Orden seinen Sitz hatte.

Das ganze Gebiet ist mit immergrünen Baum- und Buscharten, Zistrosen, Mastix und Macchia-Gewächsen bedeckt und eines der größten Tier- und Vogelreservate Westspaniens. Überall begegnen einem die bunten Wiedehopfe, Pirole, Blauelstern und grünen Bienenfresser, man hört die Drosseln und die Nachtigallen, und in den feuchten Flußauen gibt es verschiedene Reiherarten, Enten und Graugänse. Sogar einige Schwarzstörche nisten hier. In den Lüften sieht man majestätische Raubvögel kreisen, Gleitaare, rote und schwarze Milane, Gänse- und Mönchsgeier, Zwerg- und Kaiseradler, Falken, Sperber und Habichte. Sie alle ernähren sich von den unzähligen kleinen Nagern und Reptilien, die man seltener zu sehen bekommt. Wenn man sich etwas von der Straße entfernt, kann man vielleicht einen iberischen Luchs entdecken oder am Fluß die Wasserschildkröten, Fischotter und Wasserschlangen.

Ein besonders schöner Wanderweg führt parallel zur Straße über die alte Römerstraße und die *cañada*, den Viehtriebweg der *transhumance* von den Bergen in die Ebene; er trifft in **Villareal de San Carlos** auf die Straße. Es sind Bemühungen im Gange, das ganze Gebiet der Tajo-Staudämme, bis nach Portugal hinein, zu einem grenzübergreifenden Naturschutzgebiet zu erklären.

SIERRA DE GREDOS

Das unscheinbare Städtchen **Coria** in der Vega des Rio Alagón hat eine der am besten erhaltenen römischen Befestigungsmauern (480 m im Sechseck, bis zu 8 m dick). Die vier Tore können verschlossen werden, und dies geschieht alljährlich bei der *fiesta*, wenn ein Stier losgelassen wird, begleitet von den jungen Männern des Dorfes. Der Turm der einschiffigen gotischen Kathedrale aus dem 13. Jh. stürzte bei dem Erdbeben ein, das im 18. Jh. Lissabon zerstörte, und in der Fassade sieht man heute noch die Risse.

Plasencia genoß unter dem Motto „lieber frei als reich" seit dem 13. Jh. Unabhängigkeitsrechte, die *fueros*. Die weiße Stadt auf dem Hügel, inmitten der kahlen Ebene des Jerte, hat um ihre zentralen Plätze herum monumentale Paläste und Kirchen gereiht.

In der Kathedrale, halb gotisch, halb romanisch, gibt es ein Renaissance-Chorgestühl von Rodrigo Alemán (15. Jh.), das sich mit dem von Toledo messen kann. Die derben Szenen, die es darstellt, sind eine deutliche Verurteilung der Laster des Klerus, und der Meister wurde von der Inquisition gefangengenommen. Als Kind der Renaissance versuchte er, mit einem selbstkonstruierten Flugapparat aus Holz und Federn vom Turm der Kathedrale zu entkommen, und starb als zweiter Ikarus.

Auf dem langgestreckten Hauptplatz pulsiert in den frühen Abendstunden das Leben, und mit einem Tisch vor einem Café hat man einen Logenplatz im Theater des Kleinstadtgeschehens.

Plasencia ist ein Schnittpunkt von nicht weniger als acht Überlandstraßen. Die verschiedenen Zubringer aus den entlegenen Gebieten der Westextremadura, die Verbindungsstraßen nach Norden in die Sierra de Francia und entlang des Río Jerte, die Straßen nach Osten und nach Madrid treffen hier zusammen.

Die Straße nach Norden führt in die Berge und in die Provinz Salamanca, mit den alten jüdischen Siedlungen **Hervás** und **Béjar**, in denen heute noch die Nachfahren der Juden leben, die sich hier einst vor der Verfolgung durch die Katholischen Könige zurückzogen.

Westlich davon liegen die **Hurdes**, ein Bergland, das als das rückständigste Spaniens gilt und wo sich lange Zeit Mauren vor der Verfolgung versteckt hielten. Luis Buñuel machte sie zum Thema seines ersten Dokumentarfilmes *Land ohne Brot*. Die ganze Region ist heute eine Sommerfrische, und wenn man den Paß von Béjar überwunden hat, kann man in der kühlen Luft endlich wieder durchatmen.

Die Straße durch das **Jerte-Tal** Richtung Ávila dagegen sollte man lieber im

LA VERA

März befahren, wenn überall die weißen Kirschblüten leuchten. Eine Landschaft, die zum Wandern und zum Baden in den frischen sauberen Bächen einlädt, die von den **Gredos-Bergen** herunterspringen.

Auf der anderen Seite dieser Bergkette, die die Nord- von der Südmeseta trennt, liegt das Tal des Tiétar, eine weite, fruchtbare Ebene. Hier wird überwiegend Tabak angebaut, und überall sieht man die großen Trockenschuppen. Die Gemarkung jenseits von Plasencia, zwischen dem Fluß und den Bergen, heißt **La Vera** und umfaßt etwa 15 Dörfer, die auf Terrassen über der Flußebene liegen. In den Bergbächen, hier *gargantas*, Schlünde, genannt, läßt es sich herrlich baden; geht man von der Straße zu Fuß nur einige hundert Meter, so findet man sicher ein Fleckchen für sich allein. Die Bäche werden überspannt von den Brücken einer Römerstraße, die einst parallel zur heutigen verlief.

Oben: Frisch geschält, leuchten die Stämme der Korkeichen orangefarben.

Die Dörfer der Vera sind eines so reizvoll wie das andere. Die Straße führt an ihnen vorbei, und die Hauptplätze findet man nur zu Fuß. Von den Balkonen der weißen Häuser baumeln rote Paprika zum Trocknen, vor den Häusern sind Feigen ausgelegt, man verkauft Honig und Himbeermarmelade. Wichtigster Ort ist **Jarandilla** mit dem Palast von Karl V., heute ein Parador. Hier verbrachte der Kaiser die Zeit, bis seine Räumlichkeiten im nahen **Kloster Yuste** fertiggestellt waren, wohin er sich die letzten Jahre vor seinem Tod zurückzog.

Das Kloster liegt etwas weiter oben in einem lichten Eichenwald, und wenn man dort die Aussicht genießt, versteht man die Wahl des Herrschers. Sein Schlafzimmer, schwarz verhängt, der Stuhl, der speziell für seine Gicht konstruiert wurde, alles erscheint wie erst gestern verlassen. Vom Kloster führt eine Straße weiter nach **Garganta la Olla**, wo noch die blau gestrichenen Häuser zu sehen sind, früher das Kennzeichen eines Bordells. Von hier schlängelt sich ein Sträßchen hoch in die Berge über Piornal und auf der anderen Seite hinunter ins Jertetal. Die Romanzen besingen die *Serrana de la Vera*, einer Frau, die, nachdem Soldaten Karls V. sie vergewaltigt hatten, hier in den Bergen in einer Höhle lebte und jeden vorbeikommenden Mann erst anlockte und dann ermordete.

Die schönsten Dörfer der Vera liegen am anderen Ende dieser Region: **Villanueva** und **Valverde**. Unter dem Gipfel des Almanzor (2592 m), der höchsten Erhebung des Gebirges, findet man ein Naturschutzgebiet mit Gemsen, Steinböcken und vielen Raubvogelarten. Man erreicht es am besten über **Arenas de San Pedro**, eine Sommerfrische mit der Burg der traurigen Gräfin, der Witwe eines vom kastilischen König Juan II. getöteten Adeligen. Östlich von Arenas stößt man bald auf das Wochenend-Ausflugsgebiet der Madrider, das sich den ganzen Fuß der Sierra entlangzieht.

INFO: EXTREMADURA

PROVINZ BADAJOZ
(Telefonvorwahl: 924-)
Unterkunft
MÉRIDA: *LUXUS:* **Parador Vía de la Plata**, Plaza de la Constitución 3, Tel: 313800. *MITTELKL.:* **Emperatriz**, Pl. de España 19, Tel: 313111. **Cervantes**, C/ Camilo José Cela 8, Tel:314901.
Rufino, Pl. Sta. Clara 2. **Bocao**, C/ Atarazana 6.
Nicolás, C/ Felix Valverde 13.
ZAFRA: *LUXUS:* **Parador Hernán Cortés**, Pl. Corazón María, Tel: 550200. *EINFACH:* **Pension Rafael**, C/ Virgen de Guadalupe 7a, Tel: 552052.
MONESTERIO: *EINFACH:* **Pension Puerta del Sol**, Po. de Extremadura 63, Tel: 517001.
DON BENITO: *MITTELKL:* **Miriam Hotel**, C/ Donoso Cortés 2, Tel: 801500.
BADAJOZ: *LUXUS:* **Gran Hotel Zurbarán**, Paseo de Castelar, Tel: 223741. *MITTELKL:* **Lisboa**, Av. Elvas 13, Tel: 238200. **Cervantes**, C/ Tercio 2, Tel: 225110. *EINFACH:* **Hostal Victoria**, C/ Luis de Camoens 3, Tel: 237662.
OLIVENZA: *EINFACH:* **Heredero**, Tel: 490835.
Information – Oficina de Turismo
Zafra: Pavillon im Park der Pl. España: 11-14 und 18-20 Uhr. **Badajoz**: Pasaje de San Juan, Tel: 222763, werktags 9-14 und 17-19 Uhr (Winter 16-18 Uhr). **Mérida**: C/ del Puente 9. Tel: 315353.
Museen / Sehenswürdigkeiten
MÉRIDA: **Museo de Arte Romano**, 10-14 und 17-19.00 Uhr, im Winter 16-18 Uhr, sonntags 10-14 Uhr, montags geschlossen.
Kartenreservierung für das **Theaterfestival**: Oficina del festival, Tel: 317612, 315915. Viajes Emérita, C/ Santa Lucia, Tel: 300952. In Madrid: C/ Evaristo S. Miguel 17, Tel. 91-2485854.
BADAJOZ: **Museo Arqueológico**, 10-15.00 Uhr, montags geschlossen. **Museo Provincial de Bellas Artes**, C/ Meléndez Valdés, 32: 9-14 Uhr, sonntags geschlossen.

PROVINZ CÁCERES
(Telefonvorwahl: 927-)
Unterkunft
TRUJILLO: *LUXUS:* **Parador de Trujillo**, Pl. Sta. Clara, Tel: 321350. *EINFACH:* **Mesón La Cadena**, Pl. Mayor 8, Tel: 321463. **Hostal Trujillo**, C/ Francisco Pizarro 4, Tel: 322274, 322661.
GUADALUPE: *LUXUS:* **Parador de Guadalupe**, C/ Marques de la Romana 10, Tel: 367075. *MITTELKL:* **Hospedería del Real Monasterio**, Pl. Juan Carlos I, Tel: 367000.
CÁCERES: *LUXUS:* **Parador de Cáceres**, C/ Ancha 6 (Altstadt), Tel: 211759. **Extremdaura**, Av. Virgen de Guadalupe 5, Tel: 221604. *MITTELKL:* **Ara**, C/ Juan XXIII 3, Tel: 223958. *EINFACH:* **Hostal Hernán Cortés**, Trav. Hernán Cortés 6, Tel: 243488.
ALCÁNTARA: *EINFACH:* **Hostal El Arco**.
MONTANCHEZ: *EINFACH:* **Hostal Montecalabria**, C/ Gral. Margallo 2, Tel: 380216.
PLASENCIA: *MITTELKL:* **Alfonso VIII**, C/ Alfonso VIII 32, Tel: 410250. *EINFACH:* **Hostal Rincón Extremeño**, C/ Vidrieras 6, Tel: 411150.
HERVÁS: *EINFACH:* **Hostal Montecristo**, A. de la Provincia 2, Tel: 481191.
JARANDILLA DE LA VERA: *LUXUS:* **Parador Carlos V.** Tel: 560117. *MITTELKL:* **Hostal Jaranda**, Av. Calvo Sotelo, Tel: 560206.
MADRIGAL DE LA VERA: *EINFACH:* **Las Palmers**, Ctra. nach Plasencia 16, Tel: 565011.
Museen / Sehenswürdigkeiten
CÁCERES: **Provinzmuseum** in der Casa de las Veletas, 9.30-14.30 Uhr, So. und Mo. geschl.
TRUJILLO: **Palacio de San Carlos**, 10-13, 16-18 Uhr. **Iglesia de San Martín**, 10-13, 16-18 Uhr. **Palacio de la Conquista**, 11-14, 16.30-18.30 Uhr. **Sta. María**, Schlüssel im ersten Häuschen vor der Kirche. **Museo didactico sobre la Conquista**, an Wochenden 11.30-14.30 Uhr.
CORIA: **Kathedrale**, 9-12.45, 16-18.30 Uhr. **Real Monasterio de Nuestra Señora de Guadalupe**, 9.30-13.30 u.15.30-19 Uhr.
PARQUE NATURAL DE MONFRAGÜE: Informationskiosk in Villareal de San Carlos; für nähere Information: Dirección General de Medio Ambiente, Tel: 924-301662, 315962.
CUACOS DE LA VERA: **Monasterio de Yuste**, 9-12.45 Uhr (sonn- und feiertags bis 11.45) und 15.30-18.45, Messe werktags 13 Uhr, sonn- und feiertags 12 Uhr.
Information / Oficina de Turismo
Cáceres: Pl. Mayor 33, Tel: 246347.
Plasencia: C/ Trujillo 17, Tel: 412766; **Trujillo**: Pl. Mayor 18, Tel: 320653.
Feste
VALVERDE DE LA VERA: *El Empalao* (ein Büßer am Kreuz zieht den Leidensweg nach) Gründonnerstag um Mitternacht.
CUACOS DE LA VERA: 14.-16.9. *Christo del Amparo*, mit folkloristischen Darbietungen
VILLANUEVA DE LA VERA: *Pero Palo* (ein Dorf jagt eine Puppe), in der Karnevalszeit.
PLASENCIA: Sonntag nach Ostern, Wallfahrt zu Nuestra Señora del Puerto.
JEREZ DE LOS CABALLEROS: Karwoche.
CORIA: *San Juan*.

CÓRDOBA

DIE SÜDMESETA

CÓRDOBA
LA MANCHA

Auf der Fahrt von Sevilla nach Córdoba bietet sich eine Pause in **Carmona** an. Das Alcázar von Pedro dem Grausamen liegt erhöht über der Stadt und ist einer der schönsten Paradore des Landes. Seit es von den Almohaden errichtet wurde, hat es allerdings viele Umbauten erlebt.

Insgesamt hatte diese Stadt nicht weniger als drei Befestigungsanlagen, darunter auch eine römische. Das römische *Carmo* muß groß und bedeutend gewesen sein. Man hat hier eine Nekropole mit über 1000 unterirdischen Gräbern und Kulträumen gefunden. Von den Römern stammen auch eine Brücke außerhalb der Stadt, das Mosaik im Hof des Rathauses und Teile der Stadtmauern.

Die Kirche **Sta. María la Mayor** bietet einen kunsthistorischen Querschnitt: Westgotische Bauelemente sind noch zu erkennen, der Orangenhof der Araber ist erhalten, der Hauptbau ist gotisch und wurde in der Renaissance erweitert, der Hauptaltar platteresk und das Chorgestühl barock. Vom Barocktor Puerta de Córdoba hat man einen weiten Blick über die Ebene.

Zwei Straßen führen nach Ecija. Eine begleitet den Guadalquivir bis **Palma del**

Links: Durch den Wechsel von Ziegeln und Kalksteinen erscheinen einige Bögen der Moschee von Córdoba gestreift.

Río. Das Dorf liegt am Rand des geschützten Korkeichenwaldes von Hornachuelos, mit seinen uralten Baumbeständen. Schneller ist die Nationalstraße.

Aus einem Becken am Ufer des Genil ragen die zehn Türme von **Ecija** heraus. Vier davon sind Verteidigungstürme der arabischen Stadtmauer, die anderen barocke Kirchtürme, die nach dem Erdbeben von 1755 gebaut wurden. Der von Sta. María ist eine Kopie der Giralda von Sevilla. Die arkadenumrahmte Plaza Mayor und die zahlreichen Renaissance- und Barockpaläste verleihen dem Ort eine aristokratische Würde. Nach arabischem Brauch ist das Innere der wichtigste Teil des Gebäudes. So dienen die Kreuzgänge von San Francisco und Santo Domingo und die Innenhöfe der Häuser, schattig und begrünt, als Refugien vor der glühenden Hitze.

CÓRDOBA

Wenn man vor allen anderen schon zur Frühmesse in die Mezquita von Córdoba kommt und durch den Säulenwald schreitet, mag man sich wohl in das Kalifat des 10. Jh. versetzt fühlen. Doch da steht die christliche Kathedrale, mitten in der Moschee! Was für ein Drang, der wunderbaren Architektur der Araber einen christlichen Stempel aufzudrücken! Doch noch

heute bestehen die Christen auf ihrer Besitznahme, die Mohammedaner dürfen in keinem Eckchen des riesigen Komplexes beten.

Mit seinem Wald aus Marmor-, Jaspis- und Porphyrsäulen ist der Innenraum der Moschee einzigartig in Licht- und Raumwirkung. Der erste Teil der Säulen wurde im 8. Jh. errichtet, und bis zum 10. Jh. wurde ihre Zahl fast verdoppelt. Mit mehr als 23.000 qm stand hier die drittgrößte Moschee der Welt. Die doppelten Bogenreihen, gestreift durch die abwechselnde Verwendung von Ziegeln und Kalksteinen, trennen nicht weniger als neunzehn 175 m lange Schiffe. Wieviele Gläubige müssen hier gebetet haben, daß dieses Gebäude ständig erweitert werden mußte! In Córdoba sollen in der Zeit des Kalifats im 10. Jh. bis zu einer Million Menschen gelebt haben.

Die Säulen lassen die verschiedenen Bauphasen erkennen: Im vorderen Drittel – vom Orangenhof-Eingang aus – wurden westgotische und römische Kapitelle der früheren Kirche verwendet; für die Verlängerung über den heutigen Kathedralen-Bereich hinaus wurden Säulen aus dem römischen Theater von Mérida geholt. Für die dritte Verlängerung des Baus verarbeitete man blauen und rosa Marmor und nahm einheitlich korinthische Kapitelle. Dieser Teil ist der prächtigste. An der Stirnseite, der *kibla*-Wand, befindet sich die *mihrab*, die gen Mekka weisende Gebetsnische, mit herrlichen Kuppeln und Mosaiken. Zwischen dieser Verlängerung und der Verbreiterung unter Almansor von 11 auf 19 Schiffe lagen nur 26 Jahre.

Heute ragt eine gotische Kathedrale aus den schlichten, niedrigen Dächern der Moschee empor. Sie wurde unter Karl V. im Auftrag des Klerus von dem Baumeister Hernán Ruiz errichtet. Während der ersten 200 Jahre Christenherrschaft gab es nur eine Kanzel und die königliche Kapelle. Die Kathedrale hat ein schönes barockes Chorgestühl und wirkt mit ihrer

Oben: In Córdoba wetteifern Hausbesitzer um den Preis für den schönsten Innenhof.

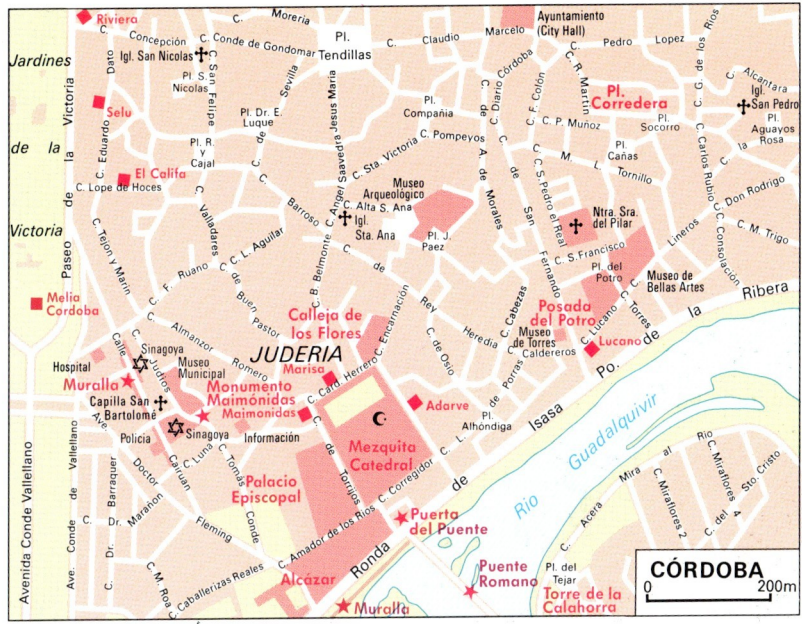

hohen Kuppel inmitten der düsteren Moschee licht und hell. Neben dem Chorraum befinden sich die prächtigen Kapellen Real und Villaviciosa. Weitere Seitenkapellen und die Sakristei sind dagegen an den Außenwänden der Moschee eingebaut. Als Kirchturm ist das Minarett im Orangenhof erhalten geblieben.

Hinter der Moschee am Fluß sind die Türme des Alcázars mit seinen schönen Parkanlagen zu sehen. Hier residierten die Inquisition und die Katholischen Könige während des Granada-Feldzugs. Davor führt die römische Brücke über den Guadalquivir. An ihrem Ende wacht der Wehrturm, La Calahorra, wo eine Multimedia-Show eine anschauliche Einführung in die bewegte Vergangenheit der Stadt bietet.

Die Stadtmauer ist hinter dem Alcázar noch erhalten und führt bis zur Puerta de Almodóvar. Diese ist das Tor zum Judenviertel, das sich bis zur Moschee erstreckt, einem der größten, die es in Spanien gab. Die engen, gewundenen Gassen mit schlichten weißen Häusern voller Blumen sind ein malerischer Anblick. Eine der Synagogen ist erhalten.

In ihrer Nähe sieht man das Maimónides-Denkmal. Der große Theologe, Philosoph und Wissenschaftler war nur einer der vielen Gelehrten der Stadt, die schon zu seiner Zeit eine Universität und riesige Bibliotheken hatte. Auch römische Gelehrte, beide Senecas und der Dichter Lucanus kamen aus Córdoba.

Die an Moschee und *Judería* anschließenden Stadtviertel sind eindeutig arabischer Prägung, verwinkelt und eng, so daß sich die Neustadt, das moderne Córdoba mit seinen 300.000 Einwohnern, erst jenseits der großen Plätze und Avenuen ausbreiten konnte. Hier in der Altstadt haben viele Kirchen noch zu Glockentürmen umfunktionierte Minarette. Die Gassen öffnen sich immer wieder auf schöne Plätze: die Pl. de las Bulas, im Herzen des Judenviertels; die Pl. del Potro, nach dem Pferdebrunnen benannt, mit dem gleichnamigen Gasthof, in dem schon Don Quijote eingekehrt sein soll; die Pl. de los Dolores, schmal und schlicht, hinter dem Kapuzinerkloster, mit dem berühmten Cristo de los Faroles; die Pl. de la Corredera, arkadenumrahmt, mit Balkonen voller Blumen und ausnahmsweise nicht weiß.

An die Pracht der alten Zeit erinnern Klöster und Paläste in der ganzen Stadt. Der Palacio de Merced, der Medinaceli, die Casa de Carpio oder der Villalones sind nur einige Beispiele. Im Palast der Paéz de Quijano befindet sich das archäologische Museum, in einem anderen das Rathaus. Das Kunstmuseum ist im alten Hospital de la Caridad untergebracht. Der eindrucksvollste Palast ist der des Marquis von Viana mit seinen unzähligen Innenhöfen und Gärten.

Eine ganz andere Art von Palast findet sich außerhalb der Stadt: 936 ließ Abdarrahmán III. für seine Lieblingsfrau Azahara ein Luxusschloß errichten, wohin er später auch seinen Hof verlegte: die **Medina Azahara**. Der riesige Gebäudekomplex mit terrassierten Gärten war in kürzester Zeit entstanden, er wurde jedoch kaum 50 Jahre später von den Berbern zerstört, die die Kalifenherrschaft ablösten. Danach wurden Teile für die Erweiterung der Moschee verwendet, andere sogar für den Bau der Giralda in Sevilla. In den letzten Jahren wurde einiges rekonstruiert, Fundamente ausgegraben, so daß man bei der Besichtigung einen Eindruck von der Größe und Pracht der Anlage gewinnen kann.

Die Campiña von Córdoba

Am Weg von Córdoba nach Bailén, wo Napoleon die erste Niederlage in Spanien hinnehmen mußte, liegen typische andalusische Dörfer: die weißen Häuser von **El Carpio** um die Mudéjar-Burg, der alte Teil der Kleinstadt **Andújar** und **Montoro**, mit dem verheißungsvollen Namen „goldener Berg".

Südlich der Straße Richtung Jaén und Granada erstreckt sich die Campiña von Córdoba, ein großes Landwirtschaftsgebiet. Weiter südlich, um **Montilla**, wird Wein angebaut. Die Weine, die unter dem Namen Montilla-Moriles bekannt sind, werden nach demselben *solera*- und *criadera*-Verfahren gekeltert wie in Jerez, man verwendet jedoch eine andere Rebe, und das Klima ist trockener. Dennoch sind sie im Geschmack dem Jerez sehr ähnlich, aber deutlich preiswerter.

In den Orten Montilla, Doña Mencía, Lucena, Aguilar de la Frontera, Moriles, Puente Genil und Cabra findet man *bodegas*, die hier noch keine englischen Namen tragen. Stolze Kirchen und Klöster aus dem 16. Jh. zeigen, daß diese Weinbauernorte am Ende der *Reconquista* mehr Bedeutung hatten als heute.

Inmitten der Weinberge gibt es westlich und südlich von Aguilar eine Überraschung für Vogelfreunde: Eine ganze Reihe von Salzwasser-Weihern, *lagunas*, sind Brutstätten für seltene Wasservögel. Die kleineren trocknen im Sommer aus, und alle haben nur eine geringe Wassertiefe. Weiter südlich, fast schon in Antequera liegt die größte dieser Lagunen, **Fuente Piedra**, wo im Frühjahr bis zu 3000 Flamingopaare nisten.

Weiter östlich beginnen die endlosen Ölbaumplantagen Jaéns. Aus der hügeligen Landschaft ragen Burgen aus riesigen weißen Dörfern empor: Baena, Martos, Alcalá la Real.

Ab Linares, einem krisengeschüttelten Bergbauort, durchquert die inzwischen zur Autobahn ausgebaute Nationalstraße die Berge. Früher war es ein mühevoller Weg, der von Wegelagerern und Banditen wie den berüchtigten „Sieben Kerlen von Ecija" bedroht war. Um dieses Gebiet zu beleben, besiedelten es Karl III. und sein Minister Olavide im 18. Jh. mit Deutschen. Es entstanden Dörfer wie La Luisiana, Santa Elena, La Carlota oder Las Navas de Tolosa. Die größte dieser Siedlungen ist **La Carolina**, das mit seinen breiten Straßen, Plätzen und Grünanlagen ein gutes Beispiel barocker Planstädte ist.

La Mancha

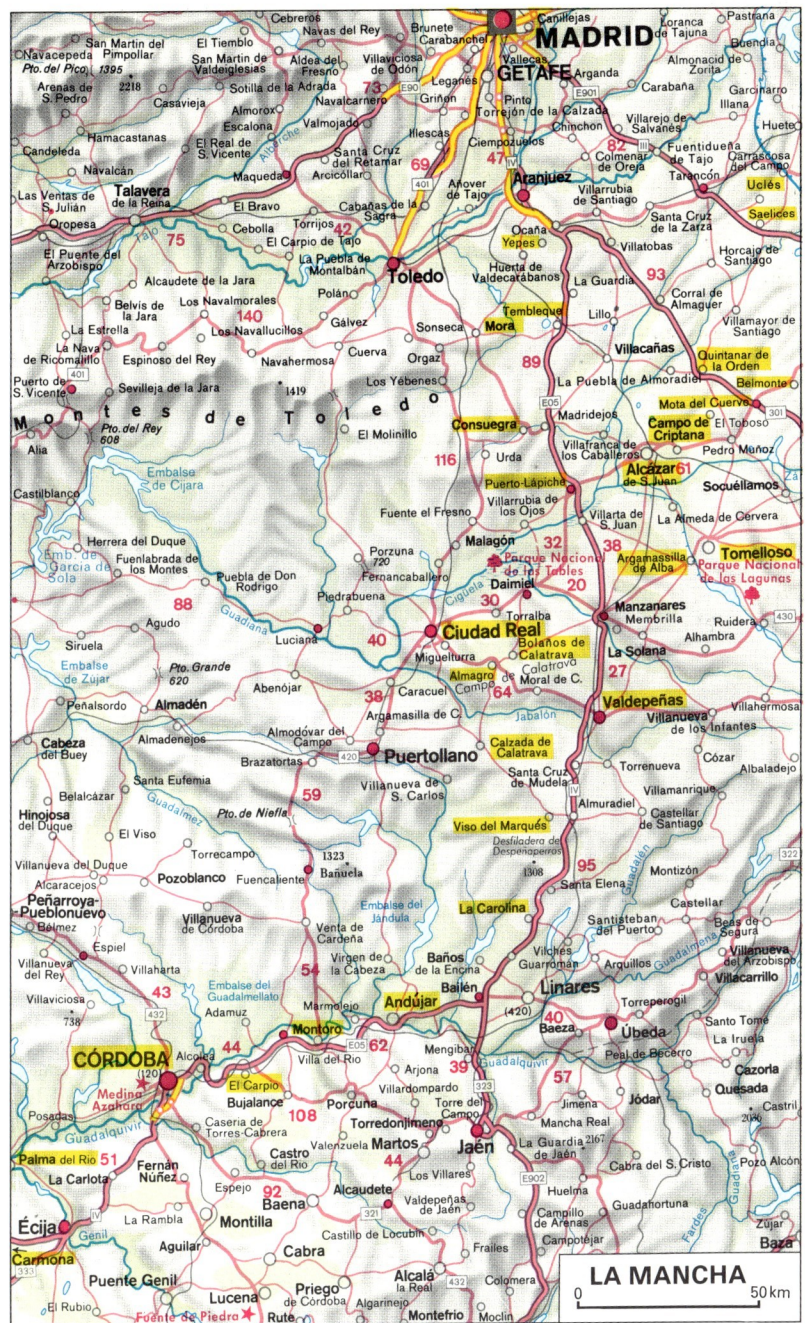

La Mancha — 0 50 km

LA MANCHA

Jenseits des **Desfiladero de Despeñaperros** öffnet sich die weite Ebene der südlichen Meseta, *La Mancha*, auf arabisch „trockenes Land". Das gesamte Gebiet ist nach der größten landwirtschaftlichen Gemarkung Spaniens benannt. Sehr dünn besiedelt, baumlos, nur stellenweise durch artesische Brunnen bewässert, ist es ein karger Landstrich. Die Dörfer sind groß und ausladend, mit niedrigen, weiß gekalkten, schmucklosen Häusern und *corrales*, Viehgehegen, am Ortsrand. Dekorativ sind meist lediglich die Hauptplätze, wo sich das Leben konzentriert. Der schönste befindet sich in **Tembleque**, dessen Plaza Mayor aus dem 17. Jh. mit seinen dreistöckigen Arkaden früher als Stierkampfarena diente.

Im Süden der Provinz gibt es eine Bergbauzone, aber die wirtschaftliche Basis bildet dennoch die Landwirtschaft: Wintergetreide, das im Mai oder Juni schon geerntet wird; auf den abgeernteten Feldern riesige Schafherden, aus deren Milch der berühmte Manchego-Käse hergestellt wird; gedrungene, weit auseinanderstehende Weinreben, die den trockenen Wein der Mancha ergeben; riesige Zwiebeln, die, wenn die EG sie nicht abnimmt, an die Kühe verfüttert werden; süße, geschmackvolle Melonen, die das wenige Wasser des Bodens speichern.

Das Wasser ist das größte Problem dieser Region. Die zwei letzten Feuchtgebiete sind unter Naturschutz gestellt worden: Der Nationalpark **Tablas de Daimiel** sorgt jedoch für traurige Schlagzeilen. Einst ein riesiges Moor, das in den Wintermonaten von den Flüssen unter Wasser gesetzt wurde, steht er heute kurz vor dem Austrocknen. Seltene Vogelarten, Gräser und Schilf sind bedroht, denn die Landwirtschaft der Mancha hat ihren Preis: Durch Überpumpen sinkt der Wasserspiegel, die Flüsse trocknen zunehmend aus. Inzwischen werden aufwendige Fluß-Umleitungen diskutiert.

Weniger trocken ist es im Naturschutzpark der **Lagunas de Ruidera**. Unbestätigte Theorien behaupten, daß hier der unterirdisch verlaufende Quellfluß des Guadiana die kleinen Seen bilde, die untereinander und mit dem Stausee von Peñarroyal durch Bäche verbunden sind. Diese Oase in der dürren Mancha ist ein Vogelparadies, eine Rettungsinsel der Vögel aus dem Daimiel-Gebiet.

Das erste Dorf im Süden der Mancha ist **Viso del Marqués**, wo die Adelsfamilie de Luna ihren prächtigen Renaissance-Palast aus dem 15. Jh. – hier im trockenen Binnenland – in ein Seefahrt-Archiv verwandelt hat. **Valdepeñas** ist ein Marktstädtchen, das im Mittelpunkt des gleichnamigen Weinanbaugebietes liegt. Seine *bodegas* können besichtigt werden.

Das gesamte Gebiet wurde in der Schlacht von Navas de Tolosa 1212 von den Mauren erobert. Danach wurde es zwischen den militärischen Orden der Calatrava, der Templer und der Santiagoritter zur Neubesiedlung und Verteidigung aufgeteilt.

Campo de Calatrava heißt deshalb die Gegend um **Ciudad Real**, das New York der Mancha, wie die kleine Provinzhauptstadt spottend genannt wird. In ihren zahlreichen Lokalen bietet sie die besten *tapas* zwischen Madrid und Sevilla.

Nördlich von Carrión de Calatrava, am Guadiana, liegt Calatrava la Vieja, der erste Hauptsitz des Ordens. Später wurde dieser nach Calatrava la Nueva bei **Calzada de Calatrava** verlegt, wo noch imposante Burgruinen davon zeugen.

Von den umliegenden Orten ist besonders **Almagro** hervorzuheben. Zur Zeit der Ritterorden schon bedeutend, voller schöner alter Klöster und Kirchen, kam das Städtchen durch die Fugger zu Wohlstand. Hier etablierte sich das süddeutsche Handelsgeschlecht, nachdem ihm Karl V. wegen seiner hohen Verschul-

Rechts: Die Windmühlen von Consuegra, durch Don Quijote weltberühmt geworden.

dung die Silber- und Quecksilber-Minen von Almadén übereignet hatte. Von hier aus verwalteten die Fugger auch den Wollhandel.

Der einmalige Hauptplatz mit den verglasten Balkonen macht einen ungewöhnlich mitteleuropäischen Eindruck. Die kleinen Straßen, die Renaissance- und Barockfassaden, das prächtige Kloster Sto. Domingo und das repräsentative Rathaus zeugen von der ehemaligen Größe des Ortes.

Beim Abreißen eines alten Gasthofes fand man den **Corral de Comedias**, einen original erhaltenen Theater-Innenhof des 16. Jh., in dem sogar noch die Klappe für das Erscheinen des Teufels zu sehen ist. Hier findet in jedem Sommer ein beliebtes Theaterfestival statt.

Aber ohne Cervantes' **Don Quijote** würde wohl kaum jemand die Mancha kennen. Als verarmter Nachkomme der *caballeros*, eines Ritterordens, beschäftigt sich der etwa 50jährige Don Quijote mit der Lektüre von Ritterromanen. Er identifiziert sich so stark mit ihren Helden, daß er schließlich glaubt, selbst ein solcher Ritter zu sein. In Sancho Pansa, einem bodenständigen Schweinehirten, findet er einen ergebenen Junker, der die Verrücktheiten seines Herrn ergeben hinnimmt oder auch mit pragmatischer Pfiffigkeit kommentiert.

Gemeinsam ziehen sie über's Land, um die vielen sozialen Ungerechtigkeiten der Epoche zu sühnen; Sancho auf einem Esel und Don Quijote auf seinem alten Klepper Rosinante, was soviel wie ehemaliges Roß bedeutet. Die vollendete Ironie dieses Romans besteht u.a. darin, die öde Ebene der Mancha in eine abenteuerliche Landschaft à la Lancelot du Lac zu verwandeln.

Der Autor nennt aus Höflichkeit den Heimatort Don Quijotes nicht, aber heute streiten sich acht Dörfer der Mancha um diese Ehre: **Argamasilla de Alba** kann als Argument vorbringen, daß Cervantes hier als Gefangener in der Cueva de Medrano das Werk entworfen haben soll.

Als erstes läßt sich Don Quijote in einer vermeintlichen Burg, eigentlich ei-

nem Landgasthof, zum Ritter schlagen. Den Ritterschlag verabreicht ihm der Wirt in Gegenwart von zwei „Burgfräulein", den örtlichen Prostituierten. In **Puerto Lápice** befindet sich ein Gasthof, der heute die Speisen anbietet, die im *Don Quijote* kommentiert werden, einfache, deftige Gerichte.

Da der Held eine Dame braucht, erwählt er eine ungebildete Bäuerin zur Angebeteten und nennt sie Dulcinea del Toboso. In **El Toboso** ehrt sie ein Dulcinea-Museum. Auch die Dörfer **Quintanar de la Orden**, **Mora** und **Yepes**, inmitten von Wein-, Oliven- und Safranfeldern gelegen, behaupten, Heimatort des Don Quijote zu sein.

Die Abenteur des unseligen Ritters beginnen mit dem berühmten Kampf gegen die Windmühlen, die er für mit den Armen um sich schlagende Riesen hält und an deren Flügeln er schließlich hängen bleibt. Heute sind in der Mancha nur noch wenige Windmühlen als touristische Attraktionen erhalten. Ihre Bauart stammt von den Arabern aus dem 11. Jh., in der Mancha gibt es sie jedoch erst seit 1575. In **Campo de Criptana**, **Mota del Cuervo** und **Consuegra** findet man die besterhaltenen.

In weiteren Abenteuern begegnet Don Quijote Mönchen, die eine baskische Dame begleiten, welche er für entführt hält; eine Herde Ziegenböcke bekämpft er, weil er denkt, es seien verzauberte Soldaten; und Gefangene, die zum Galeerendienst geführt werden, will er befreien, da er sie für unschuldige Opfer hält. Nach zahlreichen Abenteuern kehren Don Quijote und Sancho Panza wieder in ihren Heimatort zurück, wo der geschundene *caballero* vor seinem Tod seine Vernunft wiederfindet.

Tomelloso wurde nicht nur durch die Abenteuer Don Quijotes bekannt, sondern auch durch die seines Dorfpolizisten Plinio in den Romanen von Pavón. Die Landschaft der Mancha stellt Antonio López besonders treffend dar, ein zeitgenössischer Maler, der in Tomelloso geboren ist und dort ein Museum hat.

Nördlich schließt sich mit dem Hauptort **Alcázar de San Juan** das Gebiet des Johanniterordens an. Das archäologische Museum des Ortes verfügt über schöne römische Mosaiken.

Ein Teil der Mancha reicht noch in die Provinz Cuenca. Hier liegt unweit von Mota del Cuervo **Belmonte**, Geburtsort von Fray Luis de León, mit seiner eindrucksvollen Befestigungsanlage, den typischen Gassen des alten Judenviertels und einer sehenswerten Stiftskirche.

Weiter nördlich, in der Nähe von Tarancón, liegen die römischen Ruinen von **Saelices**, die ein Theater und ein Amphitheater einschließen. Nicht weit davon, in **Uclés**, das „Escorial der Mancha", ein Renaissance-Kloster des Santiagoordens, heute eine Seminarschule, an dessen Bau Juan de Herrera und Francisco de Mora beteiligt waren.

Oben: In der Mancha werden die Halme für die Korbmacher noch mit der Hand geerntet.

INFO: SÜDMESETA

PROVINZ SEVILLA
(Telefonvorwahl 954-)
Unterkunft
CARMONA: *LUXUS:* **Parador Alcázar del Rey Don Pedro**, Tel: 4141010. **ECIJA:** *MITTELKL:* **Ciudad del Sol**, C/ Miguel de Cervantes 42, Tel: 4830300. *EINFACH:* **Hostal Santiago**, Ctra. Madrid-Cádiz, km 450, Tel: 4830162.
Sehenswürdigkeiten
CARMONA: **Necropolis Romana**, Dienstag-Samstag 9-14 und 16-18 Uhr, sonntags 9-14 Uhr.

PROVINZ CÓRDOBA
(Telefonvorwahl 957-)
Unterkunft
CÓRDOBA: *LUXUS:* **El Califa**, C/ Lope de Hoces 14, Tel: 299400. **Maimonides**, C/ Torrijos 4, Tel: 471500. *MITTELKL:* **Abucasis**, C/ Buen Pastor 11, Tel: 478625. **El Cisne**, C/ Fray Luis de Granada 15, Tel: 481676. **El Oasis**, Av. de Cádiz 78, Tel: 291350. *EINFACH:* **Hostal Seneca**, C/ Conde y Luque 7, Tel: 473234. **Hostal Ronda**, Avd. de las Ollerías 45, Tel: 480250. **Hostal El Trinufo**, C/ Cardenal González 79, Tel: 475500. **El Cisne Verde**, C/ Pintor El Greco 6, Tel: 294360. **Hostal Lucano**, C/ Lucano 1, Tel: 476098. **Hostal Alegría**, C/ Menéndez Pelayo 8, Tel: 470544. **LUCENA:** *MITTELKL:* **Baltanas**, Av. José Solís, Tel: 500524. **MONTILLA:** *MITTELKL:* **Don Gonzalo**, Ctra. Madrid-Malaga, km 447, Tel: 650658. *EINFACH:* **Los Felipes**, C/ San Francisco Solano 27, Tel: 650496. **PALMA DEL RÍO**: *MITTELKL:* **Hospedería San Francisco**, Av. Pio XII. 35, Tel: 644185.
Museen / Sehenswürdigkeiten
CÓRDOBA: **Moschee/Kathedrale**, 10.30-13.30 und 16-19 Uhr, im Winter 15.30-17.30 Uhr. **Alcázar de los Reyes Cristianos**, 9.30-13.30 und 17-20 Uhr, im Winter 16-18.30 Uhr. **Torre de la Calahorra**, 10.30-18 Uhr, im Sommer 10-14 und 18-20 Uhr. Multimedia-Shows, 11, 12, 13, 15.30 und 16.30 Uhr. **Synagoge**, 10-14 und 18-20 Uhr, im Winter 15.30-17.30 Uhr, sonntags 10-13.30 Uhr, montags geschlossen. **Museo Taurino** (Stierkampfmuseum), 9.30-13.30 und 17-20 Uhr, im Winter 16-19 Uhr, sonntags, montags und an Feiertagen nachmittags geschlossen. **Museo Provincial de Bellas Artes**, 10-14 und 18-20 Uhr, im Winter 17-19 Uhr, sonntags 10-13.30 Uhr, montags und feiertags geschlossen. **Museo Julio Romero de Torres** (wird renoviert). **Museo Diocesano de Bellas Artes**, 9.30-13.30 und 15.30-17.30 Uhr, sonn- und feiertags geschlossen. **Palacio de los Marqueses de Viana**, 10-13 und 16-18 Uhr, im Sommer nur 9-14 Uhr, sonn- und feiertags 9-14 Uhr, mittwochs geschlossen. **Posada del Potro**, Sala de Cueros (Leder-Kunsthandwerk), 9-14 und 18-21 Uhr. **Medina Azahara** (außerhalb), 10-14 und 16-18 Uhr, im Sommer 18-20 Uhr, sonn- und feiertags 10-13.30 Uhr, montags geschlossen.
Post / Information / Transport
CÓRDOBA: **Oficina de Turismo**, Palacio de Congresos y Exposiciones de Córdoba, C/ Torrijos 10, Tel: 471235. Plaza de Juda Levi, Tel: 472000-209. **Post**, C/ Cruz Conde 15. **Bahnhof**, Av. de América. **Büro der RENFE**, Ronda de los Tejares 10. **Busbahnhof**, Av. de la Victoria.

PROVINZ JAÉN
(Telefonvorwahl: 953-)
Unterkunft
BAILÉN: *LUXUS:* **Parador**, Ctra. Madrid-Cádiz km 296, Tel: 670100. *MITTELKL:* **Zodiaco**, Ctra. Madrid-Cádiz, km 294, Tel: 671058. **LA CAROLINA:** *LUXUS:* **La Perdiz**, Ctra. Madrid-Cádiz, km 269, Tel: 660300. *MITTELKL:* **Los Caballos**, Ctra. Madrid-Cádiz, km 265.

PROVINZ CIUDAD REAL
(Telefonvorwahl 926-)
Unterkunft
CIUDAD REAL: *MITTELKL:* **Almanzor**, C/ Bernardo Balbuena, Tel: 214303. *EINFACH:* **Capri**, Pl. del Pilar 8, Tel: 214044. **ALMAGRO:** *LUXUS:* **Parador**, Ronda de San Francisco, Tel: 860100. *MITTELKL:* **Don Diego**, Ejido de Calatrava 1. **ARGAMASILLA DE ALBA:** *EINFACH:* **Na. Señora de Peñarroya**, Ctra. nach La Solana, Tel: 521290. **DAIMIEL:** *MITTELKL:* **Las Tablas**, C/ Virgen de las Cruces 5, Tel: 852107. **PUERTO LÁPICE:** *MITTELKL:* **Aprisco de Puerto Lápice**, Ctra. Madrid-Cádiz.
Museen / Sehenswürdigkeiten
CIUDAD REAL: **Provinzmuseum**, C/ Prado 3, 10-12 und 17-18.30 Uhr, So. 10-12, Mo. geschl. **TOMELLOSO**: **Museo Antonio López Torres**, 11.30-13.30 und 17-19 Uhr, S. 12-14, Mo. geschl. **Museo de Carros**, Schlüssel im Rathaus. **Posada**, nachmittags geöffnet. **VALDEPEÑAS**: **Museo Gregorio Prieto**, Av. G. Prieto: 12-13.30 und 16-18 Uhr, So. 12-15.30 Uhr. **Museo Municipal**: 10-13 und 17-20 Uhr, So. 12-14 Uhr, Mo. geschl. **Informationszentrum Tablas de Daimiel**, 11-19.30 Uhr, Sommer 9-21 Uhr. **VISO DEL MARQUÉS**: **Palacio** (Seekriegs-Archiv), 9-13 und 16-18 Uhr, Mo. geschl. **ALMAGRO**: **Corral, Museo Teatro**, 10-14 und 16.30-20 Uhr.
Post / Information / Transport
CIUDAD REAL: **Oficina de Turismo**, C/ Alarcos 21, Tel: 211081. **Bahnhof**, C/ Ferrocarril. **Busbahnhof**, C/ Larache.

MADRID

MADRID
Im Herzen Spaniens

Die größte Stadt des Landes, mit drei Millionen Einwohnern und Satellitenstädten, in denen noch mehr als eine weitere Million lebt, liegt inmitten der kargen Landschaft Kastiliens und der Mancha im Zentrum der iberischen Halbinsel. Weitab von allen anderen namhaften Großstädten verdichtet sich hier die Wirtschaft des Binnenlandes zu einem Moloch aus Industrie, Verwaltung, Bürohochhäusern, Autobahnringen, breiten Boulevards und verstopften Ausfallstraßen.

Madrid, seit der Herrschaft Philipps II. Hauptstadt Spaniens, hat die Herausforderung durch das moderne Europa angenommen, baut und wächst, schafft neue Stadtviertel, und der Autoverkehr hat Vorrang, wie in anderen europäischen Großstädten vor 20 Jahren.

Unter Franco war die Stadt eine mittlere Großstadt, in Kultur und Weltoffenheit hinter Barcelona weit zurück, doch nach Francos Tod hat Madrid alle Barrieren durchbrochen. Nachtleben, Straßenfeste und Straßentheater, Boutiquen und Galerien, Künstler und Weltenbummler eroberten die Stadt, gleichzeitig mit internationalen Banken, Versicherungen und Großkonzernen.

Links: Sonntags füllt der Madrider Flohmarkt, der Rastro, ein ganzes Stadtviertel.

Der Weg in die Stadt führt unweigerlich über die große Nord-Süd-Achse, die *Castellana*, diesen breiten Boulevard mit Grünstreifen, der auf wenigen Kilometern eine Brücke schlägt zwischen der Blütezeit unter den Bourbonen und dem EG-Zeitalter, symbolisiert durch das moderne Büroviertel Azca.

Ausgehend vom Bahnhof Atocha, an dessen weitem Vorplatz sich das ethnologische Museum und, in einem umgebauten Krankenhaus, das moderne Kulturzentrum **Reina Sofía** mit dem Museum für zeitgenössische Kunst befinden, führt die *Castellana* nach Norden. Auf dem ersten Abschnitt heißt sie **Paseo del Prado**, nach dem Rondell, das Karl III. hier um einen Bach am Stadtrand anlegen ließ. Dieser Teil der *Castellana* ist am breitesten, und der parkartige Charakter ist trotz des Verkehrs erhalten. Auch die Brunnen, die dem König einst so gut gefielen, stehen noch an ihrem Platz.

Am Paseo liegen der **Botanische Garten** und daneben das **Prado-Museum**, das als naturwissenschaftliches Museum geplant war, nach seiner Fertigstellung von napoleonischen Truppen als Pferdeställe und Kaserne mißbraucht und schließlich 1819 als Kunstmuseum eingeweiht wurde. Heute birgt es eine der größten Kunstsammlungen der Welt und präsentiert die Kunstschätze der spani-

schen Schulen in einzigartiger Vielfalt und Vollständigkeit. Tausende von Besuchern betrachten hier täglich die Meisterwerke von Murrillo und Velázquez, El Greco und Goya, Zurbarán und Ribera sowie von Tizian, Tintoretto, Rubens, Dürer, Bosch und Rembrandt. In einem separaten Gebäude, im **Cason del Buen Retiro**, einem Pavillon des nicht mehr existenten königlichen Lustschlosses, ist neben Gemälden des 19. Jh. Picassos Bild *Guernica* ausgestellt, das dieser zur Weltausstellung in Paris 1937 in Erinnerung an den Luftangriff der Geschwader der deutschen Legion Condor auf das baskische Bergdorf als Mahnung gegen den Bürgerkrieg und gegen die Schrekken des Krieges schlechthin schuf.

Der Boulevard erstreckt sich als grüner Korridor weiter nach Norden und weitet sich immer wieder zu schönen, meist allerdings verkehrsreichen Plätzen aus. An der Pl. de la Lealtad mit dem Neptunbrunnen liegen die alten Luxushotels, die Börse und der Palacio de Villahermosa mit der bekannten Gemäldesammlung **Thyssen-Bornemisza**.

An dem Platz, dem der Cibeles-Brunnen seinen Namen gibt, befindet sich der neugotische „Zuckerbäckerpalast" der Hauptpost, während auf der anderen Seite die großen Banken die Prachtstraße Alcalá säumen. Ein Blick auf die klassizistische **Puerta de Alcalá** zeigt, bis wohin noch im letzten Jahrhundert die Stadtmauern reichten.

drid von heute erschöpft sich nicht in modernen Wohnblocks und Bürohochhäusern. Von dem Platz mit dem Cibeles-Brunnen gelangt man ins eigentliche Herz der Stadt, entweder über die Prachtstraße **Alcalá** oder die von ihr abzweigende **Gran Vía**. Richtung Osten führt die Calle Alcalá in das gutbürgerliche Gründerzeit-Stadtviertel **Salamanca** mit seinen großzügigen Altbauwohnungen und den eleganten Geschäften.

Richtung Westen bringt sie einen auf den Platz **Puerta del Sol**, den Platz des Sonnentores, vor der mittelalterlichen Stadtmauer. Der Platz erhielt im Zuge der Säkularisierung im letzten Jahrhundert seine heutige Gestalt. Mit einer wichtigen U-Bahn-Kreuzung, den Bushaltestellen und als Ausgangspunkt der Fußgängerzone mit den großen Kaufhäusern ist dieser Platz zum Nabel der Innenstadt geworden. Brunnen und Ecken sind zu jeder Tages- und Nachtzeit von Müßiggängern, Touristen, Lotterie-, Zeitungs- oder Nippesverkäufern umlagert.

Hier steht das Wahrzeichen der Stadt, der Bär, der vom Erdbeerbaum nascht, als Symbol für die ehemals üppigen Wälder und Jagdgründe um die Stadt. Auf der anderen Seite des Platzes befindet sich vor dem Verwaltungsgebäude der Comunidad Autónoma von Madrid in den Boden eingelassen der Kilometerstein 0, von dem aus alle Landstraßen Spaniens vermessen werden.

An diesem Gebäude – unter Franco der Sitz der Sicherheitspolizei – erinnert eine Tafel an die Ereignisse des 2. Mai 1808, als die Bevölkerung erbitterten, wenn auch erfolglosen Widerstand gegen die Machtübernahme durch die Franzosen leistete. Sechs Jahre lang war danach Joseph Bonaparte, der Bruder Napoleons, König Spaniens, residierte im Königspalast und versuchte die Errungenschaften der Französischen Revolution auch hier durchzusetzen. Unter ihm wurden Kirchen und Klöster abgerissen, Friedhöfe und Schlachthöfe aus Hygienegründen

Wenig weiter folgt der Columbusplatz, wo in den 70er Jahren mehrere Häuserblocks geopfert wurden, um einen großzügigen Freiraum für den „Entdeckungspark" zu schaffen. In ihrem weiteren Verlauf säumen Botschaften, Luxushotels, Banken, Prachtbauten und teuere Cafés die *Castellana*. Weiter nördlich folgen die nüchternen Bauten der neuen Ministerien Francos und das naturwissenschaftliche Museum, und schließlich, nach dem Fußballstadion Bernabéu und dem Kongreßgebäude mit den Mosaiken Mirós, die Hochhäuser des Büroviertels **Azca**.

Die *Castellana* zeigt jedoch nur das halbe Madrid. Seine Geschichte begann nicht mit den Bourbonen, und das Ma-

MADRID

verlegt, was in der engen Altstadt Platz schaffte, und frühindustrielle Manufakturen eingerichtet.

Auch die **Gran Vía** hat sich ihren Weg durch das Häusermeer der Altstadt bahnen müssen. Erst um die Jahrhundertwende wurde von der Calle Alcalá aus diese Schneise durch die Gassen geschlagen, am alten Zentrum vorbei, das längst aus allen Nähten platzte. Die neue Prachtstraße sollte ihren europäischen und nordamerikanischen Vorbildern gleichen, breit und stattlich, mit liebevoll verzierten Jugendstilbauten, Straßencafés und riesigen Kinopalästen. An den Wochenenden strömten die Menschen vom Land in die Stadt und flanierten auf der Gran Vía, berauscht von den glitzernden Autos und den leuchtenden Kinoreklamen. Hotels und Luxusgeschäfte, Bars und Cafés lockten.

Die Gran Vía mündet in die **Plaza de España** mit dem Cervantes-Denkmal, vor dem Don Quijote und Sancho Panza reiten. Sie wird von zwei Hochhäusern im Stil der fünfziger Jahre überragt, die heute wie Erinnerungsstücke erscheinen, doch waren sie einmal die höchsten Wohngebäude Europas.

Zwar hat die Gran Vía mittlerweile viel von ihrem einstigen Glanz verloren, doch in den letzten Jahren wurde für ihre Wiederbelebung einiges getan. Die soliden alten Gebäude werden restauriert; Kinos und Straßencafés werden zwar nicht mehr von der Landbevölkerung bestaunt, aber von den Menschenmassen bevölkert, die abends aus den Vorstädten ins Zentrum kommen, um hier Abwechslung zu finden.

Die eigentliche **Altstadt** Madrids ist relativ klein, und man erkundet sie am besten zu Fuß. Während die ursprüngliche maurische Siedlung *Mayrit* lediglich das Steilufer über dem Manzanares-Fluß um den heutigen Königspalast einnahm, dehnte sich der christliche Ort nach seiner Rückeroberung 1085 schon weiter nach Osten bis zur Puerta del Sol aus. Im 14. und 15. Jh. gewann der Ort an Bedeutung, und das kastilische Städte- und Ständeparlament, die *Cortes*, versammelte sich einige Male hier.

Als es Philipp II. 1561 ob seiner zentralen Lage zur Hauptstadt des Landes machte, hatte Madrid etwa 25.000 Einwohner, die eng gedrängt in eingeschossigen Lehmhäusern lebten. Die arabische Burg, das Alcázar, war zur Königsresidenz ausgebaut worden. In seiner Nähe entstanden Paläste der Adeligen und Verwaltungsbauten.

Der Palast des Herzogs von Uceda, heute Militärkommandantur, die Paläste der Condes von Barajas und von Miranda oder das Hofgefängnis, in dem sich heute das Außenministerium befindet, gehören zum Madrid der *Austrias*, zum Habsburgerviertel.

Am zur damaligen Zeit südlichen Stadtrand lagen die Umschlagplätze für Waren und Getreide (Pl. de la Paja, de los Carros, de la Cebada), heute wird hier jeden Sonntag der *Rastro*, der Straßen-Flohmarkt, abgehalten (Pl. Cascorro). Auch die beiden Altstadtplätze, die **Pl. de la Villa**, mit dem frühbarocken Rathaus (1644), und die Plaza Mayor wurden unter den Habsburgern angelegt.

Die **Pl. Mayor** wurde 1620 unter Philipp III. mit der Heiligsprechung des Stadtheiligen San Isidro eingeweiht. Dieser in damals unbekannter Großzügigkeit nach italienischem Vorbild angelegte Platz diente als Freilichttheater für bis zu 50.000 Zuschauer, die von den Balkonen und Tribünen den Stierkämpfen, Theatervorstellungen, Autodafés oder Reiterspielen zusahen. Auch ihm mußte ein Gewirr aus Altstadtgassen weichen. Die bis zu zehn Stockwerke hohen Häuser an der südwestlichen Ecke zeigen noch, welche Niveauunterschiede auszugleichen waren, um dem Platz seine harmonische Form zu geben.

Rechts: Die Plaza Mayor ist Treffpunkt für alle Besucher der Altstadt Madrids.

Sein heutiges Gesicht erhielt der Platz erst nach einem der vielen Brände 1790 durch den Prado-Architekten Juan de Villanueva. Bis in die 60er Jahre pulsierte hier der Stadtverkehr. Danach wurde der Platz umgestaltet und erfüllt nun wieder seine ursprüngliche Funktion als Veranstaltungsort für Feste, Aufführungen und Versammlungen.

Nur wenige alte Klöster sind noch erhalten. Im Zuge der Säkularisierung im 19. Jh. wurden in Madrid etwa 60 Klöster abgerissen oder umgewandelt, doch verschonte man die königlichen Frauenklöster, das **Real Monasterio de la Encarnación** und **Las Descalzas Reales**, mit vielen Kunstschätzen der Habsburger-Zeit, sowie das Trinitarierinnenkloster in der Calle Lope de Vega mit dem Grab von Cervantes.

Unter den Habsburgern platzte die Altstadt durch den Zuzug des königlichen Gefolges bald aus allen Nähten. Es wurde eine Vorschrift erlassen, wonach in allen Häusern mit mehr als einem Stockwerk Staatsbediensteten Wohnraum zur Verfügung gestellt werden mußte. So entstanden die sogenannten *Malicia*-Häuser, die vorne eine einstöckige Fassade hatten und hinten eine wundersame Vermehrung von Etagen und Räumen. Viele ärmere Menschen zogen aber bereits vor die Stadtmauer, die schließlich 1624 erweitert wurde. Der Verlauf der neuen Stadtmauer ist heute noch durch die großen Plätze und *Rondas* gekennzeichnet, die im 19. Jh. auf den geschleiften Mauertrassen angelegt wurden.

Die Vorstädte dieser Habsburger-Epoche haben sich teils bis heute erhalten. Vom Hof engagierte Künstler, Maler, Dichter und Schauspieler der fast täglichen Theateraufführungen wohnten im Künstlerviertel, dem **Barrio de las Musas**, um die Straßen Cervantes, León und Lope de Vega. Das zum Fluß hinunterführende Stadtviertel **Lavapiés** war in dieser Zeit das Judenviertel, die Bereiche um die **Calle de Toledo** und die **Calle del Pez**, in denen sich auch die alten Handwerkerviertel befanden. Und das ist auch im modernen Madrid noch so.

Unter den Bourbonen-Königen erfuhr Madrid im 18. Jh. einen planmäßigen Ausbau zur Großstadt. Nachdem das alte Alcázar abgebrannt war, wurde riesig und prunkvoll der neue Königspalast errichtet, für dessen Gestaltung Künstler aus Italien und Frankreich ins Land geholt wurden. Gärten und Parks entstanden um den Königspalast, Prachtstraßen und Prunktore wurden gebaut, Kanalisation und Straßenbeleuchtung eingerichtet und monumentale und repräsentative Plätze geschaffen, die mit sehr prächtigen Brunnen verziert wurden. Parks, Plätze und breite Straßen sind heute lebenswichtig für die im Smog und der gleißenden Sommerhitze fast erstickende Stadt. Müde Besucher sollten eine schattige Bank suchen oder einen Platz in einem der vielen Straßencafés, die Madrid einen besonderen Charme geben, und von dort das Treiben der Stadt beobachten.

Oben: Im Glaspavillon im Retiro-Park finden Ausstellungen statt. Rechts: Straßenspektakel sind bei Jung und Alt beliebt.

Bis in die späten Nachtstunden tummeln sich besonders in den heißen Sommermonaten Kinder, Junge und Alte auf der Pl. Sta. Ana, der Pl. Olavide, der Pl. Mayor und der Pl. Dos de Mayo. Auch im **Retiropark** um den Glaspalast oder am **Estanque**, dem Teich, auf dem königliche Bootsregatten ausgetragen wurden, ist immer etwas los, und an den Wochenenden führen hier die Madrider ihre Hunde spazieren, samt ihren Großmüttern und Kleinkindern.

Im **Parque del Oeste**, am aus den Fluten des Assuan-Staudamms geretteten ägyptischen **Templo de Debod** und am **Paseo del Pintor Rosales** sitzt man bis in die frühen Morgenstunden im Sommerkino oder in einem Terrassenlokal und wartet darauf, daß die Temperatur um einige Grad sinkt.

Nicht weit davon entfernt, mit der Seilbahn oder der U-Bahn schnell zu erreichen, bietet der königliche Jagdpark, die **Casa del Campo**, Abkühlung und Unterhaltung. In dieser riesigen Grünzone gibt es neben unzähligen Gartenlokalen auch noch einen See, einen Zoo und einen Vergnügungspark.

Abends kann man auch in den Innenstadtstraßen von Lokal zu Lokal schlendern, so wie es die Madrider gerne tun, und im Stehen ein Bier, einen Café oder einen *tinto* (Rotwein) trinken. Nicht ein einzelnes Lokal ist das Ziel des Abends, man durchstreift ein ganzes Viertel.

Gute Restaurants gibt es um die Pl. Mayor und die Cava Baja; Musikkneipen um die Pl. Sta. Ana und die Calle de Huertas, Szene-Lokale um die Pl. Chueca und die Calle Libertad, die Pl. Dos de Mayo und die Straßen Palma und Vicente Ferrer; unzählige kleine *Tapa*-Lokale um die Pl. Olavide und die Calle Cisneros.

Die vielfältige Konzert- und Theaterszene bietet regelmäßig gute Programme. Das Zarzuela-Theater, das königliche Theater, das derzeit zum Opernhaus ausgebaut wird, das Teatro Español, das Albéniz-Theater oder die kleineren wie die Komödie oder das Teatro María Guerrero sind nur einige der vielen Bühnen.

Ausflüge von Madrid

Für einen Tagesausflug bieten sich im Norden der Stadt die Guadarrama-Berge an. Wochenendhäuser, Naturschutzparks und Stauseen liegen an den Südabhängen der hier bis zu 2400 m hohen kastilischen Wasserscheide. Klangvolle Namen berühmter Schlösser wie **El Pardo**, **La Granja de San Ildefonso** oder **Riofrío** locken. Das Kloster **El Escorial** drückt das Lebensgefühl unter Philipp II. aus, despotische Strenge vereint mit künstlerischer Pracht. Nicht weit davon liegen vor einem herrlichen Bergpanorama das Mahnmal des Bürgerkriegs **Valle de los Caídos**, das Kloster **El Paular** und die Burg von **Manzanares El Real**.

Nach Süden hat man schnell die weite Ebene der Mancha erreicht. **Chinchón**, mit einem malerischen Dorfplatz, gleichzeitig Stierkampfarena, liegt etwas abseits vom Weg nach **Aranjuez**, dem

Landschloß der Könige am Tajo-Ufer, das von prächtigen Parkanlagen, Jagdpavillons, Brunnen und verspielten Gärten umgeben ist.

Ebenfalls am Tajo, in einer wie dafür geschaffenen Flußschleife, thront die alte Hauptstadt des Westgotenreiches, **Toledo**, ein lebendiges Museum der spanischen Geschichte: Iberer, Römer und Westgoten haben hier ihre inzwischen verblichenen Spuren hinterlassen; deutlicher haben Araber und Juden die Stadt geprägt. Von all den Moscheen und Synagogen, Bädern und Brücken, Palästen und Wohnhäusern, Basaren und Märkten, Brunnenhäusern und Mühlen kann man noch viele Reste aufspüren. Aus der christlichen Zeit nach der *Reconquista* stammen die großartige Kathedrale und die vielen Kirchen und Schlösser. Die Katholischen Könige haben mit **San Juan de los Reyes** der Stadt ihren ganz eigenen Stempel aufgedrückt. Toledo ist eine Symphonie aus Stein, eine äußerlich unnahbare, heiße Stadt, in der hinter jeder Mauer eine Überraschung wartet.

INFO: MADRID

MADRID
(Telefonvorwahl: 91-)
Unterkunft
LUXUS: **Gran Hotel Reina Victoria**, Pl. del Angel 7, Tel: 5314500. **Hotel Tryp Ambassador**, Cuesta de Sto. Domingo 5, Tel: 5416700. **Ritz**, Pl. de la Lealtad 5, Tel: 5212857.
MITTELKLASSE: **Ramón de la Cruz**, C/ Don Ramón de la Cruz 94, Tel: 4017200. **Nuria**, C/ Fuencarral 52, Tel: 5319208. **Tryp Asturias**, C/ Sevilla 2, Tel: 4296676. **Londres**, C/ Galdo 2, Tel: 5314105. **Los Condes**, C/ Libreros 7, Tel: 5215455. **Embajada**, C/ Sta. Engracia 5, Tel: 4473300. **Laris**, C/ Barco 3. **Reyes Catolicos**, C/ del Angel 18, Tel: 2658600.
EINFACH: **Teran**, C/ Aduana 19, Tel: 5226424. **Europa**, C/ Carmen 4, Tel: 5212900. **Santander**, C/ Echegaray 1, Tel: 4296644.

Information / Post / Transport
Oficina de Turismo: Pl. Mayor 3, Mo-Fr 10-14, 16-20 Uhr, Samstag 10-14, sonn- und feiertags geschl., Tel: 2665477. **Flughafen Barajas** und **Bahnhof Chamartin**, werktags 8-20 Uhr, samstags 8-13.00 Uhr.
Plaza de España im Torre de Madrid, Tel: 5412325, werktags 9-19 Uhr, samstags 9.30-13.30 Uhr. **Duque de Medinaceli**, 2 Tel: 4294951, werktags 9-19, samstags 9-13 Uhr.
Post: Pl. de Cibeles. **Telefonica - Locutorio**: Gran Vía 30 u. Paseo de Recoletos, 41 (9-24 Uhr)
Metro - U-Bahn: Fahrkarte gilt für das gesamte Netz; die Zehner-Karte (*diez viajes*) ist etwa um die Hälfte billiger als 10 Einzelfahrten, es gibt auch 3- und 5-Tageskarten (Metrotour) an allen Metrobahnhöfen.
Autobus: einfache Fahrt im Bus lösen, Bonobus = Zehnerticket an den *Estancos* (Tabakläden) kaufen; das Busliniennetz ist undurchsichtig und nirgends angeschlagen.
Bahnhöfe: Estacion del Norte für Nahverkehr nach Norden und Osten; Atocha, für Fernverkehr nach Süden und Westen; Chamartín, für Fernverkehr nach Norden, Osten und Südosten; die Bahnhöfe Charmartín und Atocha sind durch eine unterirdische Bahnlinie verbunden. Information der RENFE, Tel: 4290202.
Taxi: Taxis winkt man sich am besten auf der Straße heran. Auf einem Aufkleber, der innen am rückwärtigen Fenster angebracht ist, stehen auf spanisch und englisch die erlaubten Zuschläge zu den Tarifen, die der Taxometer angibt.
Flughafen Barajas: via Autobahn zu erreichen; Taxi darf einen Flughafen-Zuschlag erheben. Der **Flughafenbus** fährt ab/bis Tiefgarage Pl. Colón, ca. alle Viertelstunde, 200 Pts. Flughafeninformation, Tel: 4112545, Iberia National, Tel: 4111011, international, Tel: 4112011, Iberia Flugbestätigung, Tel: 4111895.
Linienbusse: Estación Sur de Autobusses: C/ Canarias 17, Tel: 4684200.
Teleferico: (Gondelbahn in die Casa del Campo) Paseo del Pintor Rosales auf Höhe C/ Marques de Urquijo; fährt nur bei Tageslicht, im Sommer täglich, im Winter nur an Wochenenden.

Autoverleih / Automobilclub
Hertz, Gran Vía 88, Tel: 2485803. **Avis**, Gran Via 60, Tel: 2472048. **American Express**, Pl. de las Cortes 2, Tel: 4295775. **Rentalauto**, García de Paredes 57, Tel: 4413602. **Unión Rent a Car**, General Margallo 29, Tel: 2796317. **Real Automobil Club de España**: C/ José Abascal, 10; Tel: 4473200 und 4779200.

Museen
Circulo de Bellas Artes de San Fernando, C/ Alcalá, Mo-Fr 7-19 Uhr; Sa-Mo 9-15 Uhr. **Museo del Prado**, Paseo del Prado, und Cason del **Buen Retiro**, C/ Alfonso XII, 28, 9-19, sonn- und feiertags 9-14, montags geschl. **Museo Nacional de Artes Decorativas**, C/ Montalbán, 12, Di.-Fr. 9-15.30, Sa. und So. 10-14 Uhr, montags geschl. **Museo Naval**, C/ Montalbán, 2; 10.30-13.30 Uhr, montags geschl. **Museo de la Real Academia de Bellas Artes de San Fernando**, C/ Alcalá, 13, Di.-Fr. 9-19 Uhr, Sa.-Mo. 9-15 Uhr. **Museo Nacional de Ciencias Naturales**, C/ José Gutiérrez Abascal 2, Di.-Sa. 10-18 Uhr, sonn- und feiertags 10-14.30 Uhr, montags geschl. **Museo Nacional de Etnología**, C/ Alfonso XII. 68, 10-18 Uhr, sonntags 10-14 Uhr; montags und feiertags geschl. **Museo Nacional Ferroviario**, Paseo Delicias, 61; 10-17.30 Uhr, sonn- und feiertags 10-14 Uhr, montags geschl. **Museo Romantico**, C/ San Mateo 13, 9-15 Uhr, sonn- und feiertags 9-14 Uhr, montags geschl. **Museo Sorolla**, Paseo General Martínez Campos 37, 10-15 Uhr, montags geschl. **Museo Taurino** (Stierkampfmuseum), Plaza Monumental de las Ventas, Di.-Fr. 9.30-13.30 Uhr, sonntags 10-13 Uhr. **Museo Thyssen-Bornemisza**, Paseo del Prado, 8 (ab Herbst 1991). **Museo Arqueologico**, C/ Serrano 13, Di.-Sa. 9.30-20.30, sonn- und feiertags 9.30-14.30, montags geschl. **Casa de Lope de Vega**, C/Cervantes 11. **Centro de Arte Reina Sofía**, C/ Sta. Isabel 52; 10-21 Uhr, Di geschl. **Museo Cerralbo**, C/ Ventura Rodríguez 17, 10-15 Uhr, Mo geschl. **Museo Lazaro Galdiano**, C/ Serrano 122, 10-14 Uhr, montags geschl. **Museo Municipal**, C/ Fuencarral 78, 10-14 und 16.45-20.45 Uhr, sonntags 10-13.45 Uhr, Mo geschlossen.

Sehenswürdigkeiten
Palacio Real, wenn kein Staatsbesuch empfangen wird, 9.30-17.15 Uhr, sonn- und feiertags 9-

INFO: MADRID

14.15 Uhr. **Monasterio de las Descalzas Reales**, Plaza de las Descalzas 3, werktags 10.30-12.30 und 16-17.30 Uhr, sonn- und feiertags 11-13.30 Uhr, montags geschl. **Real Monasterio de la Encarnación**, Plaza de la Encarnación 1, 10.30-13 und 16-18 Uhr, sonntags 10.30-13 Uhr, montags und freitags geschl. **San Ginés**, Seitenkapelle 10-13 Uhr. **Panteon de Goya**, Paseo Florida. **Panteon de Hombres Ilustres**, C/ Gayarre 3, werktags 9-14 Uhr. **San Francisco el Grande**, C/ San Buenaventura 1, Di.-Sa. 11-13 und 16-19 bzw. im Sommer 17-20 Uhr. **Botanischer Garten**, 10-20 Uhr. **Templo de Debod**, 10-13 und 16-19 Uhr. **Museo Colon de Cera**, Wachsmuseum, Paseo Recoletos 41, täglich 10.30-14 und 16-21 Uhr. **Real Fabrica de Tapices**, C/ Fuenterrabía 2, werktags 9.30-12.30 Uhr. **Parque Zoologico**, Casa de Campo, ganztägig geöffnet, Metro: Batán. **Sala de Exposiciones del Canal Isabel II**, C/ de Sta. Engracia 125, wechselnde Ausstellungen und Öffnungszeiten. **Monasterio de los Trinitarios**, C/ Lope de Vega, 27.

Restaurants

KASTILISCH: **La Bola**, C/ La Bola 5. **Casa Lucio**, Cava Baja 35. **Casa Paco**, Puerta Cerrada 11. **La Cacharrería**, C/ Morería 9. **Mi Pueblo**, Costanilla de Santiago 2. **Posada de la Villa**, Cava Baja 9. **Aroca**, Pl. de los Carros 3. **Botin**, C/ Cuchilleros 7. **La Fuencisla**, San Mateo 4. **L'Hardy**, Carrera de San Jeronimo 8. **Carmencita**, C/ Libertad 16. **Taberna de Antonio Sanchez**, Mesón de Paredes 13. **Le Chataubriand**, C/ Peligros 1. **Hilogui**, C/ Ventura de la Vega.

FISCH: **El Boñar**, C/ Cruz Verde 16. **Aymar**, C/ Fuencarral 138. **Korynto**, C/ Preciados 36. **Tres Encinas**, C/ Preciados 33. **El Pescador**, Jose Ortega y Gasset 75. **Casa Rafa**, Narváes 68; Bajamar, Gran Vía 78.

VEGETARISCH: **Casa Marta**, C/ Sta. Clara 10. **Restaurante Vegetariano**, C/ Marqués de Santa Ana 34. **La Biotika**, C/ Amor de Diós 3. **El Granero de Lavapiés**, C/ Argumosa 10.

KÜCHE DER NORDKÜSTE: **Peña Arriba**, Francisco Gervás 15. **Moaña**, C/ Hileras 4. **Casa Gallega**, C/ Bordadores 11. **La Quintana**, C/ Bordadores 7.

BASKISCH: **Jai-Alai**, C/ Valverde 2. **Irizar Jatetxea**, C/ Jovellanos 3. **Pagasarri**, C/ Barco 7. **Guria**, C/ Huertas 12. **Balzac**, C/ Moreto 7.

ANDALUSISCH: **Los Borrachos de Velazquez**, Principe de Vergara 205. **Berrio**, Costanilla de los Capuchinos/Ecke San Marcos. **Don Paco**, Caballero de Gracia 36. **Jose**, Castelló 61.

RESTAURANT-GASSEN: **Pasaje de Matheu**, C/ Manuel F. **González**, Travesía de Arenal, C/ Ventura de la Vega.

Madrider Spezialitäten

Das Madrider *Cocido* wird nur mittags serviert. Es ist ein schweres, stundenlang gekochtes Eintopfgericht, das in einem Krug im Holzkohlenfeuer zubereitet wird und dessen verschiedene Bestandteile nacheinander gegessen werden: die Brühe als Suppe, die Gemüse und Kichererbsen als erster und das Fleisch als zweiter Gang.

Feiertage / Feste

2. Mai - Stadtfeiertag des Widerstands gegen napoleonische Truppen; 2. Maiwoche *San Isidro*. 2. Augustwoche *San Lorenzo*, *San Cayetano* und *La Paloma*. 12. Oktober - *Virgen del Pilar*, Militär-Parade zum Dos-de-Mayo-Denkmal auf dem Paseo de Prado. 9. November Stadtfeiertag der *Virgen de la Almudena*.

Stierkampf

März bis Oktober jeden Sonntag, meist 17 Uhr in der Arena von Las Ventas; im Mai zum Fest des San Isidro ca. 24 Tage lang täglich; Kartenverkauf C/ Victoria 9.

In der Casa del Campo, U-Bahn-Station Batán, werden die Stiere jeweils am Vormittag vor dem Kampf ausgestellt, um 12 Uhr entscheidet das Los, wer gegen welchen Stier kämpft.

Einkaufen

Kaufhäuser und Bekleidungshäuser im Stadtzentrum zwischen Gran Vía und Puerta del Sol; Schuhe, Handtaschen, Pelzwaren preiswert in der C/ Fuencarral; Kaufhäuser und elegantere Modegeschäfte um die U-Bahn-Station Goya

Modeboutiquen: In der C/ Almirante und Umgebung, auch C/ Conde de Xiquena, um die C/ Ayala; namhafte Modekreationen in der C/ Serrano; echte spanische *Capa*: Seseña, C/ Cruz, 23.

Altmodische, kleinbürgerliche Geschäfte: Im Zentrum in den Straßen C/ del Pez, Corredera Baja und Alta de San Pablo und Santi Espiritus oder in Lavapiés in den Straßen Mesón de Paredes, Valencia, Lavapiés.

Antiquitäten: C/ del Prado um die Plaza de las Cortes; im Rastrobezirk um den Platz Grl. Vara del Rey und in den beiden Innenhöfen rechts und links auf halber Höhe der Ribera de Curtidores; Markt der Puerta de Toledo.

Buchantiquariate und **Buchläden**: C/ de Libreros, C/ San Bernardo 27; Bücherkioske in der C/ Claudio Moyano; Travesía de Arenal 1; C/ San Cristóbal 1.

Flohmarkt: Der Rastro findet jeden Sonntag von ca. 10 bis 15 Uhr im Viertel südlich der Plaza de Cascorro statt. Hier ist es **unabdingbar**, ohne Handtaschen hinzugehen und das Geld gut zu verstauen! Sammlermarkt für Briefmarken- und Münzsammler sonntags vormittags auf der Plaza Mayor.

MALLORCA

DIE BALEAREN

MALLORCA

MENORCA

IBIZA

FORMENTERA

MALLORCA

Die größte Insel der Balearen zieht mit ihrer landschaftlichen Schönheit und ihren ausgezeichneten touristischen Einrichtungen das ganze Jahr über Scharen von Besuchern an. Den gesamten Nordwestteil nimmt die Sierra de Tramuntana ein, mit Erhebungen wie dem Puig Major (1445 m) oder dem Massanella (1349 m). Von dort erstreckt sich nach Südosten eine fruchtbare Ebene bis hin zum trockeneren Südteil der Insel, der sich in vielen Buchten zum Meer öffnet.

Palma de Mallorca ist die Hauptstadt der autonomen Region der Balearen. Sie wurde von den Römern gegründet, aber ihre Blütezeit erlebte sie unter den Mauren, die die Medina Mayurka erweiterten und Gärten und enge Gäßchen anlegten, von denen viele heute noch existieren. Aus dieser Zeit stammen auch die **arabischen Bäder**, die man in der Calle Serra im gotischen Viertel besichtigen kann.

1229 nahmen die Truppen von Jaime I. die Insel ein und schlossen sie dem christlichen Aragón an. Nach seinem Tod war Palma bis 1349 die Hauptstadt eines unabhängigen Königreiches Mallorca, zu dem auch die übrigen Inseln der Balearen, Ibiza, Menorca und Formentera gehörten, außerdem auch das südfranzösische Montpellier und das Roussillon. In dieser Epoche wurde die **Seo**, die Kathedrale, gegenüber der alten maurischen **Almudaina** gebaut, letztere wurde in den Königspalast verwandelt. Auch die **Burg Bellver**, die die gesamte Bucht beherrscht, wurde im 13. Jh. errichtet. Sie ist die einzige Befestigungsanlage dieser Art, die einen völlig runden Grundriß hat.

Ein weiteres wichtiges Gebäude ist die **Lonja**, die Warenbörse, die Guillem Sagrera im ausgehenden Mittelalter bauen ließ – ein außergewöhnlich prachtvolles Beispiel spätgotischer Profanarchitektur. In der Altstadt finden wir die typisch mallorquinischen Innenhöfe der Stadtpaläste, die seit der Gotik Schauplatz des gesellschaftlichen Lebens waren. Einer davon ist der Hof des **Palau Solleric**, der heute als städtisches Zentrum für zeitgenössische Kunst genutzt wird.

Das Gebäude des Rathauses, im Volksmund als **Cort** bekannt, das **Consulat de la Mar** und die Kirche **Santa Eulária** sind weitere sehenswerte Bauten. In der Kirche **Sant Francesc** ist der große Mallorquiner Philosoph und Mystiker Ramón Llull begraben.

Der breite Boulevard **Paseo Marítimo** ist Palmas Fassade, mit seinem modernen

---

Vorherige Seiten: Die Hafenpromenade von Palma de Mallorca. Links: Vesperpause während der Ernte in La Puebla.

BALEAREN

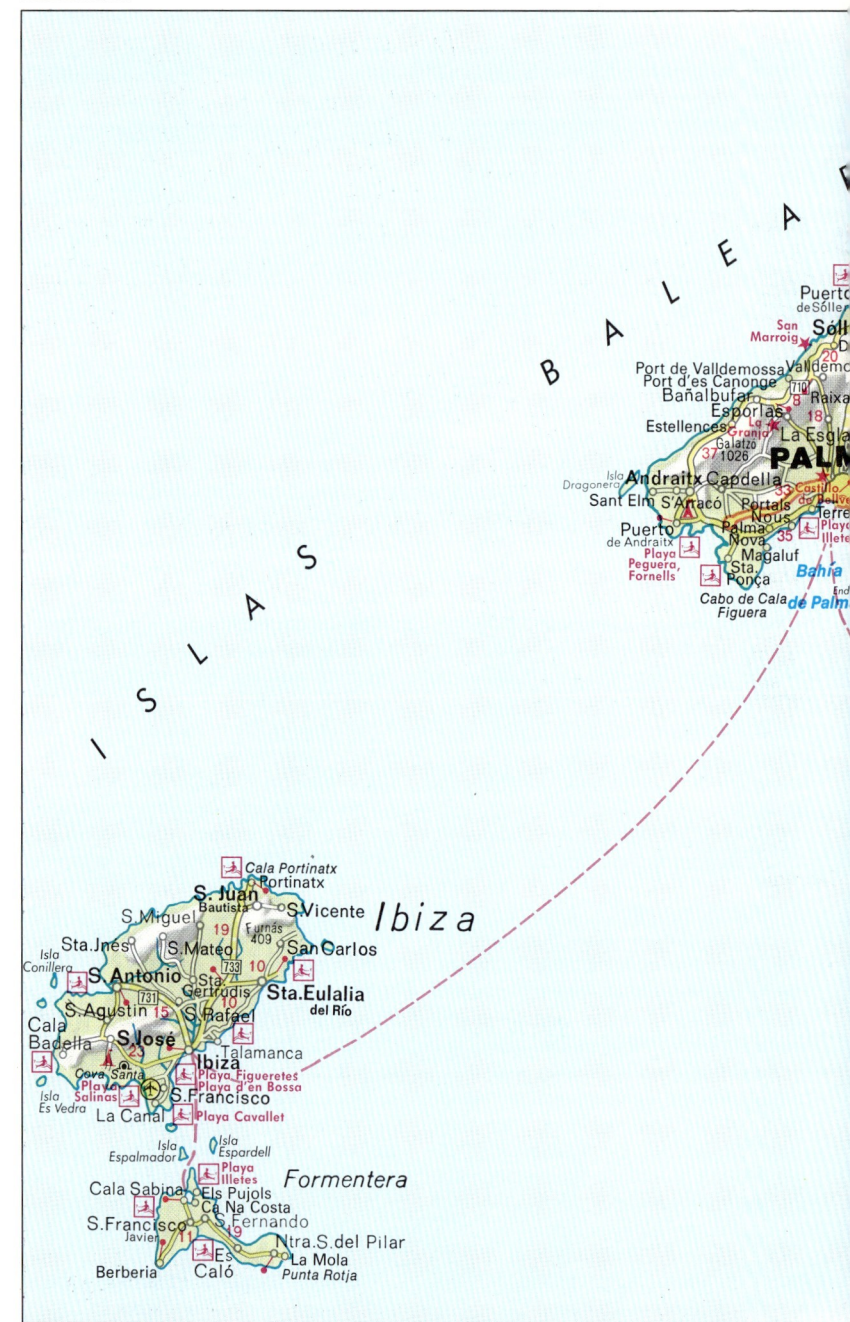

Parc de la Mar vor der Kathedrale. **El Born**, in der Zeit der Romantik eine beliebte Promenade, ist heute eine der geschäftigsten Straßen, ebenso die moderne Straße **Jaume III** mit ihren zahlreichen Läden.

Verläßt man die Innenstadt, so erstreckt sich auf der einen Seite der große Strand **El Arenal** und auf der anderen der alte Vorort **El Terreno**, wo sich heute um den berühmten Platz Gomila das Nachtleben der Stadt konzentriert.

El Poniente – die Westküste

Verläßt man Palma über die Autobahn in Richtung Andraitx, gelangt man zu einer Reihe beliebter Strände. Fast noch am Stadtrand breiten sich die **Cala Major** und die Strände von **Illetes**, **Bendinat** und **Portals Nous** aus. Ganz in der Nähe wurde ein moderner Yachthafen angelegt, der **Puerto Portals**, wo sich im Sommer das gesellschaftliche Leben abspielt, wenn sich die Freizeitkapitäne und der Jet-set auf den Terrassen der Lokale ein Stelldichein geben. Der Wasserpark „Marineland" gleich daneben hat den Besuchern einiges zu bieten, unter den Tieren sind die dressierten Delphine eine besondere Attraktion.

An diesem Küstenabschnitt mit seinen schönen Sandstränden und zahlreichen Feriensiedlungen sind besonders die Orte **Palma Nova** und das von Engländern bevorzugte **Magaluf** hervorzuheben. In einer *urbanización* oberhalb der Bucht **Cala Xada** kann man im Casino von Mallorca sein Glück versuchen.

Weiter in Richtung Andraitx liegt der Ferienort **Santa Ponça** mit seinem weiten Strand, wo ein Denkmal an die Landung der christlichen Truppen im Jahr 1229 erinnert. Auch die Strände von **Paguera** und **Cala Fornells** sind empfehlenswert. Fast am westlichen Ende der Insel der Hafenort **Port d'Andraitx**, ein weiterer Treffpunkt der Wassersportler. Eine Reihe von Luxussiedlungen liegen hier auf den Bergen rund um die Hafenbucht verstreut.

Von Port d'Andraitx geht es über eine schmale Bergstraße in das abgelegene Tal von **S'Arracó** und von dort hinunter zu dem kleinen Hafen **Sant Elm**. Hier hat man den besten Blick auf die vorgelagerte Insel **Sa Dragonera**, deren Form tatsächlich einem Drachen ähnlich sieht, der die Ankunft der Schiffe zu überwachen scheint.

Die Sierra de Tramuntana

Einer der schönsten Landstriche Mallorcas ist ohne Zweifel das Berggebiet im Norden, die **Tramuntana**. Es erstreckt sich über die gesamte Länge der Insel, so daß es überall den eindrucksvollen Hintergrund des Panoramas bildet. Mehrere Straßen führen in die Berge, eine davon über **Valldemossa**, das durch den Aufenthalt von Chopin und George Sand in der Kartause 1838/39 weltweit bekannt geworden ist. Das frühere Kloster liegt reizvoll inmitten von Terrassen mit Oliven-, Mandel- und Johannisbrotbäumen. Die französische Schriftstellerin erzählt von den Monaten, die sie hier mit Chopin und ihren Kindern zugebracht hat, in ihrem Buch *Ein Winter auf Mallorca*. In dem Kartäuserkloster sind verschiedene Gegenstände in einem kleinen Kloster aufbewahrt und ausgestellt, die an die beiden prominenten Besucher erinnern, und im Sommer findet alljährlich das Chopin-Klavierfestival statt, an dem die zahlreichen Künstler teilnehmen, die in der Sierra de Tramuntana leben.

Von Valldemossa empfiehlt sich die Straße Richtung Deià. So gelangt man zu der eindrucksvollen Halbinsel Sa Foradada, die in die bewegten Wasser der Nordküste hineinragt, und zum Herrenhaus von **Son Marroig**.

Rechts: Der Strand von El Arenal ist sehr beliebt. Rechts außen: Festlicher Aufzug zu San Juan in Ciudadela, auf Menorca.

Dieses Gebiet und dazu noch ein Großteil der landwirtschaftlichen Güter an der Küste von Valldemosa und Deià gehörten einst dem Erzherzog Ludwig Salvator von Habsburg, Sohn des Großherzogs der Toskana und Mitglied des österreichisch-ungarischen Herrscherhauses. Ludwig Salvator (1847-1915) war ein gebildeter Mann, Kunstsammler und ein großer Kämpfer für die Natur und die Erhaltung der Landschaft. Außerdem hat er die umfangreiche Monographie Die *Balearen* verfaßt.

Ein Besuch von Son Marroig lohnt sich; man kann dort das kleine Museum besuchen und den kleinen Marmortempel besichtigen, von dem Ludwig Salvator den Sonnenuntergang über Sa Foradada betrachtete, ein Ausblick, der am ganzen Mittelmeer kaum seinesgleichen findet.

Nach wenigen Kilometern erreicht man **Deià**, wo der englische Schriftsteller Robert Graves viele Jahre seines Lebens verbracht hat. Gleich hinter dem Dorf führt ein Abstecher zur Cala de Deià, wo noch ein wenig von der Zeit zu spüren ist, als nur Fischer die Buchten der Insel bevölkerten.

An dem bezaubernden *caserío* (Weiler) von Lluc-Alcari vorbei, bringt uns die Straße in das Tal von **Sóller** und führt uns durch Orangenplantagen zu den höchsten Gipfeln der Nordkette hinauf. Nach Sóller kommt man auch von Palma aus, mit einem Touristenzug, der sich auf dieser Strecke durch einen der reizvollsten Landstriche Mallorcas schlängelt. In Sóller bringt dann eine Straßenbahn die Passagiere zum Hafen.

Auf keinen Fall versäumen sollte man die beiden Dörfer **Biniaraix** und **Fornalutx** mit ihren Natursteinbauten, die am Rande des Tals liegen. Von Soller klettert eine Straße in die Berge, zu den Stauseen **Cúber** und **Gorg Blau**; im Wasser des Gorg Blau sind die Ruinen eines prähistorischen Tempels zu sehen, der teilweise überflutet ist.

Etwas weiter, im Schatten des Puig Major, beginnt die gewundene Straße, die von Sa Calobra zum **Torrent de Pareis** führt. Hier tut sich ein Landschaftsbild

MALLORCA

auf, das man nicht so leicht vergißt: zwischen wüstenartig kahlen Bergen hat sich der Bach durch eine tief eingeschnittene Schlucht seinen Weg ins Meer gebahnt. Den Anblick kann man auch vom Boot aus genießen; im Hafen von Sóller werden Ausflüge zu diesem wundervollen Abschnitt der mallorquinischen Nordküste angeboten.

Weiter nördlich gelangt man zum **Santuario de Lluc**. Das Kloster birgt eine von vielen Mallorquinern hochverehrte Jungfrauenstatue. Einmal im Jahr pilgern die Menschen von Palma aus zu Fuß hierher, eine Wallfahrt, die gleichzeitig auch eine Volkswanderung ist. Lluc, inmitten der Berglandschaft mit alten Steineichenhainen, ist schon seit vorchristlicher Zeit ein religiöses Zentrum Mallorcas. Alles deutet darauf hin, daß hier ein prähistorischer Kultort war, wo Mond und Stier verehrt wurden. Die Straße führt dann weiter durch abgelegene Bergregionen bis nach **Pollença**.

In entgegengesetzter Richtung kann man von Valldemossa auch nach Westen zu den kleinen Hafenorten **Port de Valldemossa** und **Port d'es Canonge** fahren. Die Straße nach **Esporles** führt zu **La Granja**, einem alten Mallorquiner Gut, wo die traditionelle Lebensweise Mallorcas anhand von Gebrauchsgegenständen gezeigt wird. Die beiden Dörfer **Banyalbufar**, mit seinen unzähligen Steinmauern und dem Aussichtspunkt Mirador de ses Animes, und **Estellencs** liegen auf dem Weg von der Nordkette zur Gemeinde Andraitx.

Wählt man von Palma die Straße direkt nach Norden in die Berge Richtung Sollér, so kommt man an **Bunyola**, an den schönen Gärten von **Alfabia** und am Herrenhaus von **Raixa** vorbei.

Das Landesinnere

Dieser Teil Mallorcas hat mit den Klischees und dem touristischen Image der

Oben: Mallorca ist im Nordteil eine gebirgige Insel. Rechts: Vom Kloster San Salvador aus schaut man über den flachen Süden.

Insel wenig gemeinsam. Viele Landstriche und Dörfer haben sich in den letzten hundert Jahren kaum verändert und gewähren uns einen Einblick in eine fremde Welt, die einen krassen Gegensatz bildet zum bunten touristischen Treiben an den Stränden.

Die Straße von Palma nach Inca ist teilweise zur Autobahn ausgebaut, und so ist man schon nach kurzer Fahrt in **Santa María** und in **Consell**. Von dort führt eine Nebenstraße nach **Alaró**, einem Ort, der von den Mauren gegründet wurde. Er liegt am Eingang eines Tals, der von zwei zwillingsartigen Bergen bewacht wird, dem Puig del Castell und dem Puig de s'Alcadena.

Von der Straße nach Orient zweigt bald eine Seitenstraße zu den Ruinen der **Burg von Alaró** ab, die auf dem gleichnamigen Berg ruhen. Dieser Ausflug lohnt sich nicht so sehr wegen der wenigen verfallenen Überreste der mittelalterlichen Festung, in der sich die Mauren gegen die anstürmenden Christen verteidigten, sondern wegen des großartigen Ausblicks, den man hier genießen kann. Man sollte auf alle Fälle noch bis **Orient** weiterfahren, das einsam zwischen den Bergen liegt. Richtung Inca führt uns der Weg durch den hübschen Ort **Binissalem**, der für seine Weine und die Anlagen des Acualandia bekannt ist.

Inca ist die zweitwichtigste Stadt der Insel, die besonders durch ihre Leder- und Schuhindustrie Bedeutung erlangt hat. Von dort kann man die Straße Richtung **Sineu** wählen, die einen mitten ins Herz des echten Mallorca führt. Vor Sineu bietet sich ein Abstecher in das Dorf **Costitx** an, wo einst die berühmten Stierköpfe aus Bronze gefunden wurden, die heute im archäologischen Museum von Madrid ausgestellt sind.

Ab hier verändert sich die Landschaft, und von weitem erblickt man auf einer Anhöhe die prächtige Silhouette von **Sineu**. Der Ort wurde von den Römern gegründet, war zeitweise Residenz der Könige von Mallorca und hat seinen herrschaftlichen Charakter bis heute bewahren können. Nicht weit davon sind die

Dörfer **Lloret**, **Sencelles**, **María de la Salut** oder **Llubí**, ein Beweis dafür, daß noch ein Mallorca existiert, dessen Pulsschlag sich seit jenen vergangenen Zeiten, als es „Insel der Ruhe" hieß, kaum verändert hat.

Der Süden

Während das Landesinnere fruchtbar ist und landwirtschaftlich genutzt wird, ist der Süden wegen seines ungünstigen Klimas und des kargen Bodens nur dünn besiedelt. Es finden sich hier jedoch einige der schönsten Strände. Wenn man will, kann man vom Palma kommend den Siedlungsgürtel um die Strände von Palma und Arenal auf der Autobahn umgehen. Dahinter liegen die Landspitzen **Cap Enderrocat** und **Cap Blanc**, und über Kilometer erstreckt sich eine endlose, kahle Steilküste und eine karge Garrigue-Landschaft.

Unweit des Leuchtturms von Cap Blanc zweigt eine Nebenstraße zur **Cala Pi** ab, einer kleinen Bucht, die typisch ist für diesen Küstenabschnitt. In der Nähe liegen die prähistorischen Ruinen von **Capocorb** mit Resten der berühmten mallorquinischen *talayots*, megalithischer Steintürme. Weiter diesem Weg folgend, gelangt man schließlich nach **Sa Ràpita**, mit einem ebener Küstenabschnitt mit Sandstränden und kristallklarem Wasser beginnt; die Strände von **Ses Covetes** und **Es Trenc** können sich mit Recht rühmen, zu den schönsten der Insel zu gehören.

Von der Colònia de Sant Jordi kann man einen Bootsausflug zu der Inselgruppe von **Cabrera** unternehmen, deren Silhouette sich am Horizont dunkel abzeichnet. Diese Inseln sind bekannt geworden, weil sie während des Unabhängigkeitskrieges als Internierungslager für Tausende von napoleonischen Soldaten

Rechts: So sauberes, blaues Wasser wie um die Balearen findet man kaum noch.

dienten. In absehbarer Zeit sollen sie zum Nationalpark erklärt werden.

Die Colònia ist auch Ausgangspunkt zu den weitläufigen Sandstränden, die ab **Es Carbó** den äußersten Süden Mallorcas einrahmen. Den Abschluß bildet das Cap von **Ses Salines** mit dem gleichnamigen Leuchtturm. Die wichtigsten Orte dieses Küstenabschnitts sind **Campos** und **Santanyí**, mit den schönsten Buchten der Insel: Cala Mondragó, Cala Figuera oder Cala Santanyí.

Die Ostküste – El Levante

Eine der wichtigsten Verkehrsadern der Insel ist die Straße von Palma nach Manacor, die zur Ostküste weiterführt. Bevor man nach **Manacor** gelangt, das besonders für seine Perlenzucht bekannt ist, kommt man kurz vor **Algaida** an der berühmten Glasfabrik von Gordiola vorbei. Hinter Manacor, an der Küste, liegt Porto Cristo mit den Höhlen **Coves del Crac**, in denen ein unterirdischer See und ein ganzer Wald von Stalaktiten zu sehen sind, und den Höhlen von **Dels Hams.**

Von hier nach Süden erstreckt sich das Gebiet der **Calas de Mallorca**, wo sich eine Bucht an die andere reiht, bis **Porto Colom** und dem sehr empfehlenswerten Strand von **Cala Marçal**. Die daran anschließenden Siedlungen, **Cala d'Or** und **Porto Petro** mit seinem Yachthafen, sind hauptsächlich von deutschen Urlaubern geprägt. Dahinter gelangt man bereits wieder in die Nähe von Santanyí.

Der Nordosten

Für die Feriengäste bildet der Nordosten der Insel mit seinen weiten Buchten einen weiteren wichtigen Anziehungspunkt. Von Inca kommend, erreicht man im Norden zuerst **Pollença**, einen Ort mit ganz eigenem Charakter und Heimat vieler Maler.

Ein Abstecher führt von hier in die Bucht von Sant Vicenç, wo sich im Hin-

tergrund die Vorgebirgskette von Cavall Bernat mächtig erhebt. Sie geht über in die Halbinsel **Formentor**, die zwischen Bergen und Wäldern ins Meer hinausragt, mit dem Luxushotel Formentor, einem der besten auf der Insel.

Der gern besuchte Ort **Port de Pollença** liegt an der gleichnamigen Bucht, eingerahmt von der Mole **La Victòria** und dem **Cap Pinar**. Hinter einer Anhöhe liegt **Alcúdia** mit seinen eindrucksvollen Stadtmauern. Sie waren Zeugen der Belagerung, die der Ort im 16. Jh. erlebte, als sich die Bauern gegen Karl V. erhoben und die Einwohner des Ortes königstreu blieben. Hier befinden sich auch die Ruinen der von den Römern nach der Eroberung der Insel gegründeten Stadt **Pollentia** mit dem römischen Theater.

Die ausgedehnte Bucht von Alcúdia ist ein riesiger Sandstrand, von Dünen und Wäldchen gesäumt, der heute auf seiner ganzen Länge verbaut ist. Die wichtigsten Fremdenverkehrs-Zentren sind die Strände der Orte **Muro**, **Can Picafort** und **Son Serra de Marina**.

Es lohnt sich unbedingt, den Naturschutzpark der Albufera zu besuchen, ein Feuchtgebiet, in dem viele Zugvögel Rast machen. Hier, am Rande von Can Picafort, befindet sich auch der größte Campingplatz der Insel. Am anderen Ende der Bucht liegt die kleine Feriensiedlung **Sant Pere** mit dem Strand **Es Caló**. Mit dem Cap Farrutx wird die weite Bucht, die sich in Richtung Menorca öffnet, abgeschlossen.

Die Hauptstraße weiter gelangt man nach **Artà**, einem von hohen, majestätischen Bergen umgebenen Ort, mit den *talayots* von **Ses Païsses**. Im Norden lassen sich noch einige kaum bebaute Buchten finden, wie die **Cala Mesquida** oder die **Cala Estreta**.

Hinter **Capdepera**, mit seiner maurischen Burg, liegt jedoch bereits ein weiteres Ferienzentrum, der Ort **Cala Ratjada**. Weiter südlich warten die bizarren Formationen der **Coves de Artà**, und von hier bis zur **Cala Millor** schließen sich bereits die vielen kleinen Buchten der Levante-Küste an.

MENORCA

Die zweitgrößte Balearen-Insel hat, trotz ihrer Nähe, wenig mit Mallorca gemeinsam. Über den Golf von León erreichen sie die starken Winde der *Tramuntana*, die kaum ein Berg daran hindert, über das flache Land zu peitschen. Das ist auch der Grund dafür, daß in der Vergangenheit die Elemente – Wind und Wasser – den Einwohnern von Menorca immer stark zu schaffen gemacht haben.

Eine weitere Besonderheit Menorcas sind die drei Phasen britischer und eine kurze französischer Herrschaft im 18. und Anfang des 19. Jh. Aus dieser Zeit sind einige sprachliche Eigenheiten geblieben und auch die Vorliebe für *ginet*, ein hier destillierter Wachholderschnaps. Zu den typischen menorquinischen Charakterzügen gehören auch Schwerfälligkeit, Ordentlichkeit, aber auch Unternehmergeist.

Oben: Die Salinen gehören zum typischen Bild von Ibiza.

Die Hauptstadt der Insel ist **Maó** (Mahón), am Ende eines fjordartig eingeschnittenen natürlichen Hafenbeckens gelegen, das neben La Valetta als der beste Hafen des Mittelmeers gilt. In der Stadt ist das architektonische Erbe der Engländer noch deutlich zu erkennen. Der Hafen mit seinen unzähligen Lokalen ist Zentrum des Nachtlebens, und die **Plaza de la Esplanada** das Herz des städtischen Alltags.

Eine der Besonderheiten Menorcas sind seine bedeutenden archäologischen Stätten, die über die ganze Insel verstreut liegen und wofür sie auch schon als „Freilichtmuseum" bezeichnet wurde. Die wichtigsten Funde sind die sogenannten *taulas* (Tische), Gebilde aus riesigen Steinplatten, einer horizontalen, die auf einer vertikalen aufliegt. Über ihre Bedeutung haben sich die Wissenschaftler bislang nicht einigen können. Neben den *taulas* findet man manchmal einen *talayot*, einen Wachtturm aus großen Felsblöcken. Diese Megalithmonumente dürften aus der Zeit zwischen 700 v. Chr.

und der Ankunft der Römer 122 v. Chr. stammen. Die beeindruckendsten *taulas* sind die von Torrauba de Salort (Alaior), von Trepucó (Maó) und Talati (Maó).

In der Umgebung von Maó erstrecken sich im Süden die Strände **Cala Alcaufar** und **Punta Prima**, im Norden auf dem Weg zu der trutzigen Festung **La Mola**, die über der Bucht wacht, liegt der Strand **Cala Mesquida**.

Die Straße von Maó nach Ciutadella teilt die Insel in etwa zwei gleich große Hälften. Im Nordteil ist die Küste zerklüftet, hat jedoch einzelne Zugänge, wie den Hafen von **Fornells**, der für seine Langustengerichte berühmt ist, oder Strände wie **El Arenal d'En Castell** oder **Cala Tirant**.

Der Südteil dagegen ist von breiten *barrancs* durchfurcht, Schluchten, die das Wasser in den Kalkstein gefressen hat und die an einer lieblichen Küste mit weiten Stränden enden. Besonders empfehlenswert sind die Strände **Cala en Porter**, **Arenal de Son Bou**, **Sant Tomás** und **Santa Galdana** an der Mündung des *barranc* von Algendar. Die Höhlen von **Cales Coves** haben früher als Begräbnisstätten gedient.

Der **Monte Toro** in der Mitte der Insel mit seinem Kloster ist der einzige Berg der Insel mit einer Höhe von 357 Metern. Hier oben breitet sich an klaren Tagen die gesamte Insel vor dem Betrachter aus, und am Horizont kann man die Küste Mallorcas erkennen.

Weiter westlich findet man die berühmte **Naveta dels Tudons**, eine prähistorische Begräbnisstätte, die als ältester Bau seiner Art in Europa gilt. Er ist, wie auch die meisten anderen Fundstätten, gut ausgeschildert und in einem hervorragenden Zustand, besonders wenn man bedenkt, daß er schon etwa 1400 v. Chr. errichtet wurde.

Ciudadela, zweitgrößter Ort der Insel und Hauptort des Westteils, wurde von den Karthagern gegründet und war unter den Mauren die Hauptstadt der Insel, bis die Engländer diese aus strategischen Gründen nach Maó verlegten. Der Bischofssitz und die Kathedrale sind jedoch immer noch in Ciudadela.

Ganz typisch für die Stadt sind die *voltes*, Laubengänge, und die engen, gewundenen Gassen, die einen in vergangene Jahrhunderte zurückversetzen. Ein Obelisk auf dem **Born** erinnert an den verheerenden Türkeneinfall in jener Zeit, als auch Piraten die Bewohner der Mittelmeerinseln ständig in Angst und Schrekken versetzten.

Ciudadela ist berühmt für sein Stadtfest *Festes de Sant Joan*. Die Reiter auf ihren menorquinischen Pferden messen sich in allen erdenklichen Wettbewerben, mitten im Menschengedränge der Altstadt. Es ist eines der prächtigsten und beliebtesten Volksfeste Spaniens.

Die Strände in der Umgebung Ciudadelas wie **Cala Santandria**, **Cala Blanca** oder **Cala Morell** bieten neben ihrer landschaftlich schönen Lage auch herrlich sauberes und klares Wasser.

IBIZA

Zusammen mit Formentera bildet Ibiza die Inselgruppe der Pitiusen, die sich in ihrer Morphologie und Geschichte von den Balearen (Mallorca, Menorca und Cabrera) unterscheiden.

Die Insel Ibiza, mit ihren lieblichen Hügeln und schattigen Pinienwäldern, hat durch ihre Nähe zum Festland in der Vergangenheit immer eine besondere Rolle gespielt. Außerdem war sie eine der wichtigsten karthagischen Kolonien im gesamten Mittelmeerraum und behielt auch nach der Zerstörung Karthagos durch Rom seine Gebräuche und Traditionen bei.

Die Stadt *Eivissa* (Ibiza), hoch auf einem Berg gelegen, von dem aus sie das ganze Hafenbecken beherrscht, hat bis heute ihren Reiz nicht verloren. Der obere Ortsteil **Dalt Vila** mit der denkmalgeschützten Altstadt breitet sich malerisch

IBIZA

unter der *Seo* (Kathedrale) und der unter Karl V. errichteten Befestigungsanlage aus. Weiter unten die Stadtviertel **Sa Penya** und **Sa Marina**, die längst keine Fischerviertel mehr sind, sondern eine bunte Mischung aus Boutiquen, schicken Bars, Restaurants, exotischen Läden und Andenkenläden. Die sogenannte *Ad lib*-Mode wurde in Ibiza in einer Zeit kreiert, die noch von den Hippies geprägt war, und ist auch heute noch eine wichtige Einkommensquelle.

Mittelpunkt der Stadt ist der Boulevard **Vara de Rey** mit dem bekannten Hotel und der Cafetería Montesol, ein obligater Treffpunkt für jeden richtigen *Ibizenco*. Einige Nachtlokale, wie **El mono desnudo** (der nackte Affe) oder **La oveja negra** (das schwarze Schaf), hatten ihre besten Jahre in den späten Sechzigern, als die Insel ein Paradies der Hippies war. Das Publikum hat sich in den achtziger Jahren stark verändert. Heute trifft sich hier eine bunte Mischung aus Jet-set, Yachtbesatzungen, Lebemännern, Snobs und natürlich Scharen Schaulustiger, die das nächtliche Spektakel im Hafen von Ibiza auf ihre Weise genießen. Sehenswert ist hier aber noch mehr. Etwa das Museum der punischen Nekropole auf dem **Puig des Molins** oder das archäologische Museum, wo die wichtigsten Funde aus der punischen Epoche ausgestellt sind.

In der Umgebung der Stadt liegen die Strände von **Talamanca**, **Figueretes** und **Platja d'en Bossa**. Der berühmteste auf ganz Ibiza ist jedoch zweifellos **Ses Salines**, an einem vorspringenden Felsen gelegen, der viele Jahre der einzige Nacktbadestrand Spaniens war. Nicht weit davon, auf der anderen Seite der Landzunge, erstreckt sich die **Playa des Cavallet**.

In der Gegend von **Sant Josep** im Südwesten der Insel gibt es eine ganze Reihe schöner Buchten, unter ihnen die **Cala d'Hort**, mit einem wunderbaren Blick auf die kleine Insel **Es Vedrà**.

Oben und rechts: Windmühlen mit Holzmahlwerken gibt es nicht nur in der Mancha, sondern auch auf Formentera.

An der Ostküste ist **Santa Eulàlia del Riu** ein weiteres Urlaubszentrum. In der Nähe der Campingplatz Es Canar, wo immer noch einer der bunten Märkte abgehalten wird, die in der Hippiezeit entstanden sind.

Im Norden bieten die **Cala Sant Vicenç** und **Portinatx** ein angenehmes Ambiente für einen ruhigen Sommerurlaub. An der Westküste dagegen liegt **Sant Antoni de Portmany**, der lebhafteste Ort der Insel nach Ibiza. Die zahlreichen Bars und Diskotheken, die von einem gutbetuchten jugendlichen Publikum besucht werden, machen es zu einem wahren Mekka des Nachtlebens. Der großzügige Hafen mit dem schönen Blick auf die **Conillera-Insel** erinnert noch an die Zeit, in der dieser Ort ein ruhiger Fischerei- und Handelshafen war.

Um die andere Seite Ibizas kennenzulernen, muß man sich ins Landesinnere vorwagen, in die kleinen Weiler, die mit ihren verstreuten Gehöften kaum Dörfer zu nennen sind. In **Santa Agnés**, **Sant Mateu** oder **Santa Gertrudis** zum Beispiel ist noch die traditionelle ländliche Architektur zu sehen.

FORMENTERA

Nur durch eine schmale Meerenge von Ibiza getrennt, liegt südlich die kleine, 14 km lange Insel Formentera, die sich nur wenig aus dem Meer erhebt. Von Ibiza verkehren Boote zum Hafen von **La Sabina**. Die Fahrt dauert etwas über eine Stunde und geht über die dazwischen liegenden Inselchen **Espardell** und **Espalmador**. Aufgrund der ständigen Bedrohung durch Piraten und der geringen Möglichkeit, sich zu verteidigen, war **Formentera** über Jahrhunderte so gut wie unbewohnt.

An den Stränden von **Illetes**, im Norden der Insel, hat das Wasser eine fast karibische Färbung, und eine wunderbare Leuchtkraft, die man auf keiner der anderen Balearen-Inseln finden kann. Neben

Sant Francesc Xavier, dem Hauptort der Insel, und **San Ferran** gibt es nur noch das Ferienzentrum **Els Pujols**. Die Menschen, die nach Formentera kommen, suchen Ruhe und genießen die Ursprünglichkeit der Landschaft, was sich auf die Entwicklung Formenteras sehr positiv ausgewirkt hat.

In **Ca Na Costa** hat man auch hier eine megalithische Grabstätte gefunden. Sie liegt am Ufer des Sees **Estany Pudent** und zeigt eine Form, die sie von allen anderen prähistorischen Bauten auf den Balearen unterscheidet.

Besonders sehenswert ist die Umgebung von **La Mola**, von wo man die ganze Insel überblicken kann, oder **Berbería**, mit seinem Leuchtturm, der dem fernen Afrika entgegenblickt. Sowohl an der Nord- als auch an der Südküste finden sich weite Strände, die an Landzungen oft nur wenig voneinander entfernt liegen, so daß man auf der einen Seite das ruhige Meer betrachten kann, während auf der anderen Seite die Wellen an die Küste schlagen.

INFO: BALEAREN

MALLORCA
(Telefonvorwahl: 971-)
Unterkunft
PALMA: *LUXUS:* **Son Vida Sheraton**, Urbanización Son Vida, Tel: 790000. **Valparaíso Palace**, C/ Francisco Vidal, Tel: 400411. **Palas Atenea Sol**, Paseo Marítimo 29, Tel: 281400. *MITTELKL:* **Jaime III Sol**, Paseo Mallorca, 14 B, Tel: 725943. **Palladium**, Paseo Mallorca, 40, Tel: 713945. **Saratoga**, Paseo Mallorca, 6, Tel. 727240. **Villa Río**, Av. Joan Miró 115, Tel: 233346. *EINFACH:* **Portixol**, C/ Sirena, 27, Tel: 271800. **Corona**, C/ José Villalonga 22, Tel: 231935. **Hostal Archiduque**, C/ Archiduque Luis Salvador, 22, Tel: 751645. DEIÀ: *LUXUS:* **La Residencia**, Son Moragues, Tel: 639011. *EINFACH:* **Costa d'Or**, C/ Lluch Alcari.
Post / Information
PALMA: **Post**: C/ Constitució 6, 9-13.30 und 16-17 Uhr. **Telefonica**: C/ Constitució 8-15 Uhr. **Polizeikommissariat**: C/ Hölderlin 1. Tel: 280400. Pol. Notruf: 091 und 092. **Oficina de Turismo**: Avda. Jaime III 10; Tel: 712216. C/ Santo Domingo 11, Tel: 724090.
Museen / Sehenswürdigkeiten
PALMA: **Museo Municipal de Historia** im Castillo de Bellver, 8-20 Uhr. **Museo de Mallorca**, C/ Portella 5, 10-14 und 16-19 Uhr. Sonntag 10-14 Uhr, Montag geschlossen. **Museo de la Catedral**, C/ Palau Reial 29, 10-12.30 und 16-18.30 Uhr. Samstag 10-13.30 Uhr., sonn- und feiertags geschlossen. **Palau de Almudaina** (Museo del Patrimonio Nacional), Baños Arabes, C/ Serra 3, 10- 13.30 und 16-18 Uhr. **Museo de Bellas Artes** im Palau Solleric, C/ San Cayetano 10, 11-13.30 und 17-20.30 Uhr. Samstag 11-13.30 Uhr. Sonntag und Montag geschlossen. **Pueblo Español**, C/ Capitán Mesquida Veny 39, 9-20 Uhr; Werkstätten 10-18 Uhr. **Flohmarkt**: Baratillo, Polígono de Levante, Samstag bis 15 Uhr. **ALGAIDA: Casa Gordiola** (Glasfabrik), Landstraße Palma-Manacor km 19, 9-13.30 und 15-20 Uhr. Sonntags 9-12 Uhr. **ESPLORES: La Granja**, täglich 10-18 Uhr. **MANACOR: Perlas Majórica**, 9-12.30 und 15-19 Uhr, samstags und sonntags 10-13 Uhr. **Höhlen**: Cuevas de Artà, 9.30-19 Uhr. Cuevas del Drac, 10-17 Uhr (mit Konzert). **VALLDEMOSSA: Palacio del Rey Sancho** (Volkstänze), Montag und Donnerstag 11 Uhr.
Sport / Tauchen
CALVIÁ (Tauchen): CIAS, C/ Obispo Cabanellas 29a, Escuba Palma, Av. Rey Jaime I 69, Estrella del Mar, C/ Monte. **PALMA** (Tennis): **Club Natación Palma**, C/ Teniente Oyaga. **Club Tenis Playa de Palma**, Av. Son Rigo. **Mallorca Club de Tenis**, C/ Artillería de Muntana.

Restaurants
PALMA: **Bahía Mediterráneo**, Paseo Marítimo 33. **Porto Pi**, Av. Joan Miró 174. **Mario's**, C/ Bellver, 12. **Caballito de Mar**, Paseo Sagrera, 5. **La Lubina**, Muelle viejo s/n. **Penelope**, Pl. del Progreso, 19. **Rififi**, Av. Joan Miró, 186. **Celler Payés**, C/ Felipe Bauzá 2. **C'an Nofre**, Carrer de Manacor, 27. **Es Parlament**, Conquistador, 11.

MENORCA
Unterkunft
MAÓ: *LUXUS:* **Port Mahón**, Avda. Fort de l'eau, Tel: 362600. **Capri**, C/ San Esteban 8, Tel: 361400. *EINFACH:* **Jume**, C/ Concepción 6 y 4, Tel: 363266. CIUDADELA: *MITTELKL:* **Ses Voltes**, Cala de Santandria, Tel: 380400. *EINFACH:* **Alfonso III**, Cami de Maó, 53, Tel: 380150. VILLACARLOS: *MITTELKL:* **Hotel del Almirante**, Fonduco Puerto de Mahon, Ctra. Villacarlos, Tel: 362700.
Restaurants
MAÓ: **Rocamar**, Cala Fonduco 32. **El Greco**, C/ Doctor Orfila, 49. CIUTADELLA: **Casa Manolo**, Marina, 117.

IBIZA (Eivissa)
Unterkunft
IBIZA: *LUXUS:* **Los Molinos**, C/ Ramón Muntaner 60, Tel: 302250. **El Corso**, Playa de Talamanca, Tel: 312312. *MITTELKL:* **Montesol**, C/ Vara de Rey 2, Tel: 310161. **El Corsario**, C/ Poniente 5, Tel: 301249. **Victoria**, Playa Talamanca, Tel: 311912. *EINFACH:* **Marigna**, C/ Al Sabini 18, Tel: 304912. **Hostal Estrella del Mar**, C/ Felipe II, Tel: 312212. **SAN ANTONIO ABAD: Pikes**, Camí de Sa Vorera, Tel: 342222.
Museen
Museo Arqueológico in der alten Universität, Pl. de la Catedral, 10-13 Uhr. **Museo de Arte Contemporaneo**, Ronda Narcis Puget in Dalt Vila.
Restaurants
Sausalito, C/ Garito Puerto. **Alfredo**, C/ Vara de Rey 6. **El Olivo**, Pl. Dalt Vila. **Ca'n Den Parra**, C/ San Rafael, 7. **Sa Gavina**, C/ Pedro Matute Noguera.

FORMENTERA
Unterkunft
PLAYA MIGJORN: *LUXUS:* **Iberotel Club La Mola**, Tel: 328069. **Formentera Playa**, Tel: 320000. *EINFACH:* **Costa Azul**, Tel: 320024. **CALA SAHONA**: *MITTELKL:* **Hotel Cala Sahona**, Tel: 322030. **EL PILAR**: *EINFACH:* **Entrepins**, Tel: 320023. **PUERTO LA SABINA**: *EINFACH:* **La Sabina**, Tel: 320279.
Restaurants
Bergantín, Port de la Sabina. **Capri**, Es Pujols.

BALEAREN

BURGEN UND FESTUNGEN

BURGEN UND FESTUNGEN

Als sich Phönizier und Griechen auf der iberischen Halbinsel niederließen, wählten sie meist Orte aus, deren strategisch günstige Lage einen natürlichen Schutz vor Angreifern bot. Sie befestigten sie mit mächtigen Feldstein- und Zyklopenmauern und kontrollierten damit den Zugang zum Ort, so wie man es heute noch in Gerona, Tarragona oder Ibros sehen kann.

Von der ursprünglichen Form solcher Festungen ist nicht viel erhalten geblieben, denn sie wurden von allen Eroberern immer wieder um- und ausgebaut. Den vorrömischen Befestigungsanlagen, die es an der Küste gab (Segorbe, Alicante, Peñíscola, Sagunto), haben später die Römer, die Araber und schließlich die Christen ihren eigenen Stempel aufgedrückt.

Die mittelalterlichen Burgen wurden bis ins 10. Jh. an der Stelle römischer *castri* errichtet. Das erklärt auch das spanische Wort *castillo* für Burg, das aus der lateinischen Verkleinerungsform (*castellum*) für *castrum* entstanden ist. Für die Gebäude innerhalb der Mauern verwendete man nur Lehm und Holz, denn diese Burgen waren nicht auf Dauer angelegt, sie waren in erster Linie Militärstützpunkte bei der Eroberung des Landes, meist an wichtigen Straßenkreuzungen oder Flußübergängen gelegen.

Die Römer haben entlang der gesamten Mittelmeerküste in geringen Abständen voneinander, in der Regel in Sichtweite, Wachttürme errichtet, über die bei drohender Gefahr in Windeseile eine Nachricht weitergeleitet werden konnte. Gleichzeitig entstanden die Stadtmauern (Barcelona, Tarragona, Segorbe) und Befestigungsanlagen (Coria, Morella), die heute noch ihren wehrhaften Charakter zeigen.

Vorherige Seiten: Die alten Klöster auf den Balearen sind noch von Mönchen bewohnt. Vorbereitungen für den Fischfang. Weinanbau in der Mancha. Oben: Maurische Burg in Baños de la Encina. Rechts: Burg von Segura de la Sierra.

BURGEN UND FESTUNGEN

Die Araber brachten im 8. Jh. ihre eigene überlegene Verteidigungsstrategie mit. Das Vorbild ihrer Burgbauten war die byzantinische Festung, die sie den Besonderheiten des Landes anpaßten. Sie wählten hohe Felsen und Hügel, von denen sie ein weites Gebiet überschauen und auf diese Weise dann auch beherrschen konnten. Einige bieten atemberaubende Ausblicke (Zahara, Olvera, Alcalá la Real, La Iruela, Montanchez). Aus dieser Zeit stammen auch die Aussichtstürme mit quadratischem Grundriß in Martos, Lucena, Trujillo, Tarifa oder Badajoz, die *corazas*, Maueranlagen ohne Burg, wie in Almería oder Lorca, die *alcazabas* oder Zitadellen wie die von Mérida, Almería, Cullera, Málaga oder Guadix und *die alcázares*, befestigte Königsschlösser, wie in Granada, Sevilla oder Córdoba. Mit den Auseinandersetzungen zwischen den Adeligen entstanden im 11. Jh. Befestigungsanlagen, die auch gleichzeitig Militärkasernen, Herrschaftssitze und Gerichtsorte waren. Auch der Klerus baute Burgen, um seine Landarbeiter schützen und seinen Besitz verteidigen zu können(San Pere de Roda, Ripoll).

Im 13. Jh. eroberte Fernando III. einen großen Teil Andalusiens. Er und sein Sohn Alfons X. befestigten die eingenommenen Städte und erweiterten die Burgen: das Castillo de Sta. Catalina von Jaén, die Burgen von Alcalá de Guadaira, Lorca, Arcos de la Frontera, Niebla und das Castillo de San Marcos von Puerto de Sta. María.

Das Bergland an der Front, wo Mauren und Christen aufeinandertrafen, wechselte mehrfach den Besitzer. Die Dörfer, die hier entstanden, präsentieren sich noch als wehrhafte Festungen: Vejer, Castellar, Zahara, Olvera, Setenil und all jene, die den Beinamen *de la Frontera* tragen.

Gegen Ende der *Reconquista* betrauten die spanischen Könige die Ritterorden mit dem Schutz der eingenommenen Gebiete. Damals entstanden, besonders in der Mancha und der Extremadura, Befestigungsanlagen nach byzantinischem Vorbild, das die Ritterorden von den Kreuzzügen mitgebracht hatten: Fregenal

BURGEN UND FESTUNGEN

de la Sierra, Jerez de los Caballeros, Medellín, Trujillo, Carrión de Calatrava. Beispiele findet man auch in der Levante, in Peñíscola oder Oropesa, wo Jaime I. nach zwölf Jahren das Land eroberte und anschließend unter den Schutz des Montesa-Ritterordens stellte.

Im 14. Jh., zur Zeit der Nasridenherrschaft in Granada, verstärkten die Araber die *alcazabas* von Malaga und Granada. In dieser Epoche zeichnete sich bei den Christen bereits der Übergang von der Burg zum Palast ab, eine Entwicklung, die in der Renaissance ihren Höhepunkt fand. Der erste dieser Burg-Paläste soll *La Calahorra* (Granada) gewesen sein. Sie dienten nicht nur der Verteidigung, sondern auch als Adelsresidenz, prächtig ausgestattet, wie es sich für einen dem Hof verbundenen Edelmann ziemt. Beispiele sind die Burgen von Perelada, von Villena, deren Herr, der Marquis von Villena, Dantes *Göttliche Komödie* ins Kastilische übersetzte, Jarandilla, Zafra, Escalona, Maqueda, Guadamur, Oropesa und Canena.

Trotz des technischen Fortschritts in der Kriegsführung verstärkten Karl V. (Almuñécar) und Philipp II. (Antequera, Altea) ehemalige arabische Festungen. Im 17. Jh. entstand die Burg von San Sebastián in Cádiz, die eine bedeutende Rolle in der Seeschlacht von Trafalgar gegen die Engländer spielte. Und noch im 19. Jh. wurden die Burgen von Olivenza und Alburquerque an der portugiesischen Grenze verstärkt, als es galt, den „Orangenkrieg" zu gewinnen.

Viele der Burgen, die so majestätisch auf Bergrücken thronen, sind heute dem Verfall preisgegeben. Die alten Adelsgeschlechter nämlich können inzwischen kaum noch die Mittel aufbringen, ein so großes Gebäude zu erhalten, und so haben sich viele von ihnen dazu entschlossen, die einstigen Prachträume für einen staatlichen Parador als Touristenunterkunft zur Verfügung zu stellen.

Oben: Die Burg von Consuegra. Rechts: Während man der großen Politik mißtraut, gewinnen Regionalparteien an Popularität.

SPRACHE UND MINDERHEITEN

SPRACHE UND MINDERHEITEN

Neben dem Kastilischen, d. h. dem Spanischen, werden auf der iberischen Halbinsel noch drei weitere Sprachen gesprochen: Das Galizische (*Gallego*) und das *Catalán* sind dem Kastilischen verwandte Sprachen, die sich alle aus dem Lateinischen entwickelt haben. Das Baskische dagegen ist die einzige nicht-indogermanische Sprache in Westeuropa. Die Regionen, wo sie gesprochen werden, waren kürzere oder längere Zeit im Mittelalter eigenständige Königreiche, obwohl sich Katalanen, Galizier und Basken immer auch als Spanier gefühlt haben. Erst Mitte des vergangenen Jahrhunderts traten, als Folge des Romantizismus, verschiedene nationale Bewegungen in Erscheinung, die jedoch erst seit der 2. Republik zu politischen Kräften heranwuchsen. Die stärksten nationalistischen Tendenzen haben sich genau in diesen drei Regionen, Galizien, Baskenland und Katalonien, entwickelt, und jede hat ihre eigene Dynamik.

Das Baskenland - Euskadi

Die wichtigste und durch die Anschläge der ETA international bekannteste Minderheit sind die Basken. Deren Interessen vertritt jedoch nicht in erster Linie die ETA, sondern die Baskische Nationalpartei, PNV, die von Sabino Arana 1894 gegründet wurde. Arana war der Chefideologe des baskischen Nationalismus, und von ihm stammen auch die rote Fahne mit dem weißen und grünen Kreuz und noch andere baskische Symbole. Seine Ideen sind vor allem von zwei Grundvorstellungen geprägt: eine durchaus traditionelle Religiosität, die einer Theokratie nahekommt, und der feste Glaube daran, daß die Basken einer „überlegenen Rasse" angehören, die durch die Mischung mit Menschen anderer Herkunft degeneriert ist. Seltsamerweise trat Arana in seinen letzten Jahren jedoch für die Gründung einer spanisch-nationalen Partei ein.

Soziologen glauben, daß die wachsende Popularität der PNV in Verbindung

SPRACHE UND MINDERHEITEN

mit dem Fortschreiten der industriellen Revolution im Baskenland zu sehen ist. Diese gesellschaftliche Umwälzung hat unter starkem Einfluß des Klerus die alten Lebensformen zerstört, die traditionell von der Landwirtschaft und vom Fischfang geprägt waren. Die Industrialisierung brachte den Menschen Fabrikarbeit und ließ sie aus ihrer gewohnten Umgebung in die Stadt abwandern, wo sich neue soziale Beziehungen entwickelten. Gleichzeitig mit dieser Entwurzelung entstanden starke gesellschaftliche Spannungen, und es setzte eine Welle der Nostalgie ein, die das frühere Leben als Idylle idealisierte.

Das war der Nährboden für einen Nationalismus, der die verlorenen Lebensformen mit der Selbständigkeit der Region in Verbindung brachte. In derselben Zeit gewannen im Baskenland jedoch auch die Sozialisten an Einfluß, nämlich

Oben: Die Stimmung im heutigen Spanien schwankt zwischen Optimismus und rechts: kritischem Zögern.

die Sozialistische Spanische Arbeiterpartei (PSOE), deren Ziele denen der PNV allerdings weitgehend entgegengesetzt waren.

Obwohl ein Großteil der Basken eigentlich rechtsgerichtet und ziemlich religiös war, übernahmen sie im Bürgerkrieg die Positionen der revolutionären, antiklerikalen Parteien, da ihnen diese Autonomie gewährten, was die Franquisten verweigerten. Nach dem Krieg kam von den baskischen Nationalisten kaum Opposition gegen Franco. Ende der sechziger Jahre setzte jedoch der Terrorismus der ETA ein, die sich zwar als nationalistisch definierte, gleichzeitig aber auf der extremen Linken angesiedelt war. Der ETA-Terrorismus begann in den letzten Jahren der Franco-Ära, forderte die meisten Opfer jedoch erst später, in den Jahren der Demokratie.

Die Katalanen

Der Nationalismus der Katalanen hat einen ganz anderen Charakter. Sie sind hin- und hergerissen zwischen einem Liebäugeln mit der Unabhängigkeit und dem Wunsch, Katalonien zum Dreh- und Angelpunkt der Entwicklung des modernen Spaniens werden zu lassen. Es hat sich hier im großen und ganzen immer um eine föderalistische Bewegung gehandelt.

Während des Bürgerkrieges traten die katalanischen Nationalisten in den Hintergrund, während die Anarchisten stark an Bedeutung gewannen. Anders als die Kommunisten und Anarchisten leisteten auch sie nach dem Krieg dem Franco-Regime kaum Widerstand. Auch hier erstarkten mit der Wiedereinführung der Demokratie einige linksgerichtete terroristische Vereinigungen. Aber anders als im Baskenland hat der Terrorismus hier nur wenig Nährboden gefunden.

Die stärkste nationalistische Partei in Katalonien ist die *Convergencia i Unió*, die als wichtige Säule einer stabilen De-

SPRACHE UND MINDERHEITEN

mokratie in Spanien gilt und die Regionalregierung, die Generalitat, stellt.

Galizien

Die dritte Region mit einer starken nationalistischen Bewegung ist Galizien. Die galizischen Nationalisten berufen sich auf ihre keltische Vergangenheit, obwohl die meisten Geschichtsforscher davon ausgehen, daß die keltischen Spuren in Galizien kaum noch auszumachen sind und auch nicht stärker sind als in anderen Teilen der iberischen Halbinsel, wo sich die keltische Kultur vor der Ankunft der Römer weit ausgebreitet hatte. Das Galizische ist eine romanische Sprache und war lange Zeit die wichtigste Kultursprache, die in einem großen Teil Spaniens gesprochen und geschrieben wurde.

Ähnlich wie im Baskenland und Katalonien hat sich auch hier ein Teil der nationalistischen Bewegung dem Terrorismus zugewandt, mit Attentaten, die in einem Bombenanschlag auf eine Diskothek gipfelten. Anders als in den anderen Regionen hat die nationale Bewegung insgesamt jedoch wenig gesellschaftliche Bedeutung.

Zurück zu den Wurzeln

Auf den kanarischen Inseln ist es in den letzten Jahren ebenfalls dann und wann zu gewalttätigen Aktionen einer nationalen Front gekommen, die für die Wiedereingliederung der Inselgruppe in den Maghreb eintritt – eine politische Option, die auch in der Bevölkerung auf den Inseln auf wenig Verständnis trifft.

Auch in anderen Regionen ist es mit dem Autonomiestatut von 1981 Mode geworden, die nationale Eigenständigkeit hervorzuheben. Andalusien, Asturien, Cantabrien, Kastilien bis hin zu der kleinen leonesischen Gemarkung El Bierzo erinnern sich ihrer Wurzeln und greifen darauf zurück, um ihr Image im nationalen und internationalen Handel und Fremdenverkehr zu verbessern. Relevante politische Bewegungen haben sich daraus jedoch nicht entwickelt.

KULTUR DER KATALANEN

Das Volk der Katalanen hat unter nicht immer ganz einfachen Bedingungen über die Jahrhunderte seinen eigenen Charakter bewahrt. Die wichtigste Voraussetzung dafür war sicherlich die eigene Sprache, die in Varianten auch in Valencia und auf den Balearen gesprochen wird und in ihren Wurzeln auf die *Langue d'Oc* zurückgeht. Seine Blütezeit erlebte das Katalanische während der Herrschaft Aragóns, bis der Zentralismus der Bourbonen im 18. Jh. seinen Gebrauch zugunsten des Kastilischen einschränkte.

Im 19. Jh. entstand die Bewegung der *Renaixença*, die eine „Renaissance" des Katalanischen forderte und sich auf die Kultur zur Zeit der Gotik besann. Damit erstarkte auch das *Catalán* wieder soweit, daß Pompeu Fabra eine erste katalanische Grammatik schreiben konnte.

Nachdem die republikanischen Kräfte im Bürgerkrieg besiegt waren, wurde das *Catalán* von offizieller Seite verboten, bis es mit der demokratischen Verfassung nach 1976 wieder Bedeutung als Ausdruck der Identität eines Volkes gewann. Das Zentrum dieser Bewegung ist immer Barcelona gewesen, das dank seines kosmopolitischen Charakters und einer aufgeklärten Bourgeoisie fortschrittliche kulturelle Entwicklungen förderte.

Bildende Kunst: Zwei der bedeutendsten Persönlichkeiten der modernen Malerei, Joan Miró und Salvador Dalí, waren bewußte Katalanen, auch wenn ersterer seinen Wohnsitz schließlich auf Mallorca wählte und letzterer in der ganzen Welt zuhause war. Die Miró-Stiftung in Barcelona und das Dalí-Museum in Figueres bewahren das Andenken an die beiden großen Künstler. Pablo Picasso verbrachte Teile seiner Jugend in Katalonien, und ein Museum in Barcelona erinnert an den berühmten Exilkatalanen.

Rechts: Der Palau de la Musica Catalana ist ein Paradebau des Modernismus.

Ein zweiter wichtiger Bereich ist die Architektur. Barcelona war Ende des 19. Jahrhunderts die Wiege des modernistischen Baustils, des *modernismo*. Namen wie Antoní Gaudí, Domènech i Montaner oder Puig i Cadafalch stehen für prächtige Bauten in einer eigenen Stilvariante, die sowohl mediterrane Farbenfreude als auch die gotischen Reminiszenzen der *Renaixença* aufgriff. Architekten wie Ricardo Bofill führen heute die Tradition der Katalanen in der Architektur fort, und mit den Neubauten für die Olympiade 1992 werden weitere Marksteine gesetzt.

Musik: In den verschiedenen Teilen Kataloniens lebt seine Volksmusik fort. Überall tanzt man die *Sardana*, die von Blechbläsern gespielt wird und eine seltsame Mischung aus arabischer und Barockmusik ist; an der Küste singt man die *Habanera*, die an die wehmütigen Gefühle der ausziehenden oder zurückkehrenden Soldaten im Kuba-Krieg erinnert.

In der klassischen Musik zeigen Pau Casals, Montserrat Caballé oder Josep Carreras die Sensibilität der mediterranen Menschen. Das *Gran Teatro del Liceu* in Barcelona zählt zu den bedeutendsten Konzert- und Opernhäusern Europas.

In der neuen Musik hat Katalonien den sogenannten *Nova Cançó* geprägt. In den letzten Jahren der Franco-Ära fanden sich in dieser Bewegung Dichter und Musiker zusammen, die in offener Rebellion gegen die Obrigkeit damals ihre Lieder auf *Catalán* präsentierten.

Auch valencianische Künstler wie Raimón und mallorquinische wie María del Mar Bonet schlossen sich dieser Bewegung an, der ersten ihrer Art im Spanien der Diktatur.

Bald gab es auch in anderen Regionen solche Gruppierungen, aber nirgends erreichten sie eine solch große musikalische wie auch gesellschaftliche Bedeutung wie ein Lluis Llach oder Joan Manuel Serrat – Namen, die zu Symbolen des Widerstands und des katalanischen Nationalgefühls wurden.

Literatur: Barcelona ist immer eines der wichtigsten literarischen Zentren Spaniens gewesen. Immer wieder rang es für längere Zeit Madrid den ersten Platz als wichtigster Verlagsort ab, beispielsweise in den Jahren des „hispano-amerikanischen Booms", als hier die Werke der großen südamerikanischen Schriftsteller wie Cortázar oder García Márquez dank dem Einsatz des katalanischen Dichters und Herausgebers Carlos Barral verlegt wurden. Er ermöglichte das Erscheinen vieler Neuheiten, die in den konventionellen Verlagen keine Chance auf Veröffentlichung gehabt hätten.

Seit dem Mittelalter gab es auch bekannte Dichter, die sich der katalanischen Sprache bedienten: die Poeten Joan Maragall, Josep María de Sagarra, J.V. Foix oder Salvador Espriu; die Erzähler Mercé Rodoreda und Manuel de Pedrolo; oder meisterhafte Chronisten und Journalisten, wie Josep Pla, der als der Schöpfer des modernen *Catalán* gilt. Andere katalanische Schriftsteller haben ihre Werke in kastilischer Sprache verfaßt: die Brüder Goytisolo, Manuel Vazquez Montalbán oder Juan Marsé.

Kino: Im neuen spanischen Film war Katalonien in den sechziger und siebziger Jahren richtungsweisend. Damals entstand die „Barcelonaer Schule", und unter Regisseuren wie Jordi Grau und Carlos Durán und mit Schauspielern wie Teresa Gimpera wurden sehr gewagte experimentelle Filme gedreht. Sie vertraten Ideen, die als *gauche divine* in der Barceloneser Tuset-Straße oder der legendären Diskothek „Boccacio" zu Hause waren, Treffpunkte der progressiven Intellektuellen dieser Zeit.

Theater: Die moderne zeitgenössische Theaterwelt ist durch einige Persönlichkeiten aus Katalonien bereichert worden. Dazu zählen die Schauspieler Adolfo Marsillach, Nuria Espert und Josep María Flotats. Das Theater in Barcelona hat immer schon gute Ensembles gehabt und durch avantgardistische Experimente von sich reden gemacht: zu nennen sind hier Dagoll Dagom, Els Joglars oder Els Comediants.

SHERRY

SHERRY

Nördlich der Bucht von Cádiz, nur wenig über dem Meeresspiegel, liegt das Anbaugebiet des Jeréz. In dem Dreieck zwischen Sanlúcar de Barrameda, Puerto de Sta. María und Jerez de la Frontera werden die besten und berühmtesten Weine Spaniens gekeltert. Die Nähe zum Meer, die enorme Sonnenscheindauer bei relativ großen Niederschlagsmengen und der weiße *alberiza*-Boden, der sich bei Regen wie ein Schwamm mit Wasser vollsaugt und das Sonnenlicht von unten auf die Trauben zurückwirft, all das trägt dazu bei, daß hier ein Wein von ganz erlesener Qualität entstehen kann. Die Reben sind überwiegend von der Sorte Palomino Fino.

Das Herstellungs- und Reifeverfahren des Sherry ist ungewöhnlich: In den *bodegas* liegen in langen Gängen die Ei-

Oben: Eine Sherry-Bodega in Chiclana. Rechts: Zum Trinken gehört auch immer eine Kleinigkeit zum Essen, die tapas.

chenfässer in drei bis sieben Reihen aufeinandergeschichtet, unten die Fässer mit den ältesten Weinen, den *soleras*. Von diesen wird von Zeit zu Zeit jeweils nur etwa ein Drittel des Weines entnommen; der frei werdende Platz im Faß wird aus der nächst höheren Faß-Reihe, der ersten *criadera*-Reihe, nachgefüllt. Bis zu sechs *criaderas* muß ein Wein durchlaufen, bis er ausgereift ist. Die Fässer werden nie geleert. Das Jahr, in dem dieser Vorgang beginnt, wird als das „Alter" des Weins angegeben; Mindestalter ist drei Jahre.

Dieses Verfahren, verbunden mit der langen Erfahrung der Weinbauern, hat zur Folge, daß die Qualität des Sherry nicht von jährlichen Klimaschwankungen abhängt. Die Menge variiert jedoch deutlich je nach Erntejahr: Zwischen ein und zwei Millionen Hektoliter werden hier jährlich produziert.

Eine weitere Besonderheit sind die Mikroorganismen im Wein. Einige Weine bilden im ersten Lagerjahr des Mostes, bevor der oben geschilderte Prozeß beginnt, eine Art Ferment, das *Flor* genannt

SHERRY

wird; diese Weine werden dann als *Fino* bezeichnet.

Die wichtigsten Klassifikationen sind: **Fino**: 15 – 17% Alkohol, hell, leicht trokken. **Amontillado**: 16 - 18%, bei längerer Reife im Most-Stadium auch bis 24%, dunkler, mit einer Spur von Mandelgeschmack. **Oloroso**: 18 - 20%, goldfarben, etwas schwerer. **Palo cortado**: 18 - 20%, dunkler Wein, im Geschmack zwischen Amontillado und Oloroso. **Cream**: aus überreifen Trauben, leicht süß, ähnlich dem Oloroso. **Moscatel**: schwer, süß, aus Rosinen der Muscat-Trauben. **Manzanilla**, was sonst Kamille bedeutet, heißen die *Finos* aus Sanlúcar, sehr trocken und leicht säuerlich.

Insgesamt sind es dreizehn Dörfer, die ihre Ernte für die Sherry-Herstellung, „Erziehung", wie es heißt, liefern. Aber auch die Weine des **Condado** (Niebla, Provinz Huelva), aus **Chiclana** oder aus **Montilla-Moriles** (Provinz Cordoba) werden im selben Verfahren gekeltert, wobei der Montilla jedoch aus anderen Trauben gemacht wird (Pedro Ximénez).

Die Geschichte der Weine von Jerez ist seit den Phöniziern dokumentiert. 1588 brachten die Engländer eine Schiffsladung nach Plymouth, wo Shakespeare den Jerez in seinem Drama *Heinrich IV.* aus dem Munde Falstaffs rühmen ließ. Er nannte ihn Sherry, in der Aussprache dem arabischen Namen der Stadt ähnlich und für angelsächsische Zungen leichter auszusprechen. Im 19. Jh. stiegen die Engländer ins Sherrygeschäft ein, und Firmen wie Sandeman, Croft, Williams & Humbert, Terry, Osborne oder Garvey investierten in das lukrative Geschäft.

Mit langstieligen Probierkelchen, *venencia* genannt, schöpft der Winzer Proben aus den Fässern, um die Reife festzustellen. Die Gläser, aus denen der Wein getrunken wird, haben eine ähnlich schmale Form, um die Blume zu erhalten. In den Bars der Gegend wird kaum ein anderer Wein serviert. Es ist kein Tischwein, aber zu den leckeren Appetithappen, den *tapas*, und den vielen kleinen Fischgerichten, ist der eisgekühlte Fino genau das richtige.

FLAMENCO

FLAMENCO

Flamenco, das ist eine Mischung aus Poesie, Musik und Rhythmus. Mit diesen drei Elementen drückt er die tiefsten Gefühle des Menschen aus, seine Freude, seinen Haß, seine Hoffnungen und Leidenschaften, Eifersüchte und Ängste. Text und Musik gehören zusammen wie die zwei Seiten einer Münze. Dieser Gesang, der direkt aus der Seele zu kommen scheint, heißt *Cante Hondo*, das man am besten als „inbrünstiger Gesang" übersetzen könnte.

Seit dem 19. Jh. begleitet die Gitarre als wichtigstes Instrument den Gesang und den Tanz, ohne dabei wirklich in die Rolle des Begleitinstrumentes gerückt zu werden. Vielmehr ist das Gitarrenspiel als Ergänzung zum Gesang zu sehen, Sänger und Gitarre treten in ein Zwiegespräch. Es gibt jedoch auch Gesänge, die

Oben und rechts: Der Flamenco wird ganz unterschiedlich getanzt – mal verhalten, mal leidenschaftlich.

ohne Begleitung vorgetragen werden, wie die alten *tonás* oder die *trilleras*. Der Rhythmus spielt eine ganz besondere Rolle in den sogenannten *de compás*-Gesängen; manchmal wird er durch rhythmisches Händeklatschen betont, besonders bei Festgesängen.

Eng verbunden mit dem Gesang, aber eine selbständige Kunstform ist der Flamenco-Tanz. Er ist gerade in letzter Zeit wieder in Mode gekommen, vor allem durch den Film Carmen von Carlos Saura, der Anfang der achtziger Jahre weltweit Furore machte und dem Flamenco zahllose neue Anhänger bescherte. Es gibt auch eigene Akademien, die den Flamenco lehren.

Die Bezeichnung „Flamenco" tauchte in der andalusischen Folklore am Anfang des 19. Jh. zum ersten Mal auf. Im Argot des 18. Jh. wurde ein Aufschneider oder Angeber so bezeichnet und in Andalusien die Zigeuner.

Die Zigeuner waren im 15. Jh. nach West-Andalusien gekommen und hatten sich langsam an das dortige Leben angepaßt. Sie lebten immer am Rande der Gesellschaft, wie auch die Landarbeiter und Morisken. Die musikalischen Formen, die sie mitgebracht hatten, vermischten sich dennoch allmählich mit der Volksmusik Andalusiens. Daraus entstand der Flamenco-Gesang, der arabische, westgotische, jüdische, gregorianische und byzantinische Wurzeln in sich vereint.

Die Flamenco-Gesänge waren ursprünglich eine familiäre, sehr subjektive Ausdrucksform, die schließlich an die Öffentlichkeit kam und formalisiert wurde. Der erste bekannte Flamenco-Sänger war der legendäre Tío (Onkel) Luis Ende des 18. Jh. Ihm folgten Persönlichkeiten, die die Grundpfeiler der Flamenco-Tradition bildeten: *El Planeta*, *Franco el Colorao*, *El Fillo*, *La Perla*...

Ende des 19. Jh. folgten dann die großen Sänger, die den Stil weiterentwickelten: María *Borrico*, Enrique *El Mellizo*, *Loco* Mateo, Diego *el Marrurro*, Joaquín *el de la Paula* und eine Schlüsselfigur: Silverio Franconetti, der einzige Nicht-Zigeuner, 1830 in Sevilla geboren und Vater des *Cafés Cantantes*; schon im 20. Jh. dann die Berühmtheiten Manuel Torre, Tomás Pavón und Pastora Pavón, *la Niña de las Peinas,* das Mädchen der Kämme genannt.

In der zweiten Hälfte des 19. Jh. wuchs der Flamenco über die intime Welt der andalusischen Zigeuner und der kleinen Zusammenkünfte von Liebhabern dieses Genres hinaus und präsentierte sich in Flamenco-Lokalen. Das erste davon öffnete 1842 in Sevilla, aber das berühmteste war ohne Zweifel das von Silverio Franconetti (1885). Auch in Madrid gab es bald berühmte *Cafés Cantantes*. Es waren Vergnügungslokale, und die Meinungen darüber, ob sie der Entwicklung des Flamencos und der Reinheit seines Stils besonders zuträglich waren, gehen auseinander. Das Publikum war bunt gemischt: betuchte Herrschaften und Toreros, Aristokraten und Arbeiter.

Im 20. Jh. kam der Flamenco aus der Mode und die *Cafés del Cante* verschwanden wieder. 1922 veranstaltete Manuel de Falla unter Mitwirkung anderer Intellektueller wie auch García Lorcas in Granada einen Wettbewerb für Flamenco-Gesang. Damit wollte man diese Kunstform wieder aus der Vergessenheit holen, in die sie geraten war, aber man hatte nur wenig Erfolg damit. Zu Beginn der fünfziger Jahre wurden erneut Wettbewerbe abgehalten; dieses Mal gab es bereits mehr Widerhall. Aber erst der nationale Flamenco-Wettbewerb von Córdoba 1956 löste eine neue Welle der Popularität aus. Es war besonders Antonio Alcor, der sich in der fünfziger Jahren um die Sammlung der Gesänge und die Verbreitung der verschiedenen Stile verdient gemacht hat.

Heute hat der Flamenco mit Festivals und Konzerten eine breite Schicht von Anhängern gefunden, die sich in Vereinigungen zusammentun, sogenannten *Pe-*

ñas Flamencas. Sie fördern die Künstler und widmen sich der Erforschung und der Verbreitung des Stils. Einflußreiche *Peñas* sind die Peña Juan Breva in Malaga oder die *Peña* de la Platería in Granada. Jedes kleine Dorf in Andalusien hat inzwischen eine solche *Peña*. Bei der neu entstandenen Schicki-Micki Madrids ist es in den letzten Jahren darüber hinaus zunehmend in Mode gekommen, Tanzkurse für *Sevillanas* zu besuchen, um bei Festen mit präzise eingeübten Handverdrehungen und Schritten einen scheinbar ausgelassenen südlichen Reiz zu verbreiten. Auch die Intellektuellen haben den Flamenco entdeckt. Musikwissenschaftler studieren seine Formen, geben Anthologien und Kompendien heraus und legen alte Platten-Aufnahmen neu auf.

Das Herz des Flamenco war und ist das westliche Andalusien. Doch auch Madrid hat durch Auftritte der berühmtesten andalusischen Künstler in seinen Flamenco-Lokalen dessen Popularität gefördert. Heute ist der Flamenco in der ganzen Welt bekannt, und es gibt Kenner und

Könner sogar in Paris, London, New York und Tokio.

Man unterscheidet heute vier Haupt-Kategorien des Flamenco (nach dem Flamencologen Ricardo Molina):

Die Grundform - der „reine" Flamenco

Siguiriyas: Ein tragischer Gesang, der einen tiefen, verzweifelten Schmerz ausdrückt, wie er z.b. durch eine Krankheit, den Tod, eine enttäuschte Liebe verursacht sein mag.

Soleares: Aus Dreizeilern geformt, die romantisierend verschiedene Themen behandeln, von Liebe bis Tod. Sie sind für den Tanz gedacht und fordern Gitarrenbegleitung.

Tonás: Eine sehr alte Gesangsform, die das traurige und triste Leben der Verfolgung und des Gefängnisses beschreibt, dem die andalusischen Zigeuner vielfach ausgesetzt waren. Die *tonás* bilden einen der Grundpfeiler des Flamenco-Gesangs.

Tangos: Festliche Gesänge für den Tanz. Sie haben ihren eigenen Rhythmus, der von Händeklatschen begleitet wird; es gibt langsamere, schwerfälligere Tangos, die *tientos* genannt werden.

Von der Grundform abgeleitete Arten

Cañas: Ein Gesang arabischer Herkunft, der lange Zeit vergessen war, aber neuerdings mit dem Tanz wieder aufgekommen ist.

Saetas: Religiöse Gesänge, die in der Karwoche in Andalusien gesungen werden, meist in Prozessionen, ohne Gitarrenbegleitung.

Bulerías: Ein Festgesang, zu dem rhythmisch geklatscht wird.

Andere Formen: *Polo*s, *liviana*s, *serrana*s, *cantiña*s, *romances*.

Rechts: Der Einmarsch der drei cadrillas vor dem Stierkampf – paseillo genannt.

Mit dem Fandango verwandte Formen

Fandangos: In ganz Spanien verbreitete Form von Vier- oder Fünfzeilern, die in keinem bestimmten Rhythmus vorgetragen werden. Es gibt volkstümliche Fandangos, die in bestimmten Orten und Regionen entstanden sind und gepflegt werden, sowie Kunst-Fandangos.

Malagueñas: Die Fandangos aus Malaga, die eine besondere Entwicklung zu traurigen Stimmungsgesängen durchgemacht haben.

Vom Flamenco überformte Musik und Gesänge

In dieser Gruppe sind Musikformen unterschiedlicher regionaler Herkunft zusammengefaßt, die im Laufe der Zeit vom Flamenco beeinflußt wurden und in ihm zu einer besonderen Mischform verschmolzen sind.

Tarantas: Gesänge, die mit der Welt der Bergarbeiter zu tun haben, speziell mit Linares und La Unión. Wohl die erste Form des Protestliedes.

Sevillanas: Ursprünglich eine Abart der einfachen *seguidilla* der Mancha, ein Gesang, der komplementär zum Tanz entstanden ist. Heute werden sie zu allen Festen Andalusiens getanzt. Die *sevillana rociera* ist eine Variante, die zur Wallfahrt El Rocío getanzt und von Flöte und Tambourin begleitet wird.

Peteneras: Haben sich aus Volksliedern der Provinz Cádiz entwickelt. Es gibt kurze und lange *peteneras*, die besonders von der Niña de las Peinas kultiviert worden sind. Es heißt jedoch, diese Gesänge brächten Unglück.

Alboreás: Werden auf Zigeunerhochzeiten gesungen. Sie verlassen den familiären Rahmen nicht und haben sich deshalb kaum verändert.

Andere Formen: *Trilleras, nanas, guajiras, rumbas, marianas, bambas, farrucas, garrotines.*

FIESTAS

Kein spanischer Ort ohne Fiesta, und keine Fiesta ohne *verbena* (Tanz) auf dem Dorfplatz, ohne den traditionellen Jahrmarkt, ohne Wein, Hochamt und Prozession, Feuerwerk und vor allem nicht ohne Stierkampf. Das ganze Dorf ist auf den Beinen, die Menschen sind fröhlich, lassen die Arbeit liegen und freuen sich an der Musik. Die Kneipen quellen über, und die Kinder ziehen in Scharen durch den Ort. Ein Dorffest ist ein lohnender Anlaß für einen Ausflug, denn es bietet die einmalige Gelegenheit, mitten unter den Einheimischen zu sein und dabei das bunte Treiben zu beobachten.

Stierkampf

Zu jedem Fest gehört ein Stierkampf, auch wenn er nicht allen Spaniern gefällt. Viele finden ihn grausam oder einfach langweilig. Es gibt aktive Mitglieder von Tierschutz-Vereinen und Menschen, die es für unmoralisch halten, in einem zivilisierten Land das Töten von Stieren zu einem nationalen Fest zu erklären. Tatsache ist allerdings, daß – obwohl der Stierkampf ein teures Vergnügen ist – die Stierkampfarenen brechend voll sind und es für die meisten Dorfbewohner kein richtiges Fest ist, wenn die *corrida de toros* fehlt.

Der Stierkampf ist Teil einer uralten spanischen Tradition. Die ersten Hinweise auf Stierkämpfe reichen in eine Zeit zurück, als es weder die Spiele in Kreta noch den römischen Zirkus gab, als man noch mit einem Stier kämpfte, indem man ihn bei den Hörnern packte und versuchte, ihn zu Boden zu zwingen. Stierfiguren sind bei allen prähistorischen Ausgrabungen zutage gekommen. Auch im Mittelalter kreisten viele Legenden um den Stier, und auch das Theater im Goldenen Zeitalters Spaniens verweist auf Szenen aus dem Stierkampf.

Der Stierkampf, wie er heute üblich ist, ist ein Volksspektakel aus dem 18. Jh. In der Zeit davor war er ein Aristokratensport zu Pferde. Unter den Bourbonen im

FIESTAS

Adel unpopulär geworden, entdeckte nun das Volk seine Begeisterung für das ihm bislang vorenthaltene Vergnügen. Volkstümlich begann man, zu Fuß zu kämpfen, Pferde wurden nur für untergeordnete Aufgaben eingesetzt, für die *Picadores*. Als sich diese Form des Stierkampfs verbreitete, gab es die ersten professionellen Toreros, und Namen mit klangvollen Zusätzen machten von sich reden. Man begann, Arenen zu bauen, die allein dem Stierkampf vorbehalten waren. Die älteste heute noch erhaltene ist die von Ronda. Sie stammt aus dem Jahr 1785 und wird nach wie vor genutzt.

Damals gab es zwei Stierkampfschulen, die miteinander im Wettstreit lagen: die von Ronda, deren berühmtester Vertreter Pedro Romero war, der einen genau festgelegten, zurückhaltenden Stil praktizierte; und die von Sevilla, verbunden mit dem Namen Pepe Hillo, der eine spontanere und lebendigere Form des Kampfes vorzog.

Die ersten großen Stierkämpfer führten die Dreiteilung der *corrida* in *tercios* ein, entwickelten die verschiedenen Figuren, mit denen der Torero den Stier täuscht, und perfektionierten die Art des Todesstoßes. Pepe Hillo schrieb eine *Tauromaquia* oder „die Kunst des Stierkampfes", eine Art frühes Regelwerk. Später haben sich viele Künstler diesem Thema gewidmet. Einer der ersten war Goya, der eine *Tauromaquia* betitelte Serie von Radierungen anfertigte. Berühmte Stierkämpfer, darunter auch sein Freund Martincho, sind darin verewigt. Den Tod des Pepe Hillo in der Arena stellte Goya wie eine Zeitungsreportage im Detail dar. Auch Picasso schuf eine berühmte Serie von Bildern, die von der *Tauromaquia* inspiriert sind.

Die Zuschauer zeigen sehr deutlich ihre Vorliebe für den einen oder den anderen Stil, und so hat jeder Matador seine Anhänger, ähnlich wie bei einem Fußballverein.

Oben: Zu Beginn stürmt der Stier noch ungestüm vorwärts. Rechts: Innerhalb kürzester Zeit beherrscht ihn jedoch der Torrero.

FIESTAS

Jedes Jahr werden in Spanien über 10.000 Stiere oder *novillos* (Jungstiere) in der Arena erlegt. Von den etwa 500 Toreros sind höchstens 20 populäre Persönlichkeiten. Natürlich träumt jeder Torero davon, einer der ganz Großen zu sein. Die Toreros stammen traditionell immer aus dem ländlichen Proletariat, und für die begeisterten jungen Männer ist der soziale Aufstieg ein starker Anreiz.

Heute gibt es Schulen für angehende Stierkämpfer. Früher gab es nur eine Möglichkeit zu lernen: Man stieg in der Nacht heimlich über den Zaun eines Landgutes, wo die *toros bravos*, die wilde Kampfstier-Rasse, gezüchtet wurden. Dies war und ist allerdings ein gefährliches Unterfangen, denn die Stiere werden gut bewacht.

Der lange Weg von den Volksfesten in den kleinen Dörfern mit abbaubaren Stierkampfarenen über die Plätze der unteren Kategorie bis hinauf zu den Arenen der großen Städte ist hart. Es kann Jahre dauern, bis ein Agent einen jungen Stierkämpfer entdeckt und unter seine Fittiche nimmt, viele erleben es nie. Die, die Glück haben, beginnen die Karriere als *novilleros*. Wenn sie bewiesen haben, daß sie sich für diesen Beruf eignen, gibt ihnen ein erfahrener Torero, ein *diestro*, die Zulassung, und sie werden *matadores*. Erst dann dürfen sie auf den Plätzen der ersten Kategorie auftreten und mit den großen Stieren kämpfen, die mehr als 450 kg wiegen.

Ein guter *diestro* verdient zwischen einer und fünf Millionen Peseten pro *corrida*, bei der er zwei Stiere tötet; insgesamt gibt es bei jeder *corrida* sechs Stiere und drei Toreros. Die berühmten Toreros beenden ihre Karriere in der Regel schon mit etwa 40 Jahren, wenn sie genug Geld haben, um eine eigene Stierzucht aufzubauen oder ihr Leben nicht weiter auf's Spiel setzen wollen. Der Beruf ist gefährlich und die Literatur, die sich um den Tod des Toreros dreht, mannigfaltig. Das berühmteste Gedicht dazu stammt von Federico Lorca: *Um fünf Uhr nachmittags*. Es handelt vom Tod des damals berühmten Toreros Sanchez Mejías.

Verschiedene Feste

Der **Karneval** wird in Cádiz von der ganzen Stadt und in Sitges besonders von den Transvestiten gefeiert. Überall wird der Karneval mit der „Beerdigung der Sardine" und dem Trauerzug der „Witwen" beendet. Damit beginnt der jährliche Reigen der *Fiestas,* die in jedem Dorf am **Feiertag des Ortspatrons** stattfinden. Die häufigsten Daten sind dabei San Juan (25.6.), San Pedro (29.6.), Santiago (25.7.), die Jungfrauen del Carmen (16.7.), Mariä Himmelfahrt (15.8.) und das Fest der Schmerzensreichen Jungfrau (15.9.).

Karwoche: In Andalusien hat darüber hinaus die Karwoche eine lange Tradition. Bei Prozessionen werden die *pasos,* Prozessionsfiguren, durch die Straßen getragen. Wer sich berufen fühlt, schmettert dazu eine *saeta,* und die Prozession hält ehrfürchtig an. In den großen Städten wie Sevilla und Malaga wird daraus ein großes Fest, dessen religiöser Charakter kein Hinderungsgrund dafür ist, daß die Bars die ganze Nacht geöffnet sind.

Auch in kleinen Orten gibt es Prozessionen voller Überraschungen (Ubeda, Ronda, Baena, Puente Genil, Jerez de los Caballeros). In Murcia sind die *pasos* der Prozession von dem Barock-Bildhauer Salzillo gefertigt. In Jumilla und Lorca ist die Prozession ein Reiterspektakel. In vielen Orten der Levante (Moncada) und Kataloniens (Esparraguera, Olesa de Montserrat, Sant Vicent dels Horts, Ulldecona, Verges) werden Passionsspiele aufgeführt.

Andalusische Ferias: Die andalusischen *ferias* sind keine religiösen Feste. Wenn die Orangenbäume blühen, noch vor der großen Sommerhitze, strömen die Menschen in Sevilla auf die Straße. Zwei Wochen nach Ostern, manchmal auch früher, beginnt hier die **Feria de Abril**.

Rechts: Zu den Festen putzt sich Groß und Klein so prächtig wie möglich heraus.

Sie ist eine farbenprächtige Mischung aus Pferden, Kostümen, Wein, Musik und Tanz. Das Festgelände ist voller Zelte, *casetas,* jedes von einem Verein o.ä. organisiert, mit Ausschank, Tischen und Tanzboden. Daneben ist der Jahrmarkt aufgebaut. Vormittags werden die Pferde zur Schau gestellt, nachmittags folgt das Familienprogramm, und die ganze Nacht wird getanzt. Die *ferias* aller Orte gleichen sich, in kleineren Dörfern sind sie manchmal noch spontaner.

Am zweitgrößten ist die **Feria del Caballo** mit den Pferden von Jerez. Besonders reizvoll sind auch die *ferias* in der Umgebung von Cádiz: Puerto de Sta. María, Puerto Real, Rota und Chipiona.

Die Termine der *ferias* wechseln mit dem Kirchenkalender. Die **Feria de la Manzanilla** von Sanlucar findet zu Pfingsten statt. Außerdem gibt es hier in den Sommermonaten jeden Sonntag Pferderennen am Strand. Der Jahreszyklus endet mit dem Weinlesefest von Jerez im September.

Die **Wallfahrten** Andalusiens haben ihre Wurzeln oft im Aberglauben des Volkes. García Lorca wählte die Wallfahrt El Cristo del Paño von Moclín (Granada, 1.10.) als Hintergrund für *Yerma.*

Weitere Anlässe zum Feiern in Andalusien: Der **Cascamorras** von Baza und Guadix (6.9.) beispielsweise beruht auf einer alten Feindschaft zwischen den beiden Orten; in Córdoba feiert man vom **Fiesta de los Patios**, bei dem die Innenhöfe geschmückt werden; und in Granada gibt es ein farbenprächtiges Fest der Kreuze (Anfang Mai).

Feste der Levante: Böllerschüsse, Feuerwerke und das Knistern von Feuer zeichnen die valencianischen Feste aus. Früher verbrannten die Lehrlinge der Künstlerwerkstätten am Ende des Lehrjahres die Späne und Reste ihrer Arbeit. Heutzutage füllen sich die Städte und Dörfer zu San José (19.3.) mit gigantischen Pappfiguren, die verbrannt werden. Tanz, Trachten und Blumenschmuck ge-

FIESTAS

hören ebenfalls zu diesen **Fallas** (vom Lateinischen für Fackel), wie diese Feste heißen. Die Feuer der Nacht von San Juan (24.6.), **nit del foc**, in Alicante stehen in der gleichen Tradition wie die Johannisfeuer in anderen Regionen Europas.

Viele Dörfer der Provinz von Alicante feiern auch Feste der **Moros y Cristianos**. Farbenprächtig verkleidete Heere von Arabern und Christen simulieren die Kämpfe der *Reconquista*, begleitet von ohrenbetäubendem Geknall. Die wichtigsten dieser spektakulären Feste sind in Alcoy und Bañeres (22.-25.4.), Biar (10.5.), Petrel (14.5.), Elda (27.5.), Villajoyosa (29.7.), Cocentaina (2. Augustsonntag), Onteniente (letzter Augustsonntag), Castalla (1.9.), Villena (4.9.), Caudete (Albacete 7.9.).

Stierkampf: Einige Feste drehen sich, abgesehen von den Stierkämpfen, um besondere Spiele und Traditionen in Verbindung mit dem Stier: El Toro embolado (Castellón 17.5.); El Toro de Fuego (El Grao, Castellón 29.6.); Los Toros en el Mar (Denia, Alicante, 2. Julisonntag); Las Vaquillas und Patos al Agua (Benicarló, Castellón, 24.8.); Corre de Bou (Cardona, Barcelona, 2. Septembersonntag); San Juan (Coria, Cáceres 24.6.).

Fronleichnam: Das Fronleichnamsfest ist in Granada und Valencia besonders prachtvoll und traditionsreich. In Sitges werden dazu die Straßen mit Blumenteppichen bedeckt. La Patum (Berga, Barcelona), La Degollá (Morella, Castellón), El Ball de la Matellina (San Sadurní d'Anoia) und die Wallfahrt von San Juan de las Abadesas sind ganz besondere Ereignisse zu diesem Termin. In Barcelona läßt man auf dem Springbrunnen des Kathedralen-Kreuzgangs ein Ei tanzen: *L'ou con balla*.

Theater: In vielen Orten gibt es neben den Passionsspielen noch andere traditionelle Theateraufführungen: Die berühmteste ist das *Misteri* von Elche (2. Augustsonntag); in Tortosa wird am 8.9. das mittelalterliche Stück *La Cura Fera* gezeigt.

Feste Kataloniens: Die katalanischen Feste sind besonders reizvoll. Überall werden Sardanas getanzt, besonders zu

FIESTAS

Calella (1. Julisonntag), San Feliú de Guixols (25.7.), Amer (Gerona, 16.8.) und San Feliú de Pallarols (Gerona, Pfingsten). In Gironella (Barc.) wird am 17.8. dem Trinkkrug, dem *botijo*, gehuldigt; in Ripoll der Wolle (Mitte Mai) und in Argentona den Krügen (4.8.). In Berga findet am letzten Julisonntag die Festa dels Elois statt.

Menschentürme, *torres humanas*, werden fast bei allen diesen Festen gebildet; die spektakulärsten gibt es in Gerona am 29.10. zu San Narciso, in Vilafranca del Penedés (30.9.) und Valls (23./24.6.). In Barcelona wird die Fiesta de San Jordi gefeiert und die des Stadtviertels Gracia in der Woche vor dem 3. Augustsonntag, bei der die Straßen zu Festsälen werden und die Menschen Habaneras singen.

Feste der Balearen: Auf Menorca haben die Cocadas y Jaleos eine lange Tradition in Alayor (10.8.), in San Luis (25.8.) und in Mahón (8.9.). Pferdevorführungen und alte Wettspiele gibt es in Ciudadela (25.6.), Mercadal (3. Julisonntag) und Ferrería (8.9.). Auf Mallorca gibt es den Brauch der Diada del Lluc in Escorga (2. Septembersonntag); in San Juan (1. Oktobersonntag) das Fest der Butifarró-Wurst; und das Folklore-Fest von Inca am 30.7.

El Rocío

Die Jungfrau von **El Rocío** ist das Ziel einer Wallfahrt, an der am Pfingstsonntag über eine Million Menschen teilnehmen. Mitten auf dem flachen Land, fast ohne Restaurants, Hotels, Gasthöfe oder Toiletten, wird hier drei Tage lang eines der größten Volksfeste Andalusiens, wenn nicht ganz Spaniens abgehalten. Ein strenges internes Protokoll, das selbst den Touristen ihre Rolle zuweist, organisiert das Chaos von Menschen, Pferden, Ochsenwagen und Wein. Bis 1959 gab es nicht einmal eine Straße, und die Wallfahrt war ein bodenständiges, volkstümliches Ereignis. Heute kommen über 70 Bruderschaften aus ganz Andalusien, eine aus Madrid, eine aus Barcelona und eine der Auslandsspanier; dazu Massen von Schaulustigen.

Die Figur der hl. Jungfrau, die hier verehrt wird, stammt aus dem 13. Jh., aber die Tradition der Wallfahrt ist erst gut 200 Jahre alt. Das Gebäude der Wallfahrtskapelle und die umliegenden Häuser sind in diesem Jahrhundert entstanden, und seit einigen Jahren füllt sich das Gelände auch zunehmend mit touristischen Einrichtungen.

Die Bruderschaften, *hermandades*, bilden nach überlieferten Ritualen und Traditionen den organisatorischen Rahmen der Veranstaltung. Sie kommen aus allen Orten Andalusiens, im Trott der Ochsengespanne, die die Wagen ziehen, und sind oft drei oder vier Tage unterwegs. Jeder Treck aus weiß bemalten, mit Zeltplanen

Oben: Zu der Osterprozession gehen viele anonym im Büßergewand der Inquisition. Rechts: Abfahrt der Bruderschaft zur Wallfahrt El Rocío aus Granada.

überdeckten Bauernkarren hat Proviant für eine ganze Woche geladen, dazu Töpfe und Geschirr, Decken und Futter für Pferde und Ochsen; Frauen und Kinder sitzen obenauf. In letzter Zeit lösen allerdings immer mehr Traktoren und Landrover die Ochsen ab. Daneben reiten die Männer auf stolzen andalusischen Pferden. Der Weg geht über Feld- und Sandwege, und es gibt sogar ein Sonderrecht, den Nationalpark der Coto Doñana zu durchqueren. In der Mitte eines jeden Trecks befindet sich der *simpecado*, ein besonders geschmückter Wagen mit einem kleinen Tempel, in dem die Standarte der Bruderschaft aufbewahrt wird.

Am Freitagabend sind alle nur noch etwa drei Kilometer von der Wallfahrtskapelle entfernt; ein Trupp wird in der Nacht vorausgeschickt, um an Ort und Stelle das Lager vorzubereiten. Am Samstag ziehen dann die geschmückten Wagen offiziell ein und grüßen die Jungfrau. Die lange Nacht wird zu einem ausgedehnten Fest mit Musik, *vino fino*, Gesang und den *sevillanas rocieras*, den schwermütigen Tänzen im heißen Sand.

Am Sonntagmorgen wird eine Messe abgehalten, noch mehr Städter kommen in ihren Autos, man drängelt sich vor der Jungfrau, und Szenen religiöser Ekstase spielen sich in der Kapelle ab. In der Nacht wird der Rosenkranz gebetet und eine nächtliche Prozession abgehalten, die Ave Maria singend nacheinander die Häuser der *hermandades* besucht. Ein Feuerwerk und ein weiteres Fest beschließen den Tag.

Am Pfingstmontag beginnt mit dem ersten Sonnenstrahl die große Prozession. Die jungen Männer der *hermandad* von Almonte, der Gemeinde des Rocío, haben das Privileg, die Jungfrau zu tragen. Die Menschenmenge ist so dicht, daß die Figur wie durch das stürmisch aufgewühlte Meer geschaukelt wird. Sollte es jemand, der nicht aus Almonte ist, wagen, sich der Jungfrau zu nähern, wird er erbarmungslos verprügelt, aber immer

wieder versucht es jemand, wenigstens für einen Augenblick mit der Angebeteten direkt in Berührung zu kommen. Die Prozession führt zu allen Häusern der Bruderschaften, und vor jedem Haus wird ein Salve gesungen; das Ende dieser Prozession in der Mittagshitze ist auch das offizielle Ende der Feierlichkeiten.

Auf dem Heimweg sind alle müde und verkatert, aber beim Einzug in ihre Heimatstadt werden die Wallfahrer euphorisch empfangen: Müdigkeit, Schmutz und Kater verfliegen, und noch einmal wird gesungen und getanzt.

Der Rocío ist inzwischen zum nationalen Spektakel geworden, das das Fernsehen wie einen Karnevalszug überträgt. Man muß schon Geld haben, um sich Pferde, teure Trachten und eine Woche Freizeit leisten zu können. Wer keines hat, steht am Straßenrand und verkauft Cola oder Ramsch. Die Wallfahrt ist zwar ein religiöses Fest, aber für die in den Bruderschaften organisierten Teilnehmer auch eine Gelegenheit, sich zu präsentieren und anzugeben.

IMPRESSUM

Nelles Maps ...zeigen wo's lang geht.

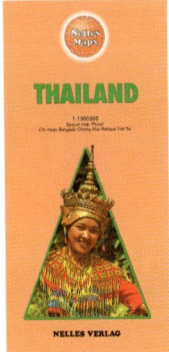
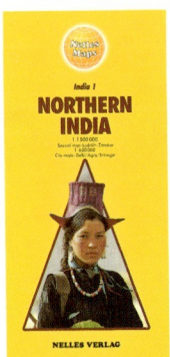

Nelles Maps

- Afghanistan
- Australia
- Bangkok
- Burma
- Caribbean Islands 1 / Bermuda, Bahamas, Greater Antilles
- Caribbean Islands 2 / Lesser Antilles
- China 1 / North-Eastern China
- China 2 / Northern China
- China 3 / Central China
- China 4 / Southern China
- Crete
- Egypt
- Hawaiian Islands
- Hawaiian Islands 1 / Kauai
- Hawaiian Islands 2 / Honolulu, Oahu
- Hawaiian Islands 3 / Maui, Molokai, Lanai
- Hawaiian Islands 4 / Hawaii
- Himalaya
- Hong Kong
- Indian Subcontinent
- India 1 / Northern India
- India 2 / Western India
- India 3 / Eastern India
- India 4 / Southern India
- India 5 / North-Eastern India
- Indonesia
- Indonesia 1 / Sumatra
- Indonesia 2 / Java + Nusa Tenggara
- Indonesia 3 / Bali
- Indonesia 4 / Kalimantan
- Indonesia 5 / Java + Bali
- Indonesia 6 / Sulawesi
- Indonesia 7 / Irian Jaya + Maluku
- Jakarta
- Japan
- Kenya
- Korea
- Malaysia
- West Malaysia
- Nepal
- New Zealand
- Pakistan
- Philippines
- Singapore
- South East Asia
- Sri Lanka
- Taiwan
- Thailand
- Vietnam, Laos Kampuchea

SPANIEN-SÜD
©Nelles Verlag GmbH, München 45
All rights reserved

Erste Auflage 1991
ISBN 3-88618-317-3
Printed in Yugoslavia

Herausgeber:	Günter Nelles	**Lithos:**	Scannerstudio Schaller, München
Chefredakteur:	Dr. Heinz Vestner	**Kartographie:**	Nelles Verlag GmbH; mit freundlicher Genehmigung: Freytag & Berndt, Wien; Ravenstein-Verlag, Lizenz-Nr. 1-139
Project Editor:	Dr. Sabine Tzschaschel		
Redaktion:	Ulrike Segal, Wolfgang Gartmann		
DTP-Belichtg.:	Printshop Schimann, Pfaffenhofen	**Druck:**	Gorenjski Tisk, Kranj

Reproduktionen, auch auszugsweise, nur mit schriftlicher Genehmigung des Nelles Verlages

REISE-INFORMATIONEN

Reisevorbereitungen 244
    Klima/Reisezeit 244
    Bekleidung 244
    Währung/Geldumtausch/Devisen 244
    Gesundheitsvorsorge 244
    Einreise 244

Reisewege nach Spanien 244

Reisen in Spanien 244
    Mit dem Auto 244
    Mit dem Fahrrad 245
    Mit dem Flugzeug 245
    Mit der Eisenbahn 245
    Überlandbusse 246
    Unterkunft 246

Praktische Tips 246
    Apotheken 246
    Autovermietung 246
    Diebstahl 246
    Feiertage 246
    Feste 247
    Fotografieren 247
    Führer 247
    Gewichte und Maße 247
    Kino 247
    Museen und Kunstgalerien 247
    Netzspannung 247
    Öffnungszeiten 247
    Pannendienst 247
    Postservice 247
    Presse 248
    Tagesablauf 248
    Telekommunikation 248
    Touristeninformation 248
    Trinkgeld 248
    Verhaltensregeln 248
    Zeit 249

Adressen 249
Mini-Stilkunde 249
Die Sprachen der Spanier 249
Autoren 251
Fotografen 251
Register 252

REISEVORBEREITUNGEN

Klima / Reisezeit

Tages-Durchschnittstemperaturen im Mai, Juli und September, Tagesmaxima im August in °C:

	Mai	Juli	Sept	Aug
Katalonien	16	23	21	32
Balearen	17	24	22	36
Valencia	19	25	23	36
Almeria	19	25	24	38
Granada	17	26	22	40
Malaga	19	25	23	38
Cadiz	19	24	23	42
Sevilla, Cordoba	20	27	24	45
Extremadura	18	26	23	42
Mancha	16	25	21	41
Madrid	16	24	20	38

Im Landesinneren bedeuten die Durchschnittswerte hohe Mittags- und relativ niedrige Nachttemperaturen, während an der Küste das Klima feuchter, die Mittagstemperaturen weniger extrem und die Nächte warm sind.

Bekleidung

Während die Monate Juli und August Sommerwetter garantieren, sind die Übergangszeiten Mai/Juni bzw. September/Oktober zwar am schönsten zum Reisen, aber auch am wechselhaftesten (Regenschutz, in Berggegenden und an der Nordküste auch einen Pullover oder eine wärmere Jacke einpacken).

Währung / Geldumtausch / Devisen

Die spanischen Peseten sind seit dem EG-Beitritt eine relativ stabile Währung. Man kann schon im Heimatland wechseln oder Reiseschecks mitnehmen. Eine Scheck-Karte mit Geheimnummer ist am besten. Viele Banken mit dem Hinweis „Geldwechsel" nehmen keine Euroschecks. Zum Wechseln ist immer ein Ausweis nötig. Wechselstuben werben mit guten Kursen, aber nehmen oft extrem hohe Gebühren. Die meisten größeren Hotels wechseln ihren Gästen anstandslos und ohne Aufschläge. Bei der Postsparkasse *Caja Postal* kann man mit europäischen Postsparbüchern Geld abheben.

Es gibt Scheine zu 1000, 2000, 5000 und 10.000 Peseten, selten noch welche zu 500. Münzen gibt es im Wert von 1, 5, 10, 25, 50, 100, 200, 500 Peseten.

Gesundheitsvorsorge

Es sind keine Impfungen notwendig. Das Wasser in Spanien ist überall trinkbar, auch aus öffentlichen Brunnen.

Einreise

Für die Einreise genügt ein gültiger Reisepaß, Bewohner von EG-Ländern können mit dem Personalausweis einreisen.

REISEWEGE NACH SPANIEN

Die Anreise nach Spanien ist mit dem Flugzeug am bequemsten; das öffentliche Verkehrsnetz auf dem Land ist nicht das beste. Für einen Städteurlaub ist das Flugzeug unbedingt anzuraten; für kleine Ausflüge kann man einen Wagen mieten. Die Anreise mit dem Wagen führt über Frankreich. Die schnellsten Wege sind die Autobahnen an den beiden Küsten um die Pyrenäen herum, doch die Pyrenäen sind nicht so mächtig, daß man sie nicht über einen Bergpaß oder durch den Tunnel von Viella in einer schönen Tagesfahrt bezwingen könnte.

REISEN IN SPANIEN

Mit dem Auto

Es gibt National-, Regional- und Kommunalstraßen; fast alle sind in gutem Zustand.

Autopistas (Autobahnen) sind mautpflichtig (*peaje*) und deswegen in der Regel staufrei; *Autovías* dagegen nicht.

Das Reisen mit dem Auto ist für Spanier die übliche Art der Fortbewegung.

REISE-INFORMATIONEN

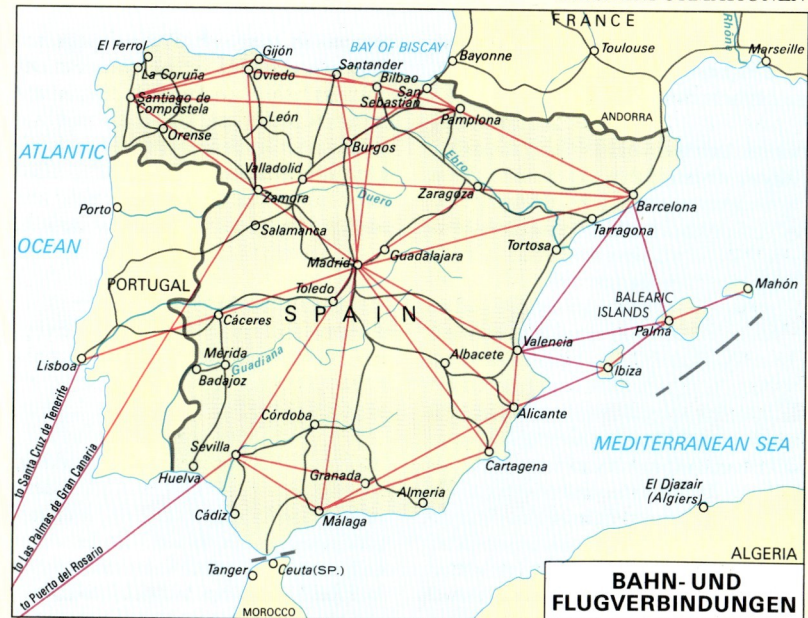

BAHN- UND FLUGVERBINDUNGEN

Die großen Überlandstraßen, N I bis N VI, die sternförmig von Madrid ausgehen und teils zu Autovías ausgebaut sind, sind oft überfüllt. Der Lastwagenverkehr verläßt die Großstädte morgens, um nachmittags am Ziel zu sein, so daß man diese Strecken entweder vorher oder deutlich später befahren sollte.

Mit dem Fahrrad

Es wird immer beliebter, mit dem Fahrrad durch Europa zu reisen. Dazu ist anzumerken, daß Spanien ein sehr gebirgiges Land ist. Fahrradwege gibt es nicht, jedoch viele kaum befahrene Provinzstraßen. Die Anreise im Zug mit dem Fahrrad ist möglich, wenn auch nicht in allen Zügen. Diese Variante ist besser, als das Fahrrad auf dem Auto mitzubringen, da man in Spanien nie und nirgends ein bepacktes Auto stehen lassen sollte.

Mit dem Flugzeug

Die nationale Fluggesellschaft IBERIA fliegt von Barcelona und Madrid aus täglich 20 spanische Flughäfen an. Zwischen den beiden Großstädten besteht eine Luftbrücke, die mindestens einmal stündlich geflogen wird; dabei kann man nicht im voraus buchen. Weitere Inlandflüge werden von AVIACO angeboten.

Mit der Eisenbahn

Die Bahnverbindungen in Spanien kranken an der alten Breitspurbahn und den vielen Bergen. Das Netz ist nicht dicht. Gut funktionierende Verbindungen bestehen innerhalb Kataloniens und des Baskenlandes. Die Fernzüge gibt es in den Kategorien *Interurbano*, *Talgo* und *Express*; letztere kosten mehr.

Die Bahngesellschaften sind *Renfe* und *Feve*. Fahrkarten für größere Strecken sollten im voraus mit einer Platzreservierung gelöst werden.

Von Madrid aus gibt es Sonderfahrten an den Wochenenden, die sogenannten *trenes lince*, die eine verbilligte Hin- und Rückfahrt nach León, Albacete, Jaén, Puertollano und Cacéres anbieten. Außerdem gibt es eine Reihe von Pauschalangeboten in *trenes turísticos*, die Übernachtungen in guten bis sehr guten Hotels und ein Besichtigungsprogramm einschließen: nach Andalusien, nach Salamanca, in die Extremadura, nach Cuenca, nach Burgos oder in die Mancha. Diese Reisen lassen sich vom Ausland aus buchen, die Zentrale ist IBER-RAIL C/ Capitán Haya, 55 Madrid, Tel: 91 2793605/ 3793200.

Überlandbusse

Der öffentliche Verkehr zwischen kleineren Orten und Großstädten wird im wesentlichen mit Bussen abgewickelt. Auskünfte in Reisebüros oder direkt bei den Busgesellschaften. In kleinen Orten fahren die Busse in die nächste große Stadt in der Regel zweimal täglich auf dem Hauptplatz ab.

Unterkunft

Die in diesem Reiseführer angegebenen Hotel-Empfehlungen sind nur eine kleine Auswahl. In größeren Ortschaften wurden zentral gelegene und architektonisch attraktive Quartiere ausgesucht.

In den Tourismus-Büros der Städte gibt es weder eine Zimmervermittlung noch eine -reservierung.

Es gibt die folgenden Kategorien:
H . . . . Hotel
HR . . . Hotel Residencia (Ferienhotel
. . . . für längeren Aufenthalt)
HA . . . . Hotel Apartamentos
RA . . . . . . Residencia Apartamentos
M . . . . Motel
Hs . . . . . Hostal (einfacheres Hotel)
P . . . . . Pension (in Großstädten oft
. . . . Dauerquartiere)
HsR . . . . Hostal Residencia
. . . . (oft Dauerquartiere)
F . . . . . . Fonda (einfachste Pension)

Alle Hotels sind in der Regel sauber, die Betten auch in sehr guten Hotels oft schlecht, Lärm ist kein Grund zur Beschwerde.

Paradores Nacionales sind staatliche Hotels der oberen Preisklassen und fast alle in schöner Lage. Kataloge der Paradores werden in allen Tourismus-Büros ausgegeben. In der Hochsaison empfiehlt sich eine Reservierung. Zentrale Reservierung: C/ Velázquez, 18, 28001 Madrid, Tel: 4359700, 4359744, Fax 4359944.

PRAKTISCHE TIPS

Apotheken

Farmácias gibt es überall; sie sind gut sortiert und geben viele Medikamente auch ohne Rezept aus. Die Öffnungszeiten sind wie die der Geschäfte.

Autovermietung

Ein Auto zu mieten, ist am einfachsten mit Kreditkarte; sonst muß man eine größere Summe (ca. 1500 DM) hinterlegen. Ausweis und ein mindestens 1 Jahr alter Führerschein werden gefordert. Für Wochenenden gibt es spezielle Tarife.

Diebstahl

Auch ein noch so gut getarnter Tourist ist immer als Tourist zu erkennen. In den Großstädten sollte man ohne Handtasche auf die Straßen gehen, die Brieftasche am besten in der Hosentasche. Im Koffer im Hotel sind Ausweise, Flugtickets, Reiseschecks u.ä. besser aufgehoben als am Körper! Ausländische Autos werden mit Vorliebe aufgebrochen, besonders wenn Gegenstände darin sichtbar sind. Ein Auto mit Autoradio kann man in keiner Stadt Spaniens auf der Straße stehen lassen. Bewachte Tiefgaragen übernehmen keine Garantie für den Autoinhalt, bieten aber einen gewissen Schutz.

Feiertage

Nationale Feiertage sind:
1.1. Neujahr und 6.1. Hl. Drei Könige; Ostern: Gründonnerstag und Karfreitag; in Katalonien Karfreitag und Ostermontag; 1.5. Maifeiertag; 15.8. Mariä Himmelfahrt; 12.10. Virgen del Pilar und Kolumbustag; 1.11. Allerheiligen; 6.12. Verfassungstag und 8.12. Tag der Unbefleck-

ten Empfängnis; 25.12. Weihnachten. Daneben hat jede Region regionale und jeder Ort lokale Feiertage.

Feste

Jeder Ort hat ein- oder zweimal im Jahr ein Ortsfest, die *fiesta*, die zwischen einem langen Wochenende und zwei Wochen dauern kann. Der Besucher muß zu dieser Zeit mit erhöhter Lärmbelästigung in seinem Quartier rechnen.

Kartenreservierung für das Theaterfestival in Mérida: Viajes Emérita, C/ Evaristo S. Miguel 17, Madrid, Tel: 91-2485854.

Fotografieren

Das Fotografieren ist außer in Museen erlaubt, nicht aber die Verwendung von Videokameras und Blitzgeräten.

Führer

Die Fremdenverkehrsführer haben eine dreijährige Fachausbildung und sind in der Regel gut qualifiziert. In den meisten Orten vermittelt das Tourismusbüro englisch-, französisch- oder deutschsprachige Führer.

In Madrid und Barcelona gibt es an den Zeitungskiosken wöchentliche Veranstaltungskalender mit den zuverlässigsten Informationen. Oft kann man noch am Veranstaltungstag Karten bekommen.

Gewichte und Maße

Die Maße, Gewichte und Konfektionsgrößen entsprechen denen der mitteleuropäischen Länder.

Kino

In den Großstädten gibt es Kinos, die Filme in fremdsprachigen Originalfassungen mit spanischen Untertiteln zeigen (*versión subtitulada*).

Museen und Kunstgalerien

Private Kunstgalerien folgen dem Markt und sind öfter sogar sonntags geöffnet. Öffentliche Museen und Galerien haben dagegen fast alle am Sonntagnachmittag und Montag geschlossen. Vielfach gibt es einen Wochentag (mittwochs), an dem für EG-Bürger der Eintritt frei ist.

Netzspannung

Die Spannung ist im ganzen Land 220 Volt und 50 Hz. Die meisten Hotels haben Eurostecker, falls nicht, gibt es in jeder Elektrohandlung Adapterstecker.

Öffnungszeiten

Geschäfte öffnen meist zwischen 9 und 10 Uhr morgens, halten eine Mittagspause von 14 bis 17 Uhr ein, die im Winter und im Norden eine halbe Stunde früher liegen kann. Sie schließen abends gegen 20 Uhr. Samstags ist geöffnet, teilweise auch am Nachmittag. Geschäfte in den Stadtzentren sind oft auch mittags geöffnet und schließen abends erst später.

Museen und Sehenswürdigkeiten folgen meist etwa denselben Zeiten, öffnen aber auch Sonntag vormittags und haben fast alle montags geschlossen. Die Öffnungszeiten variieren von Jahr zu Jahr etwas und sind im Sommer deutlich länger als im Winter. Besonders Sehenswürdigkeiten auf dem Lande werden oft außerhalb der Saison ganz geschlossen. Bei Kirchen ist es immer möglich, sich nach dem Schlüsselhüter zu erkundigen und sich die Kirche aufsperren zu lassen.

Pannendienst

Der königliche Automobilclub RACE hilft bei Unfällen und Pannen. Es bestehen Abkommen mit folgenden ausländischen Automobilklubs: ADAC, DTC, AvD, AA, RAC, ACI, TCI; ein nationaler Not-Abschleppdienst ist über Tel: 91 – 5933333 zu erreichen.

Postservice

Die Postämter (*correos*) haben oft nur vormittags geöffnet, aber Briefmarken gibt es in jedem *estanco*, den staatlichen Tabakläden. Briefe und Postkarten in EG-Länder kosten gleich viel, im nationalen Briefverkehr gibt es zwei Tarife, einen für Briefe innerhalb des Ortsgebietes und einen für außerhalb.

Presse

In den Großstädten und den Ferienorten am Mittelmeer gibt es neben den einheimischen Tageszeitungen auch immer eine gute Auswahl ausländischer Tageszeitungen. Die spanischen Zeitungen haben Sonntagsausgaben.

Tagesablauf

Die Tage beginnen langsam und spät, man frühstückt an der Bar mit einem Kaffee und etwas zum Eintunken, vorzugsweise *churros*. Die Öffnungszeiten der Behörden und Geschäfte sind von 10 bis 14 Uhr, was man in der Zeit an Erledigungen nicht schafft, muß, besonders im Sommer, auf den nächsten Tag warten.

In Spanien wird die Hauptmahlzeit mittags eingenommen, zwischen 14 und 16 Uhr. Mittags gibt es die preiswerteren Gerichte in den Lokalen. Fast alle bieten ein gutes Mittags-Menü an, Brot und Wein eingeschlossen. Gerade bei erstaunlich niedrigen Preisen und unbeholfen auf einen Zettel geschriebenen Menü-Angaben kann man in den meisten Fällen sicher sein, einfache, aber gute Hausmannskost zu erhalten.

Im Sommer werden mittags im Fernsehen deutsche, französische und englische Nachrichten gesendet. Um 15 Uhr folgen die wichtigsten spanischen Tagesnachrichten, danach ist bis 17 Uhr *siesta*. Abendveranstaltungen, Restaurants zum Abendessen etc. beginnen nicht vor 21 Uhr. Man geht kaum vor 1 Uhr ins Bett, im Sommer auch die Kinder nicht.

Telekommunikation

Wenn man aus dem Ausland in Spanien anrufen will, muß man die 9 der Vorwahl weglassen.

Von allen Telefonzellen aus kann man ins Ausland durchwählen. Mit 07 gelangt man ins Auslandsnetz und muß einen Ton abwarten, danach ist die nationale Vorwahl zu wählen (BRD 49, Österreich 43, Schweiz 41, Frankreich 33, Holland 31, Italien 49). Die anschließende Ortsvorwahl in die BRD muß ohne die erste 0 gewählt werden. Auskunft national: 003; Auslandsauskunft: Europa 008, Welt 005. In den meisten Städten gibt es auch Büros der Telefongesellschaft *Telefónica* mit Telefonzellen im *Locutorio*.

Touristeninformation

In jeder Provinzhauptstadt und in vielen wichtigen Fremdenverkehrsorten gibt es Touristen-Informationsbüros (i = *información* oder *oficina de turismo*), die Informationsbroschüren und Pläne anbieten. Sie haben meist die üblichen Öffnungszeiten, nur in den größeren Fremdenverkehrsgebieten ist im Sommer auch am Sonntag vormittags geöffnet. Außerdem unterhalten die Comunidades Autónomas oft noch eigene Büros.

Trinkgeld

In Lokalen ist allgemein das Bedienungsgeld im Preis inbegriffen; die Extra-Berechnung von *IVA* ist die Mehrwertsteuer. Trinkgelder sind trotzdem gern gesehen. Es ist nicht ratsam, Verkehrspolizisten oder die *Guardia Civil* mit einem „Trinkgeld" bei einem Verkehrsvergehen umstimmen zu wollen!

Verhaltensregeln

Spanien ist Europa. Einige Kleinigkeiten sind dennoch anders, als man es in Mitteleuropa oder Nordamerika gewohnt ist: Obwohl die Höflichkeitsform Sie (*Usted*) existiert, verkehren die meisten Leute in Geschäften oder Lokalen per Du (*Tu*). In den meisten Lokalen ist es üblich, Abfälle auf den Boden zu werfen; sie werden häufig genug entfernt, um hygienische Beanstandungen auszuschließen. Mitteleuropäische Gewohnheiten, ab 22 Uhr automatisch leiser zu sprechen oder Lärmquellen auszuschalten, sind in Spanien unbekannt.

Der Tagesablauf ist gegenüber nördlicheren Ländern um ca. 2 Stunden verschoben, und man muß sich daran gewöhnen, nicht vor 14 Uhr mittagessen und nicht vor 21 Uhr abendessen zu können.

Zeit

Obwohl Spanien bereits in einer anderen Zeitzone liegt, gilt die mitteleuropäische Zeit. Auch die Sommerzeit-Umstellung erfolgt gleichzeitig mit den mitteleuropäischen Ländern. Auf den Kanarischen Inseln dagegen gibt es 1 Stunde Zeitverschiebung.

ADRESSEN

Botschaften

(Madrid Tel: – 91)
Belgien: Paseo Castellana, 18; Tel: 4019558.
Bundesrepublik Deutschland: Fortuny, 8; Tel: 3199100.
Dänemark: C/Claudio Coello, 91; Tel: 4318445.
Finnland: Paseo Castellana, 15; Tel: 3083427.
Frankreich: C/ Salustiano Olozaga, 9; Tel: 4355560.
Großbritannien: C/ Fernando el Santo, 16; Tel: 3190200.
Israel: C/ Velázquez, 150; Tel: 4111357.
Italien: C/ Lagasca, 98; Tel: 4025436.
Niederlande: Paseo Castellana, 178/180; Tel: 4582100.
Norwegen: Paseo Castellana, 31; Tel: 3083394.
Österreich: Paseo Castellana, 91; Tel: 5565315.
Portugal: C/ Zurbano, 92; Tel: 4411222.
Schweden: C/ Zurbano, 27; Tel: 3086575.
Schweiz: C/ Nuñez Balboa, 35; Tel: 4313400.

Festival-Karten

Kartenreservierungen für das Theaterfestival in Mérida: Viajes Emérita, C/ Eva-risto S. Miguel 17, Madrid, Tel: 91-2485854

MINI – STILKUNDE

Visigótico = westgotisch, spätklassisch (5.-6. Jh.)
Asturiano = Präromanik in Asturien, die sich ohne maurischen Einfluß entwickelte (9. Jh.)
Mozárabe = mozarabisch, Baustil der Christen, die aus maurischen Gebieten im Süden in die befreiten Nordregionen einwanderten (10. Jh.)
Mudéjar = Stil der arabischen Baumeister, die nach der Reconquista für Christen arbeiteten (14.-16. Jh.), Moriscos genannt
Moriscos = in christlichen Gebieten konvertierte Araber
Isabelino = isabellinisch, spätgotischer, in eine verschnörkelte Renaissance-Variante übergehender Stil unter Isabella I. (15. Jh.)
Plateresco = platéresk, Dekorstil der Frührenaissance (16. Jh.)
Herreriano = Herrerastil, strenger Renaissancestil von Juan Herrera, dem Architekten Philipps II. geprägt (16. Jh.)
Hispano-flamenco = flämisch beeinflußter Stil unter den Habsburgern
Churrigueresco = churrigueresk, Spät-Barockstil der Churrigueras (17. Jh.)

DIE SPRACHEN DER SPANIER

In Spanien werden neben dem Kastilischen noch die romanischen Sprachen *Catalán* und *Gallego* gesprochen. Im Baskenland und Navarra spricht ein Großteil der Bevölkerung Baskisch.
Aussprachebesonderheiten im Kastilischen:
ll wie lj; qu vor i und e wie k; v wie b; z vor a, o und u wie c vor i und e, nämlich ein gelispeltes c oder englisches th; ch wie tsch; ñ wie nj; h im Anlaut wird nicht gesprochen.

REISE-INFORMATIONEN

Spanischer Grundwortschatz

Guten Tag	buenos días
(ab 14 Uhr)	buenas tardes
Gute Nacht	buenas noches
hallo	hola
bitte	por favor
danke	gracias
ja	si
nein	no
Auf Wiedersehen	adiós
Entschuldigung	perdón
Wie geht es?	Qué tal?
Gut	bién
Wieviel Uhr ist es?	Qué hora es?
Was kostet das?	Cuánto cuesta ésto?
Wo ist ...?	Dònde está ...?
rechts	a la derecha
links	a la izquierda

Zahlen

eins	uno, un
zwei	dos
drei	tres
vier	cuatro
fünf	cinco
sechs	seis
sieben	siete
acht	ocho
neun	nueve
zehn	diez
elf	once
zwölf	doce
zwanzig	veinte
hundert	cien
fünfhundert	quinientas
tausend	mil

Zeitangaben

heute	hoy
morgen	mañana
gestern	ayer
Minute	minuto
Stunde	hora
Tag	día
Woche	semana
Monat	mes
Jahr	año

Wochentage

Montag	Lunes
Dienstag	Martes
Mittwoch	Miércoles
Donnerstag	Jueves
Freitag	Viernes
Samstag	Sábado
Sonntag	Domingo
Feiertag	Festivo

Zimmerbestellung

Gibt es ein Zimmer?	Hay habitación libre?
Doppelzimmer	habitación doble
Einzelzimmer	habitación sencilla
mit Frühstück	con desayuno
ruhig	tranquilo

Essen bestellen

Tagesmenü	menú del día
Nachtisch	postre
Brot	pan
Getränk	bebida
Wein	vino
Bier	cerveza
Mineralwasser	agua mineral
mit/ohne Kohlensäure	con/sin gas
Kaffee, schwarz	café solo
Kaffee mit wenig Milch	cortado
Milchkaffee	cafe con leche
Frühstückskringel	churros
Omelette	tortilla
Kartoffelomelette	tortilla española
Fisch	pescado
Suppe	sopa
Fleisch	carne
Schwein	cerdo
Kalb	ternera
Huhn	pollo
Lamm	cordero
gedämpft	guisado
frittiert	frito
auf dem Grill	a la plancha
im Backofen	asado
Salat	ensalada
Gemüse	verdura
Die Rechnung bitte!	La cuenta, por favor!

Fisch

Seehecht	merluza
Forelle	trucha
Lachs	salmón
Thunfisch	bonito
Schwertfisch	emperador

AUTOREN

Borcha Folch ist Architekt und waschechter Katalane. Als freischaffender Journalist schreibt er über die Stadt, in der er lebt und über ihre Umgebung.

Gabriel Calvo Lopez-Guerrero ist Sprach- und Literaturdozent, Journalist und Drehbuchautor. Er hat Spanien zehn Jahre lang von Deutschland aus gesehen. Nach Jahren an der Universität von Cádiz lebt und schreibt er heute in Madrid.

Eliseo Fernandez Cuesta ist Anthropologe, der sich mit der arabischen Kultur im heutigen Andalusien beschäftigt. **Francisca Barrionuevo Arrevalo** ist Lehrerin. Beide leben in Granada und haben sich viel mit Andalusien und dem Schicksal der Menschen, die dort leben, beschäftigt und darüber Artikel veröffentlicht.

Carlos Garrido Torres stammt aus Barcelona und ist Schriftsteller und Journalist. Seit 1976 lebt er auf Mallorca und war dort Subdirektor der Tageszeitung *Diario de Mallorc* und Direktor der Zeitschrift *Brisas*. Darüberhinaus hat er Bücher über das magische Mallorca und Menorca und über unbekannte Wege an den Stränden und Bergen von Calviá geschrieben.

Pio Moa ist freischaffender Journalist und leitet ehrenamtlich die Bibliothek des Atheneums von Madrid, der ältesten liberalen Intellektuellen-Vereinigung Spaniens. Mit der Herausgabe der Zeitschrift für Geschichte *Ayeres* engagiert er sich auch auf dem wissenschaftlichen Sektor.

Dr. Sabine Tzschaschel, Herausgeberin dieses Buches, hat sich an der Universität mit Studien über Spanien, die EG und Südamerika beschäftigt. Seit einiger Zeit lebt sie als unabhängige Publizistin in Madrid.

Mercedes de la Cruz ist Literaturprofessorin und „Flamencologin" und lebt in Ubeda.

Maria Reyes Agudo hat sich als Kunsthistorikerin viel mit den alten Bauten Spaniens beschäftigt. Neben ihrer Arbeit in einem Archiv in Madrid schreibt sie Artikel für die Fachpresse.

FOTOGRAFEN

Archiv für Kunst und Geschichte, Berlin   43, 48L, 48R
Academia de San Fernando, Madrid   31, 39
Brosse, Werner   2, 164/165
Calvo, Gabriel   15, 25, 28, 97, 144, 154, 171, 176, 178, 190, 195, 230
Durazzo, Michelangelo (Viesti Associates)   66, 76, 81, 229
Fischer, Peter   152
Hartl, Helene   21, 51, 155
Hospital de la Caridad, Sevilla   36
Jurado, Bernardo   17, 19, 20, 41, 65, 104, 127R, 146, 168, 188, 223, 226, 237
Kanzler, Thomas   8/9, 60, 70, 83, 84, 86, 89, 101, 153, 220/221, 227
Kneuer, Henry   1, 12/13, 42, 54/55, 56, 113, 122, 125, 133, 142, 148, 173, 180, 182, 233, 239, 240, 241
Kunert, Rainer   116, 131
Kürzinger, Georg   23, 94, 96, 132, 218/219, 236
Museo Arqueologico Nacional, Madrid   14
Museo de America, Madrid   33
Museo del Prado, Madrid   29, 34, 40
Müller-Moewes, Ulf   102, 202, 207L, 212, 215
Paraíso Gonzales, Angeles   62, 147, 161, 127L, 200/201
Prieto, José Ignacio   10/11, 24, 35, 63, 67, 72, 187, 224, 235
Ramos Blanco, Manuel   169
Reuther, Jörg   cover, 45, 95, 108, 109, 111, 121, 138, 214, 225, 231
Schiffl-Deiler, Marianne   115, 118
Skupy, Jitka   207R, 208, 209, 211, 217
Thiele, Klaus   232
Vestner, Rainer   49, 69, 119, 123, 136/137, 196, 197, 222
Viesti Associates   78, 80, 175
Zielcke, Hildegard   52/53

REGISTER

A

Aguadulce 124
Aguilas 110
Aiguaxelida 60
Albuñol 124
Alburquerque 174
Alcántara 174
Alcázar de San Juan 188
Aledo 110
Alfonso XII., König 40
Alfonso XIII., König 45, 50
Alfonso X., König 25
Algeciras 133
Almadraba 139
Almagro 186
Almería 122, **123-124**
  Alcazaba 123
  Hafen 123
  La Chanca 124
  San Juan-Kirche 124
Almerimar 124
Almohaden 21
Almoraviden 21
Almuñecar 125
Alora 130
Alpujarra Granadina 126-128
Alpujarras 125
Anarcho-Kommunisten 42, 46
Andarax 125
Andújar 184
Antas 120
Antequera 130
Araber 18
Aracena 161
Aranjuez 197
Arbeiterbewegung 41
Archidona 130
Arcos de la Frontera 146
Arenas de San Pedro 178
Arenys de Mar 64
Argamasilla de Alba 187
Aribau, Carlos 41
Aroche 161
Asturier 22
Austria, Juan de 34
Autonomiestatut von 1983 51
Avila, Theresa von 35
Ayamonte 160
Azaña, Manuel, Präsident 45

B

Baeza 117
Bajadoz 167, 168, 173
Bañyoles 62
Bañyoles-See 61
Barbate 140
Barcelona 73-88
  Archäologisches Museum 86
  Barrio Chino 77, 79
  Barrio Gotico 73
  Basilica de la Mercè 80
  Bellesguard 87
  Benediktinerkloster 89
  Bethlehem-Kirche 79
  Bischofspalast 76
  Boquería 79
  Convent Los Angeles 77
  Diagonal-Pedralbes 87
  Drassanes 80
  Duana Nova 80
  Fixample 82-84
  Ethnologisches Museum 86
  Freiluftthater Grec 86
  Fundació Miró 85
  Gran Teatre del Liceu 79
  Hafen 78
  Hivernacle 82
  Hospital de la Santa Creu 77
  Kathedrale 76
  Kolleg für Architektur 76
  Kolumbusdenkmal 79
  La Barceloneta 80
  Llotja 80
  Mercado del Born 82
  Moll de la Fusta 80
  Montcada, Calle 77
  Montjuic 84, 87
  Montserrat 88
  Muelle del Reloj 81
  Nationalpalast 85
  Olympia 1992 87
  Olympiastadion 85
  Pabellones Güell 87
  Països Cataláns 88
  Palacete Albéniz 85
  Palau de la Música Catalána 78
  Palau de la Virreina 79
  Palau Güell 79
  Palau Marc 79
  Palau Moja 79
  Palau Reial Major 73
  Parc de la Espanya Industrial 88
  Parc del Laberint 87
  Parc Güell 87
  Parc Joan Miró 88
  Park der Ciutadella 81
  Pedralbes 87
  Picasso-Museum 77
  Plaza de Catalunya 78, 82
  Plaza de España 84
  Plaza del Rei 73
  Plaza Reial 79
  Poble Español 85
  Poble Nou 80
  Poble Sec 86
  Ramblas, las 78-79
  Sagrada Familia 83
  Sala Parés Galerie 78
  Sant Cugat del Vallès 88
  Sant Jaume 76
  Sant Pau del Camp 77
  Sant Pere de les Puelles 78
  Seilbahn 81
  Sportpalast San Jordi 85
  Sta. María del Mar 76
  Sta. María del Pi 78
  Tibidabo 84
  Tranvía Blau 84
  Umbracle 82
  Valle Hebrón 87
  Yachthafen 81
  Zoo 82
  Zoologisches Museum 82
Barock 36, 112
Barranco del Poqueira 128
Barronco del Horno 120
Baskenland-Euskadi 225-226
Baza 16, 111, 112
Begur 59
Béjar 177
Belmonte 188
Beltraneja 26
Benalmádena 132
Benalmádena Costa 131
Benamahoma 147
Benaoján 147
Berja 125
Besalú 62
Besós 73
Bigarny, Felipe 33
Bisbal d'Empordà 58
Blanes 57, 61
Bodega 139
Bolonia 140
Borosa 119
Bourbonen 38
Bubión 128
Bucht von Cádiz 141
Buñuel, Luis 44, 177
Burgen und Festungen 222-224

C

Caballeros 169
Cabo de Creus 57
Cabo de Palos 109
Cáceres 167
  Altstadt 175
  Casa de las Cigüeñas 175
  Casa de las Velas 175
  Cs. del Comendador de
    Alcuéscar 175
  Palacio de Golfines 175
  San Francisco Kloster 175
  San Mateo-Kirche 175
  Santiago-Kirche 175
  Sta. María-Kirche 175
Cadaqués 57
Cádiz 142-144
  Altstadt 143
  Barock Kirche del Rosario 144
  Carmen-Kirche 144
  Hafen 143
  Karneval von Cádiz 143

Kathedrale 142, 143
Kunstmuseum 144
La Castrense-Kirche 144
La Merced-Kirche 144
Oratorio de la Santa Cueva 144
Oratorio de San Felipe Neri 144
Parkanlagen Alameda de
  Apodaca 143
Playa de la Caleta 143
Puerta de Tierra 142
San Antonio-Kirche 144
Zitadelle 143
Calderón, Pedro 37
Calonge de Mar 60
Calzada de Calatrava 186
Campiña von Córdoba 184
Campo de Calatrava 186
Campo de Criptana 188
Cañadas 25
Cano, Alonso 37
Caños de la Meca 140
Capileira 128
Cap Roig 60
Cap San Sebastián 60
Carmona 181
Cartagena 109-110
Cartago Nova 16
Casares 132
Castelldefels 65
Castelló de Empuries 58
Castellón 93
Cazorla 119
Cerro de las Canteras 111
Cervantes, Miguel 37
Ceuta 133
Chiclana 141
Chinchón 197
Chipiona 146
Christen 17, 18
Churros 116
Churruca, Ricardo de 83
Cijara-Stausee 172
Ciudad Real 186
Comunidades Autónomas 157
Conil 141
Consell de Cent 76
Consuegra 188
Córdoba 181-184
Alcázar 183
Altstadt 182
Archäologisches Museum 184
Casa de Carpio 184
Gotische Kathedrale 182
Hospital de la Caridad 184
Judenviertel 183
Kunstmuseum 184
La Calahorra-Wehrturm 183
Maimónides-Denkmal 183
Medina Azahara 184
Medinaceli-Palast 184
Mezquita 181
Palacio de Merced 184

Palast der Paéz de Quijano 184
Puerta de Almodóvar 183
Villalones 184
Cortes 50, 76, 142
Cortés, Hernán 29
Costa Blanca 101-102
Costa Brava 57-58
Costa Cálida 108
Costa de Almería 124
Costa del Azahar 95-97
Costa del Sol 128, 129, 131-132
Costa de Luz 139
Costa Dorada 64-66
Costa, Joaquín 43
Costa Tropical 124
Coto Doñana-Nationalpark
  146, 160
Covachas 146
Cruïlles 58

D

Dalí, Salvador 44
Dame von Elche 16
Darro 114
Dehesas 169
Demokratie 50
Desfiladero de Despeñaperros
  186
Dolmen von Antequera 15
Domènech i Montaner 43, 78,
  82, 83, 228
Don Quijote 35, 187

E

Ebro 69
Ebro-Delta 69-70
Ecija 181
Egas, Enrique 30
El Bosque 147
El Carpio 184
Elche, Dama de 105
El Cid Campeador 21
El Ejido 124
El Escorial 197
El Gato 147
El Greco 35, 36
El Hundidero 147
El Matagalls 64
El Pardo 197
El Paular 197
El Pinar 147
El Rocío 159, **240-241**
El Rompido 160
El Toboso 188
El Turó de l'Home 64
El Ventorrillo 109
Embalse de Cornalvo 171
Emporiae 58
Emporion 58
Empúries, Ausgrabungen von 58

Encañizadas de la Torre 109
Erste Republik 40
Estartit 58
Estepona 131
ETA (Euskadi ta askatasuna) 50
Extremadura 167-174

F

Falange Española 46
Falla, Manuel de 144
Fancelli, Domenico 33
Felsen von Gibraltar 133
Fernando III., König 23
Fernando VII., König 41
Fernando VII., König 41
Fernando von Aragón 24, 25, 31
Ferrer, Vicente 44
Fiestas 238-240
Figueras 57
Figueroa, Leonardo de 37
Flamenco 232-234
Florentino, Jacobo 33
Foixà 58
Formentera 215
Franco-Ära 49
Franco, General 48
Francolí 68
Fregenal 169
Fregenal de la Sierra 168, 169
Frigiliana 128
Fuengirola 131
Fuente Piedra 184
Fuente Vaqueros 130

G

Galizien 227
Galligants 61
García de Sola-Stausee 172
García Lorca, Frederico 44
Garganta del Chorro 130
Garganta la Olla 178
Gargante Verde 148
Garrucha 120
Gaudí, Antoní 43, 82
Gerona 61
Arabische Bäder 61
Can Masramon 62
Can Vayreda 62
Judenviertel 61
Kathedrale 61
Museum 61
Museum für Moderne Kunst 62
Renaissance-Palast 61
San Esteban-Kirche 62
Sant Domènec-Kloster 61
Torre Malagrida 62
Geryon, König 15
Gibraltar 132-133
Godoy, Manuel 38
Goldenes Zeitalter 36

REGISTER

Golondrinas 80
Góngora, Luis 37
Gonzalez, Felipe 51
Gotik 24
Goya, Francisco 30, 38, 99, 144, 192, 236
Granada 113-116, 126, 129
  Albaicín 114
  Alcaiceria 115
  Alhambra 113
  Alte Alcazaba 113
  Archäologisches Museum 114
  Chancillería Real 114
  Corral de Carbón 116
  Darlhorra-Palast 115
  Generalife 114
  Hospital Real 116
  Kathedrale 115
  La Cartuja 116
  Plaza Larga 115
  Sacramonte 114
  San Salvador-Kirche 114
  Sta. Isabel la Real-Kloster 115
  Torre de la Vela 113
Granadakrieg 26
Grazalema 147
Gredos-Berge 178
Grutas de las Maravillas 161
Guadalfeo 124, 125
Guadalhorce 130
Guadalquivir 119
Guadarrama-Berge 197
Guadarranque 133
Guadiana 139, 167
Guadiana-Tal 170
Guadix 112, 126
Guardamar 108
Guardia Civil 50
Güell 61
Guernica 192

H

Habaneras-Gesänge 60, 228
Habsburger 30
Herrera, Juan de 34
Hervás 177
Hidalgos 117
Higo Seco 121
Huelva 160
Huerta 25, 94
Hurdes 177

I

Ibarruri, D. (La Pasionaria) 47
Iberer 16
Ibiza 213-215
Inquisition 29, 30, 169
Isabel II., Königin 40, 41
Isabellinik 30
Isabel von Kastilien 24, 25, 31

Isabel von Portugal 32
Isla Canela 160
Isla Cristina 160
Isla del Ciervo 109
Isleta del Moro 121

J

Jabugo 161
Jaén 117
  Kathedrale 117
  Provinzmuseum 117
  Unterirdische Bäder 117
Jaime I. von Aragón 23, 106
Jarandilla 178
Jerez 145
  Palacio Recreo de las Cadenas 145
  Palacio de Pemartín 145
Jeréz de la Frontera 145
Jerez de los Caballeros 168, 169
Jerte-Tal 177
Jimena de la Frontera 147
Johanna die Wahnsinnige 31
Johannes vom Kreuz 35
José I., König 39
Juan Carlos I., König 50
Juden 24, 29

K

Kalifat von Córdoba 19, 20, 21
Kap Trafalgar 140
Karl III., König 38
Karl II., König 36
Karlistenkriege 40
Karl IV., König 38, 40
Karl V. (Carlos I.), Kaiser 31, 33
Katalanen 226-227
Katholische Könige 24, 25, 26, 28, 30, 129, 130
Kloster Ripoll 63
Kolumbus, Christoph 26, 27, 28, 172
Küste von Cádiz 140-141
Kultur 228-229

L

La Alcudia 105
La Calahorra 126
La Carolina 184
La Escala 58
La Granja de Ildefonso 197
La Iruela 119
La Linea 133
La Manga 109
Landreform 46
Lanjarón 128
La Pileta 147
Las Negras 121
Laujar 126

La Unión 109
La Vera 178
León, Fray Luis de 188
Levante 126, 139
Linares 184
Llafranc 60
Llanitos 133
Llerena 169
Llobregat 73
Lloret de Mar 61
Llull, Raimundo 25
Loja 130
López, Antonio 188
Lorca 110
Los Alcázares 109
Los Bérchules 127
Los Millares 123
Los Molinos del Río de Aguas 122

M

Machado, Manuel und Antonio 42
Madrid 191-197
  Alcázar 194
  Atocha-Bahnhof 191
  Azca-Büroviertel 193
  Botanischer Garten 191
  Casa del Campo 196
  Casón del Buen Retiro 192
  Castellana 191
  Ethnologisches Museum 191
  Gran Vía 193
  Königspalast 194, 196
  Malicia-Häuser 195
  Maurische Siedlung Mayrit 194
  Mittelalterliche Stadtmauer 193
  Naturwissenschaftl. Museum 193
  Parque del Oeste 196
  Paseo del Pintor Rosales 196
  Plaza de España 194
  Prado-Museum 191
  Puerta de Alcalá 192
  Real Monast. de la Encarnación 195
  Reina Sofia-Kulturzentrum 191
  Retiropark 196
  Templo de Debod 196
  Thyssen-Bornemisza Gemäldesmlg. 192
  Trinitarierinnenkloster 195
Malaga 131
  Alcazaba 128
  Kathedrale 129
  Na. Señora de la Victoria 129
  Palacio de Buenavista 129
  Provinzmuseum 129
Mallorca 203-211
Mancha, La 186-188
Manzanares El Real 197

REGISTER

Marbella 129
March, Ausias 25
Marismas 160
Mar Menor 108
Martín der Humane 24
Martorell, Jeanot 25
Matalascañas 159
Mataró 64
Medellin 172
Medina Sidonia 140
Mena, Pedra de 37
Menorca **212-213**
Mérida 170, 171, 174
Mesta 25
Mijas 131
Modernismo 43, 82, 228
Moguer 160
Mojácar 120
Mola, General 47
Molina, Tirso de 37
Montánchez 174
Montañés, Martínez 38
Montblanc 66
Montilla 184
Montjuic 80
Montoro 184
Montseny-Massiv 64
Mora 188
Morales, Luis 35
Moriscos 23
Mota del Cuervo 188
Motril 124, 129
Mozaraber 19
Mudéjar 30
Murcia **105-108**
  Kathedrale 106
  Malecon 106
  Mondernistisches Casino 107
  Mus. der Huerta de Alcantrilla 106
  Salzillo-Museum 107
Murillo, Bartolomé 37

N

Nasriden-Dynastie 26, 113
Nationale Bewegung 49
Nationalpark Coto Doñana 159
Natinalpark Lagunas de Ruidera 186
Naturpark Sierra de María 111
Naturschutzpark der Sierra 119
Naturschutzpark Gabo de Gata 120
Naturschutzpark Monfragüe 176
Navarro, Arias 50
Nerja 128
Niebla 158
Nijar 120
Nuestra Señora de Guadalupe 172

O

Olivares, Conde Duque de 36
Olivenza 173
Olot 62
Olvera 147
Onyar 61
Ora Marítima 15
Orangenkrieg 38
Ordoñez, Bartolomé 33
Orellana, Francisco de 29
Orellana-Stausee 172
Orgiva 128
Orihuela 105

P

Palafrugell 60
Palamós 60
Palma del Río 181
Palma de Mallorca 203
Palomares 120
Pals 58
Pampaneira 128
Patios 150
Peña de los Enamorados 130
Peratallada 58
Perelada 58
Philipp II., König 32, 33, 34, 35, 194
Philipp III., König 194
Philipp IV., König 36
Philipp V., König 38, 40, 81
Phönizier 15
Picasso, Pablo 44
Pizarro, Francisco 29
Plan Bajadoz 171
Plasencia 176, 177
Playa de Aros 60
Playa de los Muertos 120
Playazo von Rodalquilar 121
Port de la Selva 57
Portman 109
Portus Albus Romana 133
Proserpina-Stausee 171
Puellae Gaditanae 142
Puente del Arzobispo 173
Puerto de la Ragua 126
Puerto Lápice 188
Puerto Lumbreras 110
Puerto Real 144
Puig i Cadafalch, Josep 44, 82, 83, 228
Punische Kriege 16
Punta de Europa 133
Punta Umbría 160

Q

Quevedo, Francisco de 37
Quintanar de la Orden 188

R

Reconquista 18, 21, 22, 25, 110, 197
Renaissance 32, 112
Renaixença 40, 79
Ribaltas, Francisco 37
Ribera, José 37
Ribes, Demetrio 44
Rio Alagón 177
Río Guadalete 147
Río Jerte 177
Río Tinto 159, 160
Rio Verde 132
Rivera, Primo de 45
Römer 16
Romanik 22
Ronda 147
Rosas 58
Rota 145, 146
Ruinen von Carteya 133
Ruinen von Italica 158

S

Säkularisierung 40, 46
Saelices 188
S'Agaró 60
Salinas 109
Salobreña 124
Salvatierra de los Barros 170
Sancho Panza 187
San Fernando 141
San Juan de los Reyes 197
Sanlucar de Barrameda 145
San Pedro del Pinatar 109
San Roque 132
Santa Fé 129
Santa María de Poblet 66
Santes Creus Kloster 68
Santiago de la Rivera 109
Sant Pau 63
Sant Pere de Rodes 57
Sant Sadurní de Anoia 65
Sardana 76
Segura 106
Setenil 147
Sevilla **149-157**
  Alameda de Hercules 156
  Alcázar 151, 152
  Alte Tabakfabrik 151
  Archäologisches Museum 155
  Archiv 152
  Archivo de Indias 149
  Cartuja-Kloster 155
  Columbinische Bibliothek 152
  Expo 1992, 156
  Feria de Abril 151, 156
  Flohmarkt 156
  Gartenstadt Ciudad Jardín 151
  Gelände der Weltaustellung 1992 150, 155

REGISTER

Giralda 150
Hafen 151
Haus des Pilatus 152
Insel der Cartuja 150
Karwoche 156
Kathedrale 149, 152
Kulturzentrum 155
Kunstmuseum 155
La Magdalena-Kirche 155
María Luisa-Park 151, 155
Palacio de Lebrija 154
Plaza de España 155
Prado de San Sebastian 151
Prozessionen 156
Rathaus 155
Sta. María la Blanca 154
St. Ana-Kirche 155
Torre de Oro 152, 154
Triana 156
Universidad Laboral 151
Universität 151
Völkerkundemuseum 155
Sherry 230-231
Sherry-Dreieck 144-145
Siberia 172
Sierra de Aracena 161
Sierra de Chimenea 130
Sierra de Francia 177
Sierra de Gador 124, 125
Sierra de Grazalema 147
Sierra de Gredos 177
Sierra Morena 161
Sierra Nevada 113, 116, 126
Siloe, Diego de 112
Siloe, Gil de 32
Sitges 65
Sorbas 122
Sotelo, Premierminister 51
Sta. Fé de Mondújar 123
Sta. María de Tentudia 169
Sta. Pola 108
Stierkampf 235-237
Suarez, Premierminister 50

T

Tabarca, Insel 108
Tabernas 122
Tajo 167, 176
Talayots 15
Tal des Genil 130
Talvera 173
Tamariu 60
Tamontana-Wind 57, 212
Tapa 139
Tarifa 140
Tarragona 68-69
Taulas 15
Tembleque 186
Tenebrismus 37
Tietar 176
Toledo

Tomelloso 188
Torcal-Naturschutzpark 130
Torre del Mar 128
Torregarcía 121
Torre la Sal 132
Torremolinos 131
Torrevieja 108
Torrox 128
Tortosa 69
Tossa de Mar 61
Totana 110
Transhumance 25, 167
Trevélez 127
Trujillo 174
Alcazaba 176
Franziskanerinnen-Kloster 176
Pizarro-Denkmal 176
Sta. María-Kirche 176

U

Ubeda 118
Casa de las Torres 118
Casa de los Salvajes 118
Casa Mudéjar 118
Karmeliterkloster 118
Parador 118
Plaza de Sta. María 118
Santiago-Hospital 118
Sta. María-Kirche 118
Ubrique 147
Uclés 188
Ugijar 126
Ullastret 58
Unabhängigkeitskrieg 39

V

Valdepeñas 186
Valdés Leal, Juan de 37, 38
Valencia 97
Museo del Ninot 98
Valle de los Caídos 197
Valle Inclan, Ramón 42
Valls 66
Valor 126, 127
Valverde 178
Valverde del Camino 161
Vandelvira, Andrés de 32, 118
Vega, Lope de 37
Vejar de la Frontera 140
Velázquez, Diego de 37
Velez Blanco 111
Vélez-Malaga 128
Velez Rubio 111
Venta de Micena 111
Vera, La 120
Verdaguer, Jacint 79
Verges 58
Vic 63
Villafranca de los Barros 170
Villafranca del Penedés 66

Villanueva de la Vera 178
Villanueva de la Serena 172
Villanueva, Juan de 195
Villareal de San Carlos 177
Viso del Marqués 186
Vivero 109
Vulpellac 58

W

Westgoten 17
Wüste 122-123

Y

Yator 125
Yegen 127
Yepes 188
Yuste-Kloster 178

Z

Zafra 170
Zahara 147
Zahara de los Atunes 140
Zalamea la Real 161
Zújar-Stausee 172
Zurbarán, Francisco de 37, 170
Zweite Republik 45